高等学校经济管理类专业
应用型本科系列教材

GAODENG XUEXIAO JINGJI GUANLILEI ZHUANYE
YINGYONGXING BENKE XILIE JIAOCAI

# 公司业绩
# 评价与激励

GONGSI YEJI
PINGJIA YU JILI

李志学　潘栋梁　编著

*Economics and management*

重庆大学出版社

## 内容提要

本书在对业绩评价和激励机制理论进行深入探讨的基础上,对业绩评价的公平性进行了分析,并依据业绩评价对象的不同,建立了企业整体业绩评价方法、管理层业绩评价方法和企业员工业绩评价方法,在对公司薪酬制度进行分析的同时,重点探讨了股权激励机制的设计与应用。本书可作为财会专业本科生和会计硕士研究生教材,也可供广大财会工作者和人力资源管理工作者参考阅读。

**图书在版编目(CIP)数据**

公司业绩评价与激励 / 李志学,潘栋梁编著. --重庆:重庆大学出版社,2021.11
高等学校经济管理类专业应用型本科系列教材
ISBN 978-7-5689-2735-2

Ⅰ.①公… Ⅱ.①李…②潘… Ⅲ.①企业绩效—企业管理—高等学校—教材 Ⅳ.①F272.5

中国版本图书馆 CIP 数据核字(2021)第 102389 号

高等学校经济管理类专业应用型本科系列教材
**公司业绩评价与激励**
李志学 潘栋梁 编著
特约编辑:李 娅
责任编辑:顾丽萍 版式设计:顾丽萍
责任校对:刘志刚 责任印制:张 策
*
重庆大学出版社出版发行
出版人:饶帮华
社址:重庆市沙坪坝区大学城西路 21 号
邮编:401331
电话:(023) 88617190 88617185(中小学)
传真:(023) 88617186 88617166
网址:http://www.cqup.com.cn
邮箱:fxk@cqup.com.cn (营销中心)
全国新华书店经销
重庆华林天美印务有限公司印刷
*
开本:787mm×1092mm 1/16 印张:15.25 字数:364 千
2021 年 11 月第 1 版 2021 年 11 月第 1 次印刷
印数:1—2 000
ISBN 978-7-5689-2735-2 定价:49.00 元

本书由

西安石油大学会计学国家一流专业建设项目
西安石油大学油气资源经济与管理研究中心
国家社科基金项目（16XJY007）

资助出版

# 前　言

信息的不对称性和契约的不完备性，引发了委托—代理问题。现代企业存在着许多复杂的委托—代理关系，而解决委托—代理问题的关键在于如何建立一种激励机制，使代理人的行为有利于委托人的利益。同时，与激励机制密不可分的是业绩评价体系。业绩评价与激励问题贯穿企业的内部组织与结构，包括所有者对经营者的业绩评价与激励、不同层级经营者之间的业绩评价与激励、经营者对员工的业绩评价与激励以及部门之间的业绩评价与激励问题。针对这些问题，国内外学者的研究取得了广泛的成果，对指导现代企业制度下业绩评价与激励的实践做出了重大贡献。

我国自20世纪80年代实施城市经济体制改革以来，首先在国有企业推行承包经营责任制。此举首次将企业经营业绩与经营者薪酬挂钩，打破了计划经济时期长期存在的吃大锅饭现象，这是实施现代企业制度的重大进步。进入90年代以后，我国开始推行现代企业制度，国有企业实施公司化改造，企业经营环境进一步走向社会化和国际化，所有权和经营权的矛盾进一步尖锐，股权激励制度作为缓解和解决两权分离矛盾的制度设计开始被推行和应用。在实践中，这一制度得到了不断的丰富和发展。比如，华为技术有限公司创造性地设计了目标导向与全员持股的业绩评价制度，将业绩评价与薪酬激励通过股权相连接，并动态运行，取得了巨大成功。进入21世纪以后，国家实施混合所有制改革，国有控股上市公司股权结构进一步得到优化和调整，公司治理关系随之发生很大变化。如何激励高管人员积极性并平衡控股股东与中小股东的利益关系，股权激励制度将在其中发挥重大作用。

本书基于现代企业制度和组织特征，将企业业绩评价（或称绩效评价）按照评价客体不同，划分为面向企业整体、面向管理层和面向内部员工的业绩评价，进一步研究了业绩评价的公平性及其解决方案；在探讨激励理论的同时，注意到当前公司薪酬制度设计中的诸多问题，比如岗位职责与薪酬脱钩、薪酬激励灵活性和有效性较差等，着重探讨了股权激励理论和应用方案的设计。在相关内容的安排上，注重将理论介绍与案例应用相结合，体现了本书在实践中的可操作性。

根据会计硕士（MPAcc）教学大纲的规定，公司业绩评价与激励是会计专业学位研究生培养的重要教学内容；根据高级会计师资格考试大纲的要求，业绩评价与激励是高级会计师从业人员必须掌握的基本技能。本书作者长期从事管理会计学相关课程的教学工作，根据多年来研究生培养的教学经验和研究案例的收集整理,编写了本书。本书在编写过程中得到同学们的支持和帮助,潘栋梁老师完成股权激励理论和制度设计的编写工作,补充了2020年企业绩效评价标准值等相关资料,并完成全书的初步校对工作,在此一并表示衷心的感谢。

李志学

2021 年 4 月 15 日于无锡

# 目 录

# 第1章

## 企业绩效评价的基本理论

本章围绕绩效评价的基本概念对不同学术观点进行了梳理,在阐述绩效评价基本要素的基础上,对绩效评价的历史进行了较为系统的介绍,对绩效评价与价值管理的关系进行了分析,明确了绩效评价在价值管理和激励机制中的基础地位。

## 1.1 企业绩效管理与绩效评价

### 1.1.1 绩效管理概述

绩效(也称业绩)是指组织或个人在一定时期内投入产出的效率与效能。其中,投入指的是人、财、物、时间、信息等资源,产出指的是工作任务和工作目标在数量与质量方面的完成情况。绩效通常有两层含义:一是任务执行的完整过程,类似某一时间段内的录像;二是任务执行的结果,类似某一时点的快照。那么,任务的执行是否达到了所预期的效果呢? 这就需要进行绩效计量和绩效评价。

绩效评价是指企业运用系统的工具方法,对一定时期内企业营运效率与效果进行综合评判的管理活动。具体来说,绩效评价是指评价主体运用数量统计和运筹等方法,采用特定的指标体系,对照设定的评价标准,按照一定的程序,通过定量定性对比分析,对评价客体在一定时期内的绩效做出客观、公正和准确的综合评判。

企业绩效评价的最终目的是提升企业的管理水平、管理质量和持续发展能力。绩效评价的过程是寻找差距的过程,把每项差距进行分解,努力寻找产生差距的原因,并对可能的改进提出方案;再权衡各方案的可行性,制订改进方案,在下一个环节加以执行。绩效评价既是对过往的总结,也是对未来的展望。通过认真分析、评价绩效,有利于企业、各部门和个人明确下一步的目标和方向,并为下一个节点进行绩效评价提供坚实的基础。

绩效评价是绩效管理的核心内容。绩效管理是指企业与所属单位(部门)、员工之间就绩效目标及如何实现绩效目标达成共识,并帮助和激励员工取得优异绩效,从而实现企业目标的管理过程。绩效管理的核心是绩效评价和激励管理,绩效评价是企业实施激励管理的重要依据,激励管理是促进企业绩效提升的重要手段。

## 1.1.2 绩效评价层次与评价角度

### 1)绩效评价层次

绩效包括企业绩效、部门绩效和个人绩效三个层面。绩效的三个层面之间是决定与制约的关系:个人绩效水平决定着部门的绩效水平,部门的绩效水平又决定着企业的绩效水平;反过来,企业绩效水平制约着部门的绩效水平,部门的绩效水平也制约着个人的绩效水平。与此相对应,绩效评价层次也可分为企业层面、部门层面和个人层面。

(1)企业层面

企业往往是以集团的形式存在的,除母公司或总部外,还有分部或战略业务单元等,分部可以是子公司的形式,也可以是非独立的法人机构(如分公司、责任中心等),甚至是一个虚拟主体。企业层面的绩效评价是指对包括母公司在内的企业集团的绩效评价。企业层面的绩效评价是评价范围最广、评价内容最多、评价指标最全、评价边界相对清晰的绩效评价层面。无论是利益相关者,如外部的股东、债权人、顾客、政府,还是企业的上层控制者,如母公司、集团公司总部,绩效评价的对象主要是企业整体。

(2)部门层面

部门层面的绩效评价是指在公司内部按照业务单元、地域分布等标准将企业整体划分成多个子绩效评价对象,并对其绩效进行评价的过程。部门层面的评价是企业整体绩效评价的分解和细化。部门绩效要根据企业自身的特点进行划分,没有固定模式,但目的都是更清晰、准确地判断企业整体绩效的情况,寻找企业绩效贡献的来源和企业管理需要提升的方向和目标。

(3)个人层面

个人层面的绩效评价与企业层面的绩效评价和部门层面的绩效评价有较大差异。个人层面的绩效评价按领导层次和一般员工层次划分。领导层次的绩效评价与企业层面的绩效评价不同,对领导层次的绩效评价不能简单地通过企业层面的绩效评价来进行,企业家的绩效评价应该排除企业家自身不可控因素对企业的影响。而对企业一般员工的绩效评价,更多涉及的是人力资源管理内容,不是本章重点阐述的内容。

### 2)评价角度

从不同视角对企业进行绩效评价,可能会得出不同的结论。

(1)外部视角(财务视角)

企业财务报告的使用者是现有或潜在的股东、信贷者、供应商,以及其他一些外部的利益相关者。这些外部的利益相关者,需要根据各自的需要,定期或不定期地对企业进行绩效评价。例如,企业的所有者期望所投资企业的收益、现金流量和股利不断增长,股权的经济价值随之提升。因此,企业的所有者比较关注投资回报、收益分配以及股票的市场价值。对于企业的债权人来说,除定期收取利息和本金外,不能分享企业经营成功所带来的回报,必须审慎地评估收回贷款,特别是提供的长期贷款所涉及的任何风险。因此,债权人主要关注企业资产的流动性、财务杠杆以及偿债能力等。外部视角的企业绩效评价主要采用财务指标,如流动比率、财务杠杆、净资产收益率、每股收益等,以及市盈率、市净值等市场价值指标。

(2)内部视角(管理视角)

企业内部的绩效评价,主要根据预算目标和企业战略来进行。企业整体的绩效目标,必须分解、落实到各分部和经营单位,成为内部各单位绩效评价的依据。企业的管理者需要定期和不定期地评估经营效率、资源利用情况以及战略和目标的实现程度。管理视角的企业绩效评价,既可采用贡献毛利、息税前利润、净利润、自由现金流、经济增加值(EVA)等财务指标或价值指标,也可采用客户满意度、产品质量等级、送货及时性等非财务指标。

本章主要从管理视角讨论企业层面的绩效评价问题。

## 1.1.3　企业绩效评价的功能

企业绩效评价有利于企业利益相关者全面了解企业经营状况和未来发展趋势,有利于企业建立和健全激励与约束机制,改进企业经营管理,促进经营者和员工共同努力,达到提高企业综合竞争能力和经营绩效的目的。究其原因在于,企业绩效评价具有价值判断、预测、战略传达和管理、行为导向四大功能。

### 1)价值判断功能

价值判断功能是企业绩效评价的基本功能,也是绩效评价概念的核心内容。它通过设计各项绩效评价指标,记录和测算各项评价指标的实际值,并将指标实际值与目标值、历史水平、行业先进或平均水平等进行比较后对企业的盈利能力、偿债能力、资产营运能力、发展能力和综合竞争能力等做出价值判断,从而准确、全面、客观、公正地衡量、了解和判断企业的经营绩效、经营管理水平和努力程度。

### 2)预测功能

企业绩效评价有助于企业利益相关者了解过去和当前企业经营的实际情况、企业经营者的管理水平和努力程度、企业资源以及企业经营过程中存在的问题,在此基础上预测和判断企业经营活动与绩效的未来发展趋势,从而使利益相关各方更好地进行决策和控制。

### 3)战略传达和管理功能

企业为了实现其远景目标和长期发展战略,必须制订近期的、具体的经营战略并确定相应的关键绩效驱动因素,在此基础上设置反映多方面、多层次经营管理活动的过程及其成果的绩效评价指标体系,并为这些指标设置相应的目标值。通过这一途径,企业将战略目标层层分解并落实到各个管理层次和部门,实际上是向所有部门的员工传达了企业的战略目标,以及企业期望他们所采取的行动。在这些活动实施的事中和事后,企业各级管理层及时记录和分析各项指标的实际值,判断和了解所取得的成绩和差距,总结存在的优势和不足,并有针对性地采取能提高经营管理水平的措施,保证了企业战略的有效实施。

#### 4)行为导向功能

企业绩效评价体系在事前根据企业战略目标以及行为主体的职责和权限,设计相应的绩效评价指标和必须达到的目标,使行为主体明确应采取的行为和应完成的任务;在事中适时提供关于生产经营过程各个环节和方面的效率和效果信息,帮助行为主体及时发现问题并采取改进措施;在事后全面、综合地评价行为主体的经营绩效,并将评价结果与薪酬制度、奖励计划以及其他激励措施结合起来,引导行为主体积极、主动地采取与企业利益和战略目标相一致的行为,并努力改进经营管理水平,提高企业经营绩效和竞争优势。

【例1-1】 2018年12月14日,国务院国有资产监督管理委员会公布《中央企业负责人经营业绩考核办法》,办法第二章为"考核导向",具体内容为:

第五条 突出效益效率,引导企业加快转变发展方式,优化资源配置,不断提高经济效益、资本回报水平、劳动产出效率和价值创造能力,实现质量更高、效益更好、结构更优的发展。

第六条 突出创新驱动,引导企业坚持自主创新,加大研发投入,加快关键核心技术攻关,强化行业技术引领,不断增强核心竞争能力。

第七条 突出实业主业,引导企业聚焦主业做强实业,加快结构调整,注重环境保护,着力补齐发展短板,积极培育新动能,不断提升协调发展可持续发展能力。

第八条 突出国际化经营,引导企业推进共建"一带一路"走深走实,加强国际合作,推动产品、技术、标准、服务、品牌走出去,规范有序参与国际市场竞争,不断提升国际化经营水平。

第九条 突出服务保障功能,引导企业在保障国家安全和国民经济运行、发展前瞻性战略性产业中发挥重要作用。鼓励企业积极承担社会责任。

第十条 健全问责机制,引导企业科学决策,依法合规经营,防范经营风险,防止国有资产流失,维护国有资本安全。

### 1.1.4 企业绩效评价的应用环境

#### 1)组织架构

企业进行绩效管理,开展绩效评价时,应设立薪酬与考核委员会或类似机构,主要负责审核绩效管理的政策和制度、绩效计划与激励计划、绩效评价结果与激励实施方案、绩效评价与激励管理报告等,协调解决绩效管理工作中的重大问题。薪酬与考核委员会或类似机构下设绩效管理工作机构,主要负责制定绩效管理的政策和制度、绩效计划与激励计划,组织绩效计划与激励计划的执行与实施,编制绩效评价与激励管理报告等。协调解决绩效管理工作中的日常问题。

**【例1-2】** 某中央企业印发《关于成立×××集团有限公司经营业绩考核委员会的通知》，主要内容如下：为做好集团公司经营业绩考核工作，保证业绩考核工作权威、科学、公正和准确，根据《中央企业负责人经营业绩考核办法》〔国资委令第33号〕等部门规章要求，结合集团公司实际，经研究，决定成立"×××集团有限公司经营业绩考核委员会"（以下简称"集团公司经营业绩考核委员会"）。

一、集团公司经营业绩考核委员会组成

主　任：×××

副主任：×××、×××

成　员：×××、×××……

集团公司经营业绩考核委员会下设办公室，办公室设在×××部门，具体负责经营业绩考核委员会的日常工作。

办公室主任：×××

副主任：×××、×××

成　员：×××、×××……

二、集团公司经营业绩考核委员会主要职责

1.贯彻落实国务院国有资产监督管理委员会（以下简称"国资委"）和集团公司经营业绩考核制度的相关规定，按照"公平、公开、公正"原则，围绕实现国有资产保值增值核心目标开展经营业绩考核工作。

2.审定集团公司上报国务院国资委的年度和任期经营业绩考核目标及完成值。

3.审定集团公司经营业绩考核相关办法，并依据考核办法对集团公司出资的成员企业负责人进行年度和任期经营业绩考核。

4.审定成员企业负责人经营业绩考核目标。

5.审定成员企业负责人考核得分、考核等级及相关奖惩意见，形成经营业绩考核综合意见。

6.讨论审核经营业绩考核工作的重大事项。

7.部署安排集团公司经营业绩考核相关工作。

三、集团公司经营业绩考核办公室主要职责

1.测算集团公司上报国务院国资委的年度和任期经营业绩考核目标及完成值，拟订集团公司经营业绩考核工作报告。

2.制订、完善集团公司经营业绩考核办法，并指导成员企业开展经营业绩考核工作。

3.收集和审核成员企业上报的经营业绩考核目标建议值并组织测算和下达考核目标。

4.组织成员企业签订经营绩效责任书，跟踪检查成员企业对经营绩效责任书的执行情况。

5.测算成员企业负责人经营业绩考核得分、考核等级情况，并提出对成员企业负责人经营业绩考核综合意见。

6.承担经营业绩考核委员会的日常工作。

7.拟订经营业绩考核方案。

8.做好经营业绩考核相关协调工作。

### 2)绩效管理制度体系

企业应建立健全绩效管理的制度体系,明确绩效管理的工作目标、职责分工、工作程序、工具方法、信息报告等内容。绩效评价指标、评价方法、评价标准等组成的绩效评价体系的科学性、实用性和可操作性是实现对企业绩效客观、公正评价的前提。企业绩效评价体系的设计应遵循"内容全面、方法科学、制度规范、客观公正、操作简便、适应性广"的基本原则。评价体系本身还需要随着经济环境的不断变化而不断发展完善。评价的内容应依企业的经营类型而定,不同经营类型的企业,其绩效评价的内容也有所不同。不同的绩效评价体系往往会得出不同的评价结果,所以绩效评价体系的设计通常需要经历一个上下沟通、反复征求意见的过程,并且通过相关会议决策后以正式文件的形式发布。

### 3)信息系统

企业应建立有助于绩效管理实施的信息系统,为绩效管理工作提供信息支持。

## 1.1.5 企业绩效评价的程序

企业开展绩效评价时,一般按照制订绩效计划、执行绩效计划、实施绩效评价、编制绩效评价报告等程序进行。

### 1)制订绩效计划

企业应根据战略目标,综合考虑绩效评价期间宏观经济政策、外部市场环境、内部管理需要等因素,结合业务计划与预算,按照上下结合、分级编制、逐级分解的程序,在沟通反馈的基础上,编制各层级的绩效计划与激励计划。制订绩效计划通常从企业级开始,层层分解到所属单位(部门),最终落实到具体岗位和员工。绩效计划制订完成后,应经薪酬与考核委员会或类似机构审核,报董事会或类似机构审批。经审批的绩效计划与激励计划应保持稳定,一般不予调整,若受国家政策、市场环境、不可抗力等客观因素影响,确需调整的,应严格履行规定的审批程序。

### 2)执行绩效计划

审批后的绩效计划,应以正式文件的形式下达执行,确保与计划相关的被评价对象能够了解计划的具体内容和要求。绩效计划下达后,各计划执行单位(部门)应认真组织实施,从横向和纵向两方面落实到各所属单位(部门)、各岗位员工,形成全方位的绩效计划执行责任体系。在绩效计划执行过程中,企业应建立配套的监督控制机制,及时记录执行情况,进行差异分析与纠偏,持续优化业务流程,确保绩效计划的有效执行。绩效计划执行过程中,绩效管理工作机构应通过会议、培训、网络、公告栏等形式,进行多渠道、多样化、持续不断的沟通与辅导,使绩效计划与激励计划得到充分理解和有效执行。

### 3)实施绩效评价

绩效管理工作机构应根据计划的执行情况定期实施绩效评价与激励,按照绩效计划与激励计划的约定,对被评价对象的绩效表现进行系统、全面、公正、客观的评价,并根据评价结果实施相应的激励。评价主体应按照绩效计划收集相关信息,获取被评价对象的绩效指标实际值,对照目标值,应用选定的计分方法,计算评价分值,并进一步形成对被评价对象的综合评价结果。绩效评价过程及结果应有完整的记录,结果应得到评价主体和被评价对象的确认,并进行公开发布或非公开告知。公开发布的主要方式有召开绩效发布会、企业网站绩效公示、面板绩效公告等;非公开发布一般采用一对一书面、电子邮件函告或面谈告知等方式进行。评价主体应及时向被评价对象进行绩效反馈,反馈内容包括评价结果、差距分析、改进建议及措施等,可采取反馈报告、反馈面谈、反馈报告会等形式进行。绩效结果发布后,企业应依据绩效评价的结果,组织兑现激励计划,综合运用绩效薪酬激励、能力开发激励、职业发展激励等多种方式,逐级兑现激励承诺。

### 4)编制绩效评价报告

绩效管理工作机构应定期或根据需要编制绩效评价与激励管理报告,对绩效评价和激励管理的结果进行反映。绩效评价与激励管理报告是企业管理会计报告的重要组成部分,应确保内容真实、数据可靠、分析客观、结论清楚,为报告使用者提供满足决策需要的信息。绩效评价报告根据评价结果编制,反映被评价对象的绩效计划完成情况,通常由报告正文和附件构成。绩效评价可分为定期报告、不定期报告。定期报告主要反映一定期间被评价对象的绩效评价与激励管理情况,每个会计年度至少出具一份定期报告;不定期报告根据需要编制,反映部分特殊事项或特定项目的绩效评价与激励管理情况。绩效评价报告应根据需要及时报送薪酬与考核委员会或类似机构审批。企业应定期通过回顾和分析,检查和评估绩效评价与激励管理的实施效果,不断优化绩效计划,改进未来绩效管理工作。

# 1.2 企业绩效评价及其发展历史

## 1.2.1 绩效评价的内涵与特征

为了阐述企业绩效评价的含义,必须先弄清企业绩效和评价的含义。

企业绩效是指一定经营期间的企业经营效益和经营者绩效。企业经营效益水平主要表现在盈利能力、资产运营水平、偿债能力和后续发展能力等方面。经营者绩效主要通过经营者在经营管理企业的过程中对企业经营、成长、发展所取得的成果和做出的贡献来体现。

评价是指根据确定的目的来测定对象系统的属性,并将这种属性变为客观定量的计值或者主观效用的行为。它是人类认识水平发展到一定阶段的产物,是主体发现客体价值、揭示客体价值、运用客体价值的一种有效方法。一般认为评价有四种功能:一是判断功能,二是预测功能,三是选择功能,四是导向功能。其中,导向功能居于核心地位,其他三种功能是导向功能的基础和过程。

通过上述对企业绩效和评价两个概念的分析,我们可把企业绩效评价定义为:企业绩效评价是指运用一定的方法,采用特定的指标体系,对照统一的评价标准,按照一定的程序,对企业一定经营期间的经营效益和经营者绩效做出客观、公正、准确的综合评判。企业绩效评价是评价理论方法在经济领域的具体应用,是在会计学和财务管理的基础上,运用计量经济学原理和现代分析技术而建立起来的剖析企业经营过程,真实反映企业现实的经济状况,预测企业未来发展前景的一门科学。

企业绩效评价的基本特征是以企业法人作为具体评价对象,评价的内容重点在获利能力、资产运营水平、偿债能力经营风险和后续发展能力等方面,以能准确反映这些内容的各项定量和定性指标作为主要评价依据,并将各项指标置于全行业和规模的平均水平对比之中,以期求得对某一企业公正、客观的评价结果。它是专业性的技术判断,评价内容广泛,使用指标较多,评价结果综合性强,强调客观公正性。

企业经营绩效的具体评价内容根据企业的经营类型不同而不同。就我国工商类竞争性企业而言,绩效评价的内容包括四个方面,即财务效益状况、资产运营状况、偿债能力状况和发展能力状况。其中,财务效益状况主要反映企业的投资回报和盈利能力;资产运营状况主要反映企业的资产周转运用能力;偿债能力状况主要反映企业的资产负债比例和偿还债务的能力;发展能力状况主要反映企业的成长性和长远发展潜力。这四部分内容互相联系、相辅相成、各有侧重,从不同的角度揭示了被评价企业当前的实际经营管理状况。通过对这四方面内容的综合评价,可以得出反映企业全貌的绩效评价结论。

## 1.2.2　绩效评价的理论基础

为了更好地理解企业绩效评价的含义,对企业绩效评价的本质区别可以从管理学和经济学的角度加以认识。

①从管理学原理角度认识绩效评价的本质。亨利·法约尔在其名著《工业管理和一般管理》中给出管理的概念之后,它就产生了整整一个世纪的影响。虽然不同管理学家给出了不同种类的管理职能,但是计划和控制是被每一位管理学家所公认的。计划和控制工作贯穿企业管理的全过程,企业的管理活动几乎都与计划和控制过程相联系。计划和控制与企业组织中各个层次、各个部门以及所有成员有关。企业组织中各层次、各部门、各类人员都在一定程度和范围从事计划和控制工作,通过计划和控制履行自己的职能。控制是在计划执行过程中出现偏离时予以调整和修正的过程。控制有两种形式,即直接控制和间接控制。直接控制是指从事具体作业的人员自己在工作过程中的控制,控制者是作业者个人。间接控制也称影响控制,是指作业人员的上级管理者对作业人员的控制。随着企业规模的不断扩大,以及管理层级与管理幅度的增加,间接控制将成为最主要的控制形式,事后的绩效评价又是最有效的间接控制形式之一。因而,绩效评价是企业管理的重要手段和方法。

②从产权经济学的科斯定理认识绩效评价的本质。运用科斯定理来研究绩效评价系统,绩效评价系统就可以视为一种产权制度,绩效评价系统的建立、实施和修订就是一种产权的建立、实施和修订。科斯定理的核心是产权问题,研究交易费用大于零情况下的产权制度。科斯定理是一个定理群,由三个相互联系的定理组成:第一,如果交易费用等于零,不论

权利怎样安排,都能实现当事人的财富最大化。适当的机制能主动达到帕累托最优。第二,由于现实生活中存在交易费用,不同的制度安排会产生不同的经济结果。需要寻求一种能够降低交易费用,实现当事人利益最大化的产权安排。科斯以前的经济学家都假定交易费用为零,研究在既有的制度条件下,如何实现利润最大化。科斯反驳了这个假定,他认为市场机制的运行是要花费成本的,即交易费用为正。第三,制度本身的设计、制订、实施、完善、修改也是有成本的。基于这种认识,我们在进行制度的制订、修订、完善、实施等工作时,也应遵循降低制度建设成本的原则。科斯定理为理解绩效评价系统的本质提供了新的视角。我们可以把绩效评价系统产生的信息视为一种资源,信息的获取和提供作为一种交易过程是有成本的,为此,就要在绩效评价主体和绩效评价客体之间建立一个能够实现交易费用最低、利益最大的产权制度,绩效评价系统就是这样一种规范绩效评价的产权制度。另外,由于绩效评价系统这种产权制度的建立、实施、修订是要花费成本的,因此,就要权衡在没有绩效评价系统的情况下将会付出的代价与建立绩效评价系统的成本,弄清建立绩效评价系统是否必要,要研究如何选择建立、实施、修订成本最低的绩效评价系统。

③从制度变迁理论来认识绩效评价的本质。诺斯认为,制度是一系列社会规则,是用于约束人的行为的,是调整人与人之间的利益关系的。从总体上讲,制度相对稳定,但不是一成不变的。它可能会出现修订和调整,或干脆被一种新的制度所取代,这就是制度的变迁。制度变迁的经济含义是,有的变迁推动了经济的增长,有的则阻碍了经济的增长。制度变迁理论在很大程度上解释了影响经济发展诸因素中被人们长期忽略的制度因素。绩效评价系统是一种制度,而且可以说是一种典型的产权制度。运用制度变迁理论,我们就可以解释为什么会出现绩效评价制度的改革、为什么要制订绩效评价系统;并且更有意义的是,我们在制订或修订绩效评价系统的过程中,应当注意不能为制订绩效评价系统而制订绩效评价系统,为修订绩效评价系统而修订绩效评价系统,一定要认真地研究是否需要制订或修订,制订或修订对加强国家对国有企业的间接管理、对上市公司的发展,其意义是积极的还是消极的。

④从信息经济学来认识绩效评价的本质。运用信息经济学来研究绩效评价系统,对理解绩效评价系统的本质也有一定的意义。信息经济学把整个社会经济关系在很大程度上归结为委托—代理关系,主要研究委托—代理关系能否保证委托—代理目标的实现以及委托—代理关系中潜在的问题和解决办法。协调委托—代理关系的途径是契约,契约问题的实质是信息,契约关系中普遍存在的是信息不对称,继而衍生出“败德行为”问题。也就是说,在执行契约过程中,代理人获得某种私有信息,而委托人无法获得这些信息,导致代理人的行为对委托人利益的损害。同科斯定理一样,信息经济学揭示的信息不对称问题为研究绩效评价系统提供了新的视角。一般来说,在根据评价目的来选择评价内容和评价对象之前,首先应对各利益相关者的相互关系及信息状况进行分析和评估,再根据分析的结果选择评价活动涉及的内容并合理设计评价活动的组织方式,这样才能保证评价内容选择的有效性和准确性。一个有效的绩效评价系统应充分考虑委托人与代理人之间的信息分布状况。上市公司绩效评价系统的建立和健全必然能够促进上市公司财务、非财务信息的规范,通过财务报告、年度报告的充分披露和提供更具透明度的信息,使其成为委托人和代理人所共知的东西,从而解决信息不对称问题。

### 1.2.3 绩效评价的历史发展

企业绩效评价的产生和发展与跨国公司的发展密切相关。按照时间的先后顺序可以将企业绩效评价的演变分为以下几个发展阶段。

#### 1)20世纪60年代

20世纪60年代,许多控股公司的重点目标是税负最小化,母公司一般只注重子公司的现金流量;子公司只是母公司达到其目标的一种工具,母公司极少关心其绩效评价问题;许多控股公司出于成本效益及管理便利考虑,常借助"投资中心"或"利润中心"实施对子公司的管理与控制。这一时期,运用最广的绩效评价指标为销售利润率,但也有一些控股公司开始运用投资报酬率(ROI)和剩余收益。人们开始认识到有必要针对子公司特有的经营环境,建立适合控股公司的特定绩效评价方法。控股公司绩效评价思想便开始萌生。

#### 2)20世纪70年代

20世纪70年代,绩效评价方法的主要成果有:1971年,麦尔尼斯分析了30家美国跨国公司的绩效评价系统,发表了《跨国公司财务控制系统——实证调查》,指出最常用的绩效评价指标是投资报酬率,其次为预算比较和历史比较。

1973年,美国会计学会(AAA)下属的国际会计委员会在一份报告中提出:海外经营缺乏独立性,使用"利润中心"的方法并不妥当;利润受转移价格的影响很大,而转移价格又是子公司经理所不能控制的。该委员会建议在进行预算比较时最好区分可控因素与不可控因素,并使用附加的非财务数量指标。

1979年,泊森与莱西格通过对400家跨国公司所做的问卷调查指出,较常用的绩效评价方法为经营预算比较,并且认为这些公司在评价方法上缺乏一致性。评价系统因为环境相异及环境变化而不同,在评价中常使用主观判断来补充客观的数量指标。虽然经营预算比较法比较流行,但是5年以后,ROI将成为重要的指标。5年以后,通货膨胀调整的ROI将被广泛接受。跨国销售比重大的公司,最常用的转让价格基础是成本加成。其他在绩效评价时采用的财务指标有对每股收益(EPS)的贡献、公司现金流量、贴现现金流量或内含报酬率(IRR)。58%的公司同时使用当地货币和母公司货币来计量绩效标准。一些常用的非会计指标有市场份额、质量控制、人工周转率等,这些指标主要用来对经理的评价。

这一时期其他可用的评价方法包括销售利润率、投资报酬率、每股收益率、现金流量和内部报酬率等。

20世纪70年代,跨国公司绩效评价方法的特点如下:

①受当时权变理论影响,各公司的绩效评价指标差异较大,评价方法缺乏共同性和一致性。因为权变理论认为,不存在普遍适用的、最好的管理理论与方法,企业应对自己所处的内、外环境进行分析,选用适合自身环境的管理方法。

②普遍关注投资报酬率、预算比较、利润等纯财务指标。

③未考虑各国间的环境差异和汇率变动对绩效评价方法的影响。

④对企业的评价和对企业管理者的绩效评价没有区分。

### 3)20世纪80年代

20世纪80年代形成了以财务指标为主的绩效评价方法体系,以投资报酬率、预算比较为核心,还包括利润、现金流量和其他各种财务比率。

美国跨国公司的高层管理者比较注重企业的获利能力,因而偏重以利润指标作为业绩考核的主要标准,投资报酬率则居于第二位;英国跨国公司最常用的指标则是预算与实际利润比较、投资报酬率、预算与实际投资报酬率比较,利润指标则被列在第五位。许多跨国公司已意识到非财务指标对评价绩效的现实作用,开始以市场占有率、与东道国政府的关系、生产率等非财务指标作为绩效评价的补充指标。

20世纪80年代,跨国公司绩效评价广泛运用的财务指标可分为两大类。

#### (1)投资报酬率

投资报酬率是指投资与获得的报酬两者的比率。此指标将企业收益与特定的投资基础相联系,是评价子公司经营绩效最常用的方法。报酬与投资的计算方式有多种,许多英美跨国公司倾向使用扣减利息和税前收益作为报酬;而对投资,大多数公司则都考虑通货膨胀的影响,用根据通货膨胀因素调整后的投资作为分母。

#### (2)预算

跨国公司编制预算时一般考虑子公司所在国的环境影响,并由下至上逐级汇总而成;在编制预算和依据预算评价绩效时,还要考虑汇率变动的影响。大部分跨国公司在编制预算和评价绩效时,均采用预期汇率。其理由有三:首先,预算用预期汇率可鼓励子公司的经理在决策时分析影响预期汇率变动的因素,使其所做的决定与总公司的目标保持一致;其次,用预期汇率评价经营绩效,可使公司经理免于对其不能控制的汇率变动负责;最后,可使外汇风险管理工作在整个公司范围内得到全面落实。

也有些跨国公司认为,编制预算时采用预期汇率的方法可鼓励子公司的经理将预期汇率变动所产生的影响结合到预算期内的经营计划中;而在评价绩效时采用期末汇率的方法,则可让子公司的经理对未预计到的汇率变动负责,这样可鼓励他们进行套期保值。因此,后一种方法比前一种方法更能促成经理人员的风险防范意识。

20世纪80年代,跨国公司绩效评价方法主要有以下特征:

①已形成了预算与实际利润比较、投资报酬率、现金流量等以财务指标为主的、比较完整的绩效评价方法体系。

②在计算评价绩效的财务指标时已考虑到汇率变动、通货膨胀、转移定价及其他环境因素的影响,使绩效评价方法更为合理。

③已对子公司的绩效与公司经理人员的绩效进行区分,如主要采用投资报酬率评价子公司绩效,而在评价经理人员绩效时偏重以预算为标准。

④已将非财务指标作为绩效评价系统的补充组成部分。

### 4)20世纪90年代

20世纪90年代,企业面临世界经济一体化、信息时代来临、金融工具使用频繁、市场瞬息万变、全球竞争日趋激烈的环境。这就要求企业对原有的绩效评价体系进行革命性的改革。改革的大趋势有三条。

（1）预算的作用日趋减弱

大部分跨国公司认为，预算具有淡化战略意识、难以促进企业绩效持续提高的缺陷，同时，编制预算又要耗费很多时间与财力，对公司的实际价值也不大。有些跨国公司已放弃使用年度预算，改用"同步计划过程"，这种方法兼顾企业长远利益，运用关键绩效指标、滚动预测等更具灵活性的指标来衡量企业绩效。此外，曾因推进作业成本法（ABC）而闻名西方企业经营学界的国际研究机构则认为，对预算的修修补补已不能适应企业战略目标的需要。该机构正在进行一项名为"超越预算"（Beyond Budgeting）的计划，旨在摆脱传统预算法的束缚，从而形成能适应战略部署且更具现实意义的新方法。尽管传统预算仍将作为跨国公司的绩效评价方法而在相当长时期内继续存在，但其作用与地位已不如以前。

（2）非财务指标日显重要

顾客满意评价作为导向，注重过程创新和过程评价，研究与开发（R&D）评价受到重视，质量评价已形成国际标准。战略管理理论使人们意识到仅运用财务指标评价跨国公司绩效的不足。一位研究者在对 15 家跨国公司调查后得出结论："非财务指标更能促使企业改进管理。"目前，得到公认的、评价跨国公司绩效的非财务指标有市场占有率、产品质量与服务指标。

（3）强调创新、学习和知识资本等无形资本的评价

企业越来越认识到应从长远角度考虑创新与学习的标准，即企业能否持续提高和创造价值。如果员工不能明确理解公司目标及努力为公司工作，公司就很难在竞争日趋激烈的环境下保持原有的竞争优势。在信息技术及科技日新月异的今天，人力资源的重要性甚至已超过了有形资产。因此，多数跨国公司将雇员对本企业的满意程度、雇员培训与发展计划、劳动力流动状况、雇员技能、职位晋升等有关人力资源的指标作为考核子公司经理人员绩效的重要依据。

### 5）信息时代

在工业时代，利用资本回报率这样一项综合性的财务评价方法，既能引导公司的内部资本物尽其用，又能监督各经营部门使用资金和实物资本为股东创造价值。信息时代使工业时代竞争中的许多基本概念变得过时，单靠把新技术引进实物资产之中以及出色地管理资产与负债比例，各公司已不能获得持久的竞争优势。对于制造业公司和服务业公司来说，信息时代的环境决定了要想在竞争中获胜，必须具备新的能力。对于一家公司来说，与对实物和有形资产的投资和管理相比，对看不见、摸不着的无形资产的运用和开发的能力更为重要。

信息时代的企业建立在以下运作假设基础之上：

①业务程序通用化。信息时代的企业采用跨越各项传统业务功能的通用业务程序，这种程序把社会生产的专业化特点同一体化经营程序的快速、高效和优质相结合。

②客户、厂商和供应商联系一体化。信息时代缩短了企业与客户和供应商的距离，使企

业供产销联系一体化,从而使供产销各方的时间、成本、质量得到巨大改善。

③客户需求个性化。信息时代的消费者向着更高的消费层次迈进,从而要求企业从工业时代的低成本、标准化的少品种、多批量的生产制造,转向信息时代的以顾客需要为准则的满足不同顾客的不同需要的多品种、小批量的生产服务。

④企业战略和企业规模全球化。信息时代带来的世界经济一体化迫使企业必须把营造规模和全球战略放在首位,才能在世界范围内赢得竞争优势。

⑤创新是永恒的主题。以技术创新为核心的产品创新、过程创新、组织创新、管理创新是信息时代企业长盛不衰的良药。

⑥知识经济和管理至关重要。信息时代自动化程度的提高使"白领"和"蓝领"的界限变得模糊,所有员工都必须凭借自己的知识和所能提供的信息来贡献并实现自身价值。知识经济和知识投资与管理对信息时代的企业至关重要。

信息时代的企业竞争需要各种各样的改进建议,包括全面质量管理、即时生产和销售系统在时间的基础上进行竞争、精简之后的生产和企业、建立在活动基础上的管理、建立以客户为中心的组织、工程再设计。每项计划都为公司的股东、客户、供应商和雇员中的许多人提供取得突破性进展和进一步创造价值的希望。这些计划不是为逐步改良企业或求得生存,而是跃进式地提供绩效,使企业在新的信息时代竞争中能够获得成功。但是,这些计划当中的许多结果是令人失望的,原因在于评价标准的片面性。因此,绩效的突破要求实现重大改革,包括改革企业所采用的评价和管理系统。要想使企业在此行业竞争力更强,技术水平更高,不能只靠对过去的绩效评价方法及监督和控制体制。

# 1.3 绩效评价与价值管理

## 1.3.1 绩效评价指标

绩效评价是指运用数理统计和运筹学的方法,通过建立综合评价指标体系,对照相应的评价标准,将定量分析与定性分析相结合,对企业一定经营期间的盈利能力、资产质量、债务风险以及经营增长等经营绩效和努力程度等各方面进行的综合判断。

绩效评价不仅应当关注利润、投资报酬率、现金流量等财务指标,还应当关注生产率、市场占有率、客户满意度、企业学习与成长能力,甚至环境义务等有关社会责任的更广泛的非财务指标。当然,影响绩效的各种财务或非财务因素最终都将反映在财务绩效中,只是从会计确认的角度看,某些因素反映到财务绩效中会有一定的时滞,一般非财务因素不会立即反映在财务绩效信息中。但从长远看,非财务信息会影响未来的财务绩效指标,因此非财务信息有助于分析企业未来的财务绩效表现。

例如,客户满意度和员工培训等情况的好坏,可能一时无法在财务指标中体现,但未来会逐步影响财务指标,这需要一个释放过程。市场占有率和客户满意度指标也具有同样的含义。

绩效评价不能仅仅面向过去,还应当面向未来。科学地评价企业绩效,可以为出资人任免管理人员提供重要依据,可以有效地加强对企业管理人员和员工的监管和约束,可以为有效激励企业管理人员和员工提供可靠依据,还可以为政府有关部门、债权人、企业职工等利益相关方提供有效的信息支持。

**【要点提示】** 绩效评价目前是世界性难题。首先,从企业发展来看,今天的组织绩效越来越多地受到外部因素的影响,导致绩效的外部性及其与经理人行为的相关性都变得不再稳定,因此绩效评价的合理性就必然受到质疑;其次,绩效指标的选择非常困难,是选择更多的过程指标还是结果指标,如果关注结果指标应选择哪些结果指标能够更好地引导经理行为;如何解决被考查对象针对绩效指标的操纵行为;有时候绩效评价指标虽好,但过于复杂,应用性较差。

此外,若考虑到企业性质,我国大量的国有企业具有一定的社会属性功能,其绩效评价与一般企业存在差异。

### 1)绩效评价指标的设计

一套完整的绩效评价指标必须同时兼顾内部效率与外部效果的改善。内部效率主要在于确保企业资源的有效利用,而外部效果则是强调客户对企业产品与服务的满意程度。

评价指标体系的设计应当把握以下要点:

①企业内部必须由上而下形成一套竞争策略及其相应的作业行动,其绩效评估系统必须按企业层级形成有针对性的衡量指标,以随时验证各种作业的实施成效,并考量是否能实现其预期的策略目标。

不同的企业层级,往往评价指标差异很大,要正确地引导企业相应层级的行为,就必须关注不同层级行为与评价指标的关系,进而通过设定基于不同层级的绩效评价指标体系,来实施监督与激励。

例如,杜邦分析法就是把净资产收益率(ROE)指标进行层层分解。净资产收益率本身就是价值驱动的核心指标,对其进行分解以后,各个层级都可以找到评价指标,并且清楚地明白自己的行为会如何影响和驱动净资产收益率与价值增值。

如总经理级别的管理者往往是通过结果评价,不管其是否努力,不管其是否迟到早退,往往公司绩效表现才是其最终评价标准,所以我们看到公司总经理报酬都是和公司利润等结果性指标挂钩;而中层和底层员工更多地看重过程和平时表现,以此来进行评价。公司内部还可以根据业务活动和组织结构特征分为利润中心、成本费用中心、投资中心等,以考核相应的绩效指标。

②企业内部追求的质量改善指标必须体现客户的要求,依客户的实际满意程度修正其生产和服务策略。

例如,研发设计和内部质量的追求需要考虑客户的类别和需求差异。

③利润、现金流量及投资报酬率等传统的财务指标在绩效评价体系中具有举足轻重的地位,财务指标的定期衡量有助于评估各企业策略在财务层面的可行性。

**【要点提示】** 长期来看,所有信息最终都会反映到财务绩效指标中,因此在评价中需要引入一些非财务指标,但不能过分夸大非财务指标的作用,甚至走向另一个极端——忽视财务指标。

④绩效评价标准的确定不应以优于历史绩效为原则,标准最好以市场为基础,使绩效评价制度的实施能起到发挥企业竞争优势并促进其长远发展的作用。

绩效好坏的评价标准不能局限于纵向自我比较,横向比较对于明确公司市场地位,找准自身与竞争对手的优势与劣势同样必要。

### 2)绩效评价指标的衡量频率与报告格式

绩效评价指标的衡量频率取决于两个基本因素,即指标值的变动速度和资料搜集成本。指标值如果每日有较大波动,则以日计,如不良品比率;指标值如果每年有较大波动,则以年计,如新产品上市数量。资料的搜集成本越高,其衡量频率越低。

企业绩效评价报告按编制频率可分为日、周、月、季、半年和年等报告,报告格式应适应企业层级及部门管理的需要。报告格式的设计应简明扼要,异常指标应标以特殊符号,以引起有关方面的重视。各种报表的传递程序必须明确,以便及时揭示异常现象,落实责任归属。

### 3)绩效评价指标与行为导向

绩效评价指标不仅包括传统的财务指标和外在客户满意度,更要同时兼备内在的流程及运营指标。这些内在指标提供了企业全体员工努力的方向,保证企业战略执行彻底落实于日常活动中。

【要点提示】　要关注评价指标对行为的导向作用。例如,在计划经济条件下,为了强调产量计划的完成,会不惜一切代价。又如,在高等院校教学质量评价中,强调科研指标就会导致忽视教学水平的提高。

可以看出,从广义上理解,绩效评价指标不仅是财务指标,还包括大量反映公司业务和各项活动甚至是战略的非财务指标;不仅包括公司高级管理层,还包括中层管理者以及普通员工的评价考核指标。评价指标既要追求结果评价(财务指标),也要追求过程评价(效率等非财务指标);既要考虑过去事项,也要提供面向未来的行为指引标准。

设立绩效评价指标体系的最终目标是通过绩效评价体系来引导企业各层级的行为,形成强有力的驱动因素,达到最终提升公司价值的目的。

## 1.3.2　价值管理

### 1)价值管理理念

价值管理是一个不断进行投资和做出包含价值创造在内的决策的连续过程。

价值管理中的"价值"是一个复合概念,它有多种表现形式,包括市场价值、持续经营价值、规划价值、出售价值、账面价值、市场增加价值、智力资本价值、收购价值、客户价值和股东价值等。

企业的价值客观存在于利益相关者的评价中,主要包括股东价值、员工价值和客户价值。价值管理开始于战略,结束于取得的财务结果。战略设定、执行与反馈是价值管理的过程,最终的财务数据是价值管理短期或长期的结果。

成功的价值管理,要求将价值管理的理念融入决策的制订中去。制订决策时,要以决策目标的价值管理作为起点,并且通过财务和非财务手段来支持这个目标。使用的方法必须体现在战略制订、预算、报告、激励机制、薪酬等主要管理过程中,目的是增进绩效或做出正确的投资决策。

价值管理的主体分为目标、战略、绩效评价、管理过程以及决策。实现目标需要战略,绩效评价可以控制战略实施的过程,从而使企业在管理过程中做出正确的决策。有效的绩效评价体系的确立是执行公司战略、实现公司价值最大化的工具。

### 2)价值评估

作为价值创造者与管理者,企业必须熟悉并正确地进行动态的价值评估。企业价值评估的目的是分析和衡量企业(或企业内部的一个经营单位、分支机构)的公平市场价值并提供有关信息,以帮助投资人和管理者改善决策。价值评估是一种经济"评估"方法,依赖于正确选择模型和有效利用信息。价值评估可以应用在投资分析、战略分析和财务管理等领域。

首先,价值评估是基础分析的核心内容。基础分析的前提条件是企业价值与财务指标之间存在函数关系,这种关系在一定时间内是稳定的,关系的偏离会在一段合理的时间内矫正过来。

其次,价值评估在战略分析中起核心作用。企业的战略管理涉及企业目标和方向,以及带有长期性、关系企业全局的重大决策和管理内容。战略分析旨在使用定价模型清晰地说明经营设想和发现这些设想可能创造的价值,目的是评价企业目前和今后增加股东财富的关键因素。

最后,企业的目标是企业价值最大化,企业需要明确企业战略、财务决策和企业价值之间的关系,并在此基础上实行以价值为基础的管理,从而实现企业发展战略。

### 3)价值评估与价值管理的关系

价值核算、价值评估和绩效评价都是价值管理的基础和工具,企业价值管理通过价值链分析、价值核算和企业整体价值评估完成企业价值管理的过程,而绩效评价是对价值管理过程的判断、预测、选择和引导。

## 1.3.3 绩效评价与价值管理的整合

传统的绩效评价一般以已经发生的经济业务及其成果作为衡量依据,因此往往具有短期性和滞后性。真正有价值的绩效评价应当面向企业的战略计划和未来发展。

绩效评价与价值管理的整合构成了一个连贯的、完整的绩效评价系统,通过战略的形成和有效执行来支持和推动企业对价值的追求,整个过程包括阐述战略、形成收益和资本计划、考评绩效和调整行动或战略。

### 1）阐述战略

在此过程中,管理层对企业的战略意图统一意见,识别运营过程中价值创造的过程和环节,并以此为基础界定企业高层管理人员的绩效衡量指标。

### 2）形成收益和资本计划

在此过程中,企业高层管理人员与业务层面人员进行互动,将上一过程的结果转化为具体的实现预期绩效的行动计划,这些预期绩效将会在有关收益和资本支出的业务计划中加以确定。

### 3）考评绩效

在此过程中,根据具体的绩效期望来考评、控制或调整收益和资本计划。因此,考评必须基于已经建立起来的或明确的管理责任承担结构。在此过程中,还要同时考评战略选择是否明智以及计划执行是否有效。

### 4）调整行动或战略

根据绩效评价的结果,决定是采取改进的措施以更有效地执行战略,还是进行战略性调整,从而使整个绩效管理成为一个闭环的系统,在信息反馈过程中逐渐向前推进。

在这四个过程中,绩效评价的观点贯穿始终,前两个过程是事前行为,制订战略并将战略逐步细化为可供考评的绩效指标,以此作为决策依据;后两个过程是事后考核与改进,一是实施有效的绩效评价,二是据此实施战略调整与改进。

# 第 2 章

## 激励与激励机制

本章首先讨论了激励的概念和不同学术流派,分析了绩效评价与激励机制的关系,探讨了影响激励效果的主要因素,进一步描述了绩效评价与激励机制的设计要素。

## 2.1　激励的基本理论

### 2.1.1　激励的概念与原则

#### 1)激励的概念

激励本来是心理学的一个术语,是指持续地激发人的动机和内在动力,使其心理过程始终保持奋发进取的状态,鼓励人朝着所期望的目标采取行动的心理过程。构成激励的要素包括动机、需要、外部刺激和行为。其中,激励的核心要素就是动机,需要是激励的起点和基础,外部刺激是激励的条件,而行为则是激励的目的。这四个要素相互组合与作用,构成了对人的激励。作为管理手段的激励,通常是指管理者运用各种管理手段,利用人的需要的客观性和满足需要的规律性,刺激被管理者的需要,激发其动机,调动人的积极性和创造性,促使其满足需要的行为朝着实现组织目标的方向运动。

激励就是组织通过设计适当的外部奖酬形式和工作环境,以一定的行为规范和惩罚性措施,借助信息沟通来激发、引导、保持和规范组织成员的行为,以有效地实现组织及其个人目标的过程。

激励也是人力资源的重要内容,是指激发人的行为的心理过程。激励这个概念用于管理,是指激发员工的工作动机,也就是说用各种有效的方法去调动员工的积极性和创造性,使员工努力去完成组织任务,实现组织目标。

什么是激励?美国管理学家贝雷尔森和斯坦尼尔给激励下了如下定义:"一切内心要争取的条件、希望、愿望、动力都构成了对人的激励。它是人类活动的一种内心状态。"人的一切行动都是由某种动机引起的,动机是一种精神状态,它对人的行动起激发、推动、加强的作用。

效价是指个人对达到某种预期成果的偏爱程度,或某种预期成果可能给行为者带来的满足程度;期望值则是某一具体行动可带来某种预期成果的概率,即行为者采取某种行动获得某种成果,从而带来某种心理上或生理上满足的可能性。显然,能满足某一需要的行动对特定个人的激励力是该行动可能带来结果的效价与该结果实现可能性的综合作用的结果。激励力、效价和期望值之间的相互关系表示如下:

$$激励力 = 某一行动结果的效价 \times 期望值$$

#### 2)激励的基本原则

**(1)目标结合原则**

在激励机制中,设置目标是一个关键环节。目标设置必须同时体现组织目标和员工需要的要求。

**(2)物质激励和精神激励相结合的原则**

物质激励是基础,精神激励是根本。在两者结合的基础上,逐步过渡到以精神激励为主。

**(3)引导性原则**

外激励措施只有转化为被激励者的自觉意愿,才能取得激励效果。因此,引导性原则是激励过程的内在要求。

**(4)合理性原则**

激励的合理性原则包括两层含义:其一,激励的措施要适度,要根据所实现目标本身的价值大小确定适当的激励量;其二,奖惩要公平。

**(5)明确性原则**

激励的明确性原则包括三层含义:其一,明确。激励的目的是需要做什么和必须怎么做。其二,公开。特别是分配奖金等大量员工关注的问题时,更为重要。其三,直观。实施物质奖励和精神奖励时都需要直观地表达它们的指标,总结奖励和惩罚的方式。直观性与激励影响的心理效应成正比。

**(6)时效性原则**

要把握激励的时机,"雪中送炭"和"雨后送伞"的效果是不一样的。激励越及时,越有利于将人们的激情推向高潮,使其创造力连续有效地发挥出来。

**(7)正激励与负激励相结合的原则**

所谓正激励就是对员工的符合组织目标的期望行为进行奖励。所谓负激励就是对员工违背组织目的的非期望行为进行惩罚。正负激励都是必要而有效的,不仅作用于当事人,而且会间接地影响周围其他人。

**(8)按需激励原则**

激励的起点是满足员工的需要,但员工的需要因人而异、因时而异,并且只有满足最迫切需要(主导需要)的措施,其效价才高,其激励强度才大。因此,领导者必须深入地进行调查研究,不断了解员工需要层次和需要结构的变化趋势,有针对性地采取激励措施,才能收到实效。

### 3)激励的作用

美国经济学家舒尔茨曾估算,物力投资增加4.5倍,利润相应增加3.5倍;而人力投资增加3.5倍,利润将增加17.5倍。激励在人力资源管理中的重要性是显而易见的,激励不仅能使员工积极地工作,还能使员工认同和接受本企业的目标和价值观,对企业产生强烈的归属感。对于一个组织来说,随着科学技术的迅速发展、企业之间竞争的加剧,激励问题显得更加突出。20世纪60年代以来,美国企业员工的流动率居高不下,这不仅大大增加了招聘、培训等人事管理成本,而且失去了不少宝贵的人才。西方国家的现代企业制度发展到今天,已趋于成熟和完善。但是,20世纪70年代以来,在美国寿命超过20年的公司数只占公司总数的10%,只有2%的公司能存活50年。1983年壳牌石油公司的一项调查发现,在1970年《幸福》杂志排行榜上的"500家大公司",到了1983年有三分之一已经销声匿迹,而企业持续发展的能力,最终决定于企业员工。因此,如何有效地激励员工,建立有效的激励管理体制,保持住员工的活力与热情,留住企业的优秀人才,是企业人力资源管理、企业的领导者不可回避的话题。在传统的企业人力资源管理中,激励的作用受到足够的重视,但随着"人"的因素在企业生存和发展中的作用日益提升,人们越来越发现作为企业生命力和创造力源泉的人往往直接影响着企业的成败。对于一个企业来说,科学的激励至少具有以下几个方面的作用。

(1)激励有助于实现企业目标

企业的目标是靠人的行为实现的,而人的行为是由积极性推动的。当然,实现企业的目标,还需要其他多种因素,但不能因此而否定、忽视人的因素,也不能因其他因素重要,而否定人的积极性这种关键因素。

(2)激励能充分发挥企业各种生产要素效用

人、劳动对象、劳动手段是企业的生产要素,在这些要素中,人是最活跃、最根本的因素,其他因素只有同人这个生产要素相结合,才能成为现实的生产力,也才能发挥各自的效用。因此,没有人的积极性,或者人的积极性不高,再好的装备和技术、再好的原料都难以发挥其应有的作用。

(3)激励能营造良性的竞争环境

科学的激励制度运行能创造出良性的竞争环境。在具有竞争性的环境中,企业成员就会受到环境的压力,这种压力将变成员工努力工作的动力,正如麦格雷戈所说:"个人与个人之间的竞争,才是激励的主要来源之一。"

(4)激励可增强企业的向心力

如能使每个员工在企业中的发展得到关怀,生活得到关注,员工就会时刻感到企业的温暖,就会主动地为企业的发展献计献策,这便大大地增强了职工的凝聚力和组织的向心力,进而使职工自觉自愿地为实现组织目标而奋斗终身。

（5）激励为企业吸引优秀人才

随着经济的发展，企业的竞争已主要演变成人才的竞争，谁拥有人才，谁就拥有市场，谁才能在竞争中立于不败之地。有效的激励政策可以提高员工的满意度，企业在社会上得到更多的认可，树立良好的口碑，这对吸引人才将起到积极的作用。在发达国家的许多企业中，特别是那些竞争力强、实力雄厚的企业，往往会通过各种优惠政策、各种丰厚的福利待遇、快捷的晋升途径来吸引企业需要的人才。

（6）激励有助于挖掘员工的潜能，提高员工的工作效率和绩效

美国哈佛大学的心理学家威廉·詹姆斯对员工激励的研究中发现，按时计酬的分配制度仅能让员工发挥20%～30%的能力，因为只要做到这一点，就足以使自己保住饭碗。如果受到充分激励的话，其能力可以发挥出80%～90%，即能完成相当于原来三四个人的工作量。两种情况之间60%的差距是有效激励的效果，可见激励对人潜能的挖掘和利用是多么重要。

## 2.1.2　激励机制

激励机制就是在激励中起关键性作用的一些因素，由时机、频率、程度、方向等因素组成。它的功能集中表现在对激励的效果有直接和显著的影响，所以认识和了解激励的机制，对搞好激励工作是大有益处的。

### 1）激励时机

激励时机是激励机制的一个重要因素。激励在不同时间进行，其作用与效果是有很大差别的。打个比方，厨师炒菜时，不同的时间放入调料，菜的味道和质量是不一样的。超前激励可能会使下属感到无足轻重；迟到的激励可能会让下属觉得画蛇添足，失去了激励应有的意义。

激励如同发酵剂，何时该用、何时不该用，都要根据具体情况进行具体分析。根据时间上快慢的差异，激励时机可分为及时激励与延时激励；根据时间间隔是否规律，激励时机可分为规则激励与不规则激励；根据工作的周期，激励时机又可分为期前激励、期中激励和期末激励。激励时机既然存在多种形式，就不能机械地强调一种而忽视其他，而应该根据多种客观条件进行灵活的选择，更多的时候还要加以综合运用。

### 2）激励频率

激励频率是指在一定时间里进行激励的次数，它一般是以一个工作周期为时间单位的。激励频率的高低是由一个工作周期里激励次数的多少所决定的，激励频率与激励效果之间并不完全是简单的正相关关系。

激励频率的选择受多种客观因素的制约，这些客观因素包括工作的内容和性质、任务目标的明确程度、激励对象的素质情况、劳动条件和人事环境等。一般来说有下列几种情形：

①对工作复杂性强、比较难完成的任务，激励频率应该高；对工作比较简单、容易完成的

任务,激励频率应该低。

②对任务目标不明确、较长时期才见成果的工作,激励频率应该低;对任务目标明确、短期可见成果的工作,激励频率应该高。

③对各方面素质较差的工作人员,激励频率应该高;对各方面素质较好的工作人员,激励频率应该低。

④在工作条件和环境较差的部门,激励频率应该高;在工作条件和环境较好的部门,激励频率应该低。

当然,上述几种情况的划分并不是绝对的,通常情况下应该有机地联系起来,因人、因事、因地制宜地确定恰当的激励频率。

### 3)激励程度

激励程度是指激励量的大小,即奖赏或惩罚标准的高低。它是激励机制的重要因素之一,与激励效果有着极为密切的联系。能否恰当地掌握激励程度,直接影响激励作用的发挥。超量激励和欠量激励不但起不到激励的真正作用,有时甚至会起反作用。比如,过分优厚的奖赏,会使人感到得来全不费工夫,丧失了发挥潜力的积极性;过分苛刻的惩罚,可能会导致人的摔破罐心理,挫伤下属改善工作的信心;过于吝啬的奖赏,会使人感到得不偿失,多干不如少干;过于轻微的惩罚,可能导致人的无所谓心理,不但不改掉毛病,反而会变本加厉。

因此,从量上把握激励,一定要做到恰如其分,激励程度不能过高也不能过低。激励程度并不是越高越好,超出了这一限度,就无激励作用可言,正所谓过犹不及。

### 4)激励方向

激励方向是指激励的针对性,即针对什么样的内容来实施激励,它对激励效果也有显著影响。马斯洛的需要层次理论有力地表明,激励方向的选择与激励作用的发挥有着非常密切的关系。当某一层次的优势需要基本上得到满足时,应该调整激励方向,将其转移到满足更高层次的优先需要,这样才能更有效地达到激励的目的。如对于一个具有强烈自我表现欲望的员工来说,如果要对他所取得的成绩予以奖励,奖给他奖金和实物不如为他创造一次能充分表现自己才能的机会,使他从中得到更大的鼓励。还有一点需要指出的是,激励方向的选择是以优先需要的发现为其前提条件的,所以及时发现下属的优先需要是经理人实施正确激励的关键。

## 2.1.3  激励的不同学术流派

### 1)激励的需求理论

#### (1)莫瑞的人类人格理论

这种理论认为,在面临动态且不断变化的环境时,人们都是自适应的。人类的行为是目标导向且具有目的的。内部因素(需求)和来自外部环境的因素支配着人们的行为。

人类可以从他们与外界环境的交互以及先前的经验中进行学习。人们还对将来会是什么样子的问题产生一定的预想。这种理论把需求分成两种类型：生理需求与人体的基本生理过程的满足感有关，如对食物、空气和水的需求；心理需求所关注的是情绪上和精神上的满足感。

**（2）马斯洛的需求层次理论**

马斯洛的需求层次理论把需求分成生理需求、安全需求、社交需求、尊重需求和自我实现需求五类，依次由较低层次到较高层次。①生理需求：对食物、水、空气和住房等需求，这类需求的级别最低，人们在转向较高层次的需求之前，总是尽力满足这类需求。②安全需求：包括对人身安全、生活稳定以及免遭痛苦、威胁或疾病等的需求。③从属和爱的需求：包括对友谊、爱情以及隶属关系的需求。④尊重需求：既包括对成就或自我价值的个人感觉，也包括他人对自己的认可与尊重。⑤自我实现需求：自我实现需求的目标是自我实现，或是发挥潜能。根据这种理论，在更高层次的需求变得重要之前，人们必须首先满足位于层次底部的需求。尚未满足的需求就是行为的一种潜在的激励因素。一旦人们满足了某个层次上的需求，层级中的下一个层次的需求就会成为行为的中心目的。

**（3）ERG 理论**

美国耶鲁大学的克雷顿·奥尔德弗在马斯洛提出的需要层次理论的基础上，进行了更接近实际经验的研究，提出了一种新的人本主义需要理论。克雷顿·奥尔德弗认为，人们共存在三种核心的需要，即生存（existence）的需要、相互关系（relatedness）的需要和成长发展（growth）的需要，因而这一理论被称为 ERG 理论。图 2-1 展示了 ERG 理论的结构。

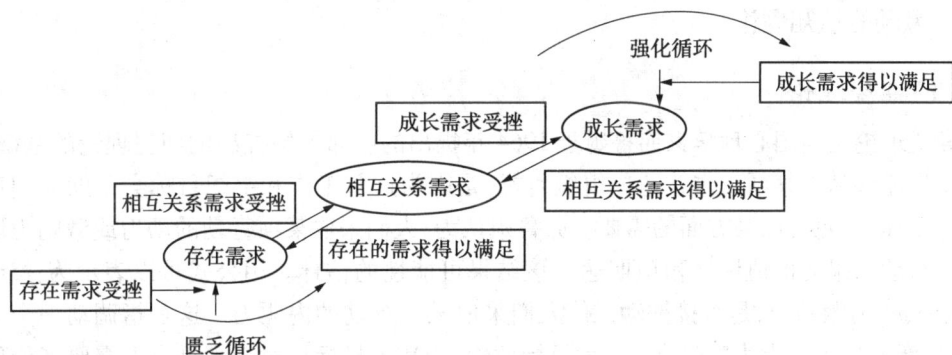

**图 2-1　ERG 理论**

**（4）麦克利兰的成就激励理论**

美国哈佛大学教授戴维·麦克利兰是当代研究动机的权威心理学家。他从 20 世纪四五十年代起就对人的需求和动机进行研究，提出了著名的"三种需要理论"，并得出了一系列重要的研究结论。戴维·麦克利兰提出了人的多种需要，他认为个体在工作情境中有三种重要的动机或需要。①成就需要：争取成功希望做得最好的需要。②权力需要：影响或控制他人且不受他人控制的需要。③亲和需要：建立友好亲密的人际关系的需要。戴维·麦克利兰的动机理论在企业管理中很有应用价值。首先，在人员的选拔和安置上，通过测量和评价一个人动机体系的特征对如何分派工作和安排职位有重要的意义。其次，由于具有不同需要的人需要不同的激励方式，了解员工的需要与动机有利于合理建立激励机制。最后，戴维·麦克利兰认为动机是可以训练和激发的,因此可以训练和提高员工的成就动机,以提高生产率。

（5）赫茨伯格的激励—保健理论

弗雷德里克·赫茨伯格的激励—保健理论并不是直接建立在需求之上的,和认知行为理论也不完全吻合。它是纯粹基于需求的理论和那些纯粹基于认知和行为过程的理论之间的一种很有用的过渡理论。保健因素包括公司政策和公司的行政管理、监督的质量以及工作条件。激励因素包括成就、认可和工作本身。保健因素可以用来体现高水平员工的不满意,如果管理层改变了这些保健因素,员工的不满意就会减少,但是不会变得更加满意。激励因素可以用来体现高水平员工的满意度,但是如果没有这些因素或使员工没有体会到这些因素,他们也不会产生不满。根据赫茨伯格的观点,管理者必须首先改善工作中的保健因素,负面的保健因素会把员工的注意力从体验到的激励因素上转移开来。一旦工作环境得到改善,管理者就可以试着通过运用被赫茨伯格称作工作丰富化的过程,对工作进行重新设计,从而提供激励因素。双因素理论促使企业管理人员注意工作内容方面因素的重要性,特别是它们同工作丰富化和工作满足的关系,因此是有积极意义的。赫茨伯格告诉我们,满足各种需要所引起的激励深度和效果是不一样的。物质需求的满足是必要的,没有它会导致不满,但是即使获得满足,它的作用往往是很有限的、不能持久的。要调动人的积极性,不仅要注意物质利益和工作条件等外部因素,更重要的是要注意工作的安排,做到量才录用、各得其所;注意对人进行精神鼓励,给予表扬和认可;注意给人以成长、发展、晋升的机会。随着温饱问题的解决,这种内在激励的重要性越来越明显。

### 2）激励的认知理论

#### （1）期望理论

期望理论是美国心理学家弗鲁姆于1964年提出的。弗鲁姆提出的期望理论的基础是:人之所以能够从事某项工作并达成组织目标,是因为这些工作和组织目标会帮助他们达成自己的目标,满足自己某方面的需要。弗鲁姆认为,人们采取某项行动的动力或激励力取决于其对行动结果的价值评价和预期达成该结果可能性的估计。用公式可以表示为:$M = V \times E$。其中,$M$为激励力,是直接推动或使人们采取某一行动的内驱力。这是指调动一个人的积极性,激发出人的潜力的强度。$V$为目标效价,指达到目标后对于满足个人需要其价值的大小,它反映个人对某一成果或奖酬的重视与渴望程度。$E$为期望值,是指根据以往的经验进行的主观判断,达到目标并能导致某种结果的概率,是个人对某一行为导致特定成果的可能性或概率的估计与判断。弗鲁姆的期望理论辩证地提出了在进行激励时要处理好三方面的关系,这也是调动人们工作积极性的三个条件。一是努力与绩效的关系。人们总是希望通过一定的努力达到预期的目标,如果个人主观认为达到目标的概率很高,就会有信心,并激发出很强的工作力量;反之,如果他认为目标太高,通过努力也不会有很好的绩效时,就失去了内在的动力,导致工作消极。二是绩效与奖励的关系。人们总是希望取得成绩后能够得到奖励,当然这个奖励也是综合的,既包括物质上的,也包括精神上的。如果他认为取得绩效后能得到合理的奖励,就可能产生工作热情;否则就可能没有积极性。三是奖励与满足个人需要的关系。人们总是希望自己所获得的奖励能满足自己某方面的需要,然而由于人们在年龄、性别、资历、社会地位和经济条件等方面都存在差异,他们对各种需要要求得到满足的程度也就不同。因此,对于不同的人,采用同一种奖励办法能满足的需要程度不同,激发出的工作动力也就不同。

（2）公平理论

公平理论也称社会比较理论,它是美国行为科学家亚当斯在《工人关于工资不公平的内心冲突同其生产率的关系》(1962 年与罗森合写)、《工资不公平对工作质量的影响》(1964年与雅各布森合写)、《社会交换中的不公平》(1965 年)等著作中提出来的一种激励理论。该理论侧重于研究工资报酬分配的合理性、公平性及其对职工生产积极性的影响。公平理论的基本观点是:当一个人做出了成绩并取得了报酬以后,他不仅关心自己所得报酬的绝对量,而且关心自己所得报酬的相对量。因此,他要进行横纵两种比较来确定自己所获报酬是否合理,比较的结果将直接影响今后工作的积极性。

公平理论对我们有着重要的启示:首先,影响激励效果的不仅有报酬的绝对值,还有报酬的相对值。其次,激励时应力求公平,使等式在客观上成立,尽管有主观判断的误差,也不致造成严重的不公平感。最后,在激励过程中应注意对被激励者公平心理的引导,使其树立正确的公平观。一是要认识到绝对的公平是不存在的;二是不要盲目攀比;三是不要按酬付劳,按酬付劳是在公平问题上造成恶性循环的主要杀手。

（3）目标设置理论

埃德温·A. 洛克和他的同事们花了多年时间研究目标对于人类行为和绩效的效果。他们的研究导致了目标设置理论的创立并不断地得到验证。与模糊的、没有挑战性的、无法实现也未被接受的目标相比,明确的、具有挑战性的、可以实现而且为人所接受的目标能够带来更高的绩效。目标设置理论推荐按照以下步骤设置目标:①详细说明员工的任务、职责和责任;②详细说明怎样对员工的绩效进行评估;③详细说明需要实现的目标或目的;④详细说明员工绩效的时间跨度;⑤确定目标之间的优先顺序;⑥详细说明目标的困难和优先顺序;⑦对需要与其他人进行协调和合作的目标进行检查。目标设置的步骤之所以这么设计,就是为了建立起无论是所需完成的任务,还是这个任务必须完成的时间范围,目标必须是明确。通过对怎样衡量绩效和多种目标之间的优先顺序进行说明,明确性就能进一步得以强化。目标的挑战性则来自其本身的困难程度。目标设置理论并不认为目标是静态的。通常,目标的基础是建立在过去的经验和对将来的一些预测之上的。随着环境的变化,目标也必须相应改变。

### 3）激励的行为理论

行为矫正是人类激励和行为的一种方法,它与期望理论和公平理论在很多方面都是不同的。这种理论假设:人们愿意从事能够带来正面成果的行为,而会去避免无法产生正面成果的行为。实证研究表明,在人类激励中使用行为矫正的方法,带来了令人印象深刻的绩效增长。管理者试图通过运用或抑制行为结果的方式来塑造行为。对于目标人员而言,这些结果既可以是正面的,也可以是负面的。管理者使用了四种方法来影响行为的性质和方向:正面强化、惩罚、废止、负面强化,如图 2-2 所示。

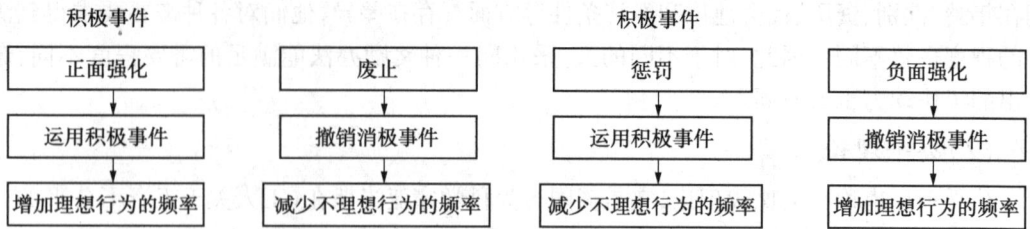

图 2-2　积极事件和消极事件的运用和抑制

运用这种理论来管理组织中的行为时,应当遵循以下四个原则:①后效强化原则。只有当理想的行为发生,且能够达成某种结果时,这种结果才能对行为具有最强的影响力。②直接强化原则。只有在行为发生后,结果立即就能发生的情况下,这种结果才能对行为具有最强的影响力。③强化规模原则。大结果与小结果相比,对行为具有更强的影响力。④强化剥夺原则。某个人被剥夺某个强化刺激的时间越长,对将来行为的影响也就越大。

### 2.1.4　激励的方式与类型

#### 1)方式

##### (1)单维货币激励与多维效用激励

如果激励主体对激励客体的激励方式只是货币激励,由于边际效用递减,随着时间的推移和激励次数的增多,要达到相同的激励效果,花费的成本就会变得越来越高。同时,如果实行多种激励方式,但激励方式不恰当,也不能达到良好的效果。可以说,由多维效用激励可以构建成多维的无差距的激励效用曲线,即同一条曲线上的任何一点对激励受体来说效用都是相等的,但其激励成本则有可能是不相同的。由此可知,对激励受体来说,效用相等的激励组合,对激励主体来说,就可能具有不同的激励成本;同理,对激励主体来说激励成本相同的激励组合,对激励受体来说,其激励效用则有可能是不同的。因此,在实施激励的过程中,应对激励受体实施恰当的激励组合,特别是要注意通过激励组合的变动,推动激励客体的激励效用曲线由低向高移动。

##### (2)人性化激励与个性化激励

人性化激励是指在激励过程中,强调以人为本,突出人在企业中的主体地位。要实施人性化激励就必须做到:让客体受到重视;积极研究客体的思想;向客体表达对其的关心;重视客体参与管理的作用和注重情感激励。人性化激励的对象是全体员工,但是每个员工在共性的基础上都有自己独特的个性,而要做到激发每一个员工的潜力,就必须针对每个员工的特点来激励,这也就是人们所说的个性化激励。从上述可知,个性化激励不是对人性化激励的否定,而是在对人性化激励"扬弃"的基础上发展起来的,是一种能更有效地激发员工潜力的激励方式。

##### (3)短期激励与长期激励

短期激励是指激励方式只在很短的期限内(几个月或一年)有效。由于这种激励方式只在短期内有效,就不可避免地导致激励客体的短期化行为,如利润分享计划是根据企业的年利润来确定客体的绩效,而客体为了自身的利益,必然会牺牲企业的长远利益来提高企业的当期利润。为了避免这种现象的发生,主体必然会设计长期有效的激励方式,来防止客体的短期化行为,如股票、期权等激励方式。但是由于长期激励需要很长时间客体才能得到收益,在短期内就可能达不到好的激励效果。因此,若既要具有良好的激励效果,又要防止客体的短期化行为,就必须把短期激励与长期激励结合起来使用。

(4)主动激励与被动激励

主动激励是指激励主体根据自身的利益而主动采取的一种激励措施;被动激励是指激励主体为了维护自身利益而被迫采取的激励方式。这两种激励方式对于主体而言,前一种是积极主动实施的,后一种是消极被动进行的。由于前者是主动实施的,客体预料不到主体会采取激励措施,因此一旦采取激励措施,就可能产生预想不到的效果;而后者是主体为了维护自己的利益而被迫采取的激励方式,因此,不管这种激励方式是客体要求所导致的,还是其他因素导致的,客体都会认为对其来说是理所当然的,也就达不到良好的激励效果。

(5)即时激励与滞延激励

即时激励是指在任何情况下,对于任何需要激励的行为都要及时兑现。滞延激励是指不是及时采取激励措施,而是经过一段时间后才采取激励行为。由于即时激励及时兑现诺言,因此对员工产生巨大强化作用,同时也为员工指明了组织的目标和奋斗的方向;而滞延激励由于实施激励行为和员工完成工作任务之间有一段很长的时间,员工在这段时间内就会产生不公平感,因此,激励就达不到应有的效果。所以主体在实施激励时,应尽可能多地采用即时激励。

(6)绩效工资激励与岗位工资激励

绩效工资激励主要是指将员工工资与其所从事的工作绩效联系在一起来确定其工资水平。一般来说,绩效工资激励对员工有着比较好的激励效应,但也不可避免地发生负向的激励效应。哈佛大学的学者经研究得出结论:如果经埋狄得的期权与公司的利润挂钩,与不挂钩的公司相比,公司的长期利润下降。梅雷迪思·贝尔宾经过自己的研究指出,这种盛行一时的制度似乎是一种合理的制度。它能激励众人努力工作,并且让人感到很公平——工作努力,工作好的人应当从他们的劳动中获益。但事实上远非如此。他举例表明,这种制度很有可能导致警察为得到更多激励而向嫌疑人栽赃以提高逮捕数,老师为得到更多激励而向学生进行考前解答以提高学生考试成绩等。针对绩效工资可能存在的此类缺陷,许多公司通过将顾客满意度与绩效挂钩防患于未然,如曾获得美国马尔科姆·鲍德里奇国家质量奖的企业——联邦快递、施乐等公司认为,其采用顾客满意度指标作为员工薪资基础的原因是:①向顾客做出一种承诺;②使员工更有责任心;③鼓励变更。显然,将顾客满意度与绩效挂钩,有助于最大限度地消减绩效工资制度的运作缺陷。

(7)制度激励与企业文化激励

制度激励是指根据制度的安排来选择激励措施,这种激励措施事先公开,任何员工对其都非常清楚。一个好的激励制度应该具有以下几个特点:①公平性。对于任何人来说,激励制度都是一视同仁。②不针对具体某个人。制度激励的是全体员工的行为,而不是具体某个员工。③事先确定性。对于客体来说,任何制度激励在行动之前都已制订好,在行动发生之后,只需按照制度执行就可以。根据上述三个特点,我们可知,好的激励制度可以达到良好的激励效果。但是由于人类具有高度的主观能动性,而对于如何更好地发挥人的主观能动性而言,"刚性"的制度激励是无用的,在这一点上,由于企业文化是全体员工共同持有、共同遵守的企业精神、价值观念和行为准则,因此通过它可以更好地发挥员工的主观能动性。好的企业文化有以下几个特点:尊重员工、在竞争条件下推动合作精神的发展和实行人本管理。因此,若要达到好的激励效果,就必须具有一个好的"刚性"的激励制度,同时还要有与制度相配备的"柔性"的企业文化。

**2)类型**

不同的激励类型对行为过程会产生程度不同的影响,所以激励类型的选择是做好激励工作的一项先决条件。

**(1)物质激励与精神激励**

虽然二者的目标是一致的,但是它们的作用对象却是不同的。前者作用于人的生理方面,是对人物质需要的满足;后者作用于人的心理方面,是对人精神需要的满足。随着人们物质生活水平的不断提高,人们对精神与情感的需求越来越迫切,如期望得到爱、得到尊重、得到认可、得到赞美、得到理解等。

**(2)正激励与负激励**

正激励就是当一个人的行为符合组织的需要时,通过奖赏的方式来鼓励这种行为,以达到持续和发扬这种行为的目的。负激励就是当一个人的行为不符合组织的需要时,通过制裁的方式来抑制这种行为,以达到减少或消除这种行为的目的。

正激励与负激励作为激励的两种不同类型,目的都是要对人的行为进行强化,不同之处在于二者的取向相反。正激励起正强化的作用,是对行为的肯定;负激励起负强化的作用,是对行为的否定。

**(3)内激励与外激励**

内激励是指由内酬引发的、源自工作人员内心的激励;外激励是指由外酬引发的、与工作任务本身无直接关系的激励。

①内酬是指工作任务本身的刺激,即在工作进行过程中所获得的满足感,它与工作任务是同步的。追求成长、锻炼自己、获得认可、自我实现、乐在其中等内酬所引发的内激励,会产生一种持久性的作用。

②外酬是指工作任务完成之后或在工作场所以外所获得的满足感,它与工作任务不是同步的。如果一项又脏又累、谁都不愿干的工作有一个人干了,那可能是因为完成这项任务将会得到一定的外酬——奖金及其他额外补贴,一旦外酬消失,他的积极性可能就不存在了。所以,由外酬引发的外激励是难以持久的。

# 2.2 激励机制的形式

## 2.2.1 传统激励机制的局限性

薪酬是指员工所获得的一切有形（物质形式）和无形（非物质形式）的劳动报酬，既包括工资、奖金等现金性收入，也包括各种形式的福利奖励。传统薪酬制度的局限性可概括为以下几个方面：

### 1）没有恰当的激励，不能给员工以准确的定位

在传统的薪资制度中，定人定岗、定岗定薪已成一个不成文的规矩，要想突破以前的工资级别，只有提级。在一个固定的岗位上，员工干得再好，也不能得到大幅度的加薪，唯一奖励只能以奖金形式发放。在这种薪资制度下，员工所受的激励就是不遗余力地"往上爬"，无论他最终爬上去的这个岗位是否适合他，所以这种激励带有很大的盲目性。管理学家劳伦斯·彼得在其1969年出版的《彼得原理》一书中发出这样的警告，在企业和各种其他组织中都普遍存在一种将员工晋升到一个他所不能胜任的职位上去的总体倾向。即一旦员工在低一级职位上干得很好，企业就会将其提升到较高一级的职位，直到将员工提升到一个他不能胜任的职位之后，企业才会停止对他的晋升。结果，这个人往下降一个职位等级，可能是一个非常优秀的员工，但是他现在却不得不待在一个自己不能胜任的但是级别却较高的职位上，并且要在这个职位上一直耗到退休。这种状况对于员工和企业双方来说无疑都没有好处。

### 2）平均主义还很严重

分配的平均主义已经是不争的事实。按贡献分配的原则往往难以得到公平的贯彻。有些员工技能不突出，但只要熬到一定的年头就可以享受高薪，严重挫伤了核心员工尤其是一些年轻的核心员工的积极性。

### 3）薪酬设计、管理带有很大的随意性

旧有的薪酬制度中，有时候领导一句话就能决定工资的等级和晋升。有时因为薪资结构的问题，企业付出了巨大的代价，而员工却认为自己没有拿到高薪。中国人民大学曾湘泉教授在谈到这个问题时指出："一是身份工资，而不是职位定价。二是结构问题，例如国有企业如住房、养老、医疗很多东西都不算工资，结果呢，开着公家车，有很多待遇。其实你一算，跟外企比不一定比外企低，把工资结构调整后，它就变了。所以薪酬水平并不比外企低，但薪酬结构的设计不合理。"

### 4）激励动力不足,激励成本不断上升

传统的薪酬制度中只有通过提高员工的职务级别来增加薪水。这种方法的前提是企业有个很长的职务级别链,职务级别链越长员工越有盼头,激励动力才能具有持续性。不过这种激励动力总会有枯竭的时候,因为职务链不可能是无限长的,当员工的职务级别达到顶层时,他的加薪也变得不可能了。同时,由于仅仅依靠晋升到更高一个级别而增加工资来激励员工,公司的激励成本将会不断攀升,公司在雇员身上的投资会逐渐增加,而对应的生产效率并不是以同样的速度在增加。因此,一旦工资不能增加,或增加的幅度不能达到员工的期望值,在挽留核心员工和重要员工的时候就会产生困难。

### 5）激励的短期化甚至不具有激励性

旧有的薪资制度只注重了薪酬的保健功能而忽视了其激励功能,即只满足了员工的低层次需求,而忽视了员工的高层次需求。在使核心员工为企业的发展战略着想,决定为企业长期服务方面办法不多。一些企业的薪酬制度背离了劳动力市场的价值规律,低素质员工在薪酬水平较高的前提下非常愿意固守企业,而一些战略性员工却对企业没有兴趣。最直接的后果就是企业人才流失严重从而导致人才结构不合理。

## 2.2.2 激励机制的基本形式

广义的激励包括积极奖励的正面激励和消极防范与惩罚的反面激励,这实际上是把约束制度也看作激励。狭义的激励是指正面激励。

根据激励的形式是否以金钱形式表现,激励可划分为经济性激励与非经济性激励。根据激励发挥作用的方式是外部强化还是来自激励对象内部的心理强化,激励可划分为外在激励与内在激励,其分类见表2-1。

表2-1 激励的分类

| 类型 | 经济性激励 | 非经济性激励 |
|---|---|---|
| 外在激励 | 薪酬激励:工资、奖金、津贴、福利<br>股权激励:实股激励、期股激励、期权激励 | 舒适的办公环境<br>各种荣誉 |
| 内在激励 | 无 | 参与决策<br>挑战性工作<br>感兴趣的工作或任务<br>上级同事的认可与内部地位<br>学习与进步的机会<br>多元化活动<br>就业保障 |

内在激励是指那些来源于个人内在的,同时也反映工作的满意程度以及工作所提供的提升机会的奖励。在某些情况下,内在激励反映的是企业的性质或一个人从事工作的类型。例如,京剧票友或收藏迷需要花费很多的时间、精力和金钱来满足他们对自己所喜欢的事物

的追求。与工作不同,这种爱好往往是没有直接利益的,但恰恰是在这些爱好上,票友或收藏迷们的投入往往是不吝啬的,无论在时间还是在金钱方面,当然更不需要别人的监督来完成。即使是能得到经济补偿的工作,管理层的一个最具有挑战性的任务也是安排工作,并且培育一种能引导员工在工作中获得内在激励的企业环境和文化。由于内在激励获得的方式,企业会计的信息对他们不起作用。

外在激励是指某个人以绩效评价结果为基础,给另一个人提供的一种激励以承认其出色地完成了某项工作。一般性的外在激励包括一顿饭、一张电影票、现金奖励、股票奖金以及通过新闻报道和奖杯来表示赞赏等。外在奖励增强了员工把自己和企业区别开来这样的观点。同时许多人认为外在奖励还增强了这样一种观点:工作补偿是员工可接受的最低限度的付出,所以企业必须利用额外的奖励或者补偿方式以激励员工提供额外的付出。

本书主要研究外在激励问题。这并不是因为内在激励不重要,而是因为本书的目的是明确企业所要实现的结果,并把这些结果与管理者及员工的薪酬联系起来。

### 2.2.3 激励机制的其他形式

根据激励对象可将激励划分为高层管理者激励和其他员工激励,后者包含的对象有中层管理者、销售经理、技术人员、普通员工等。

按照激励效果的期限可将激励划分为短期激励和长期激励。对高层管理者的激励既有短期激励也有长期激励。1997 年 3 月发表在《财富》杂志上的一篇文章表明,大公司首席执行官的总报酬分布为:薪金 21%、短期激励 27%、长期激励 16%、以股票为基础的报酬 36%。首席执行官总报酬的 79% 是与绩效相关的,处于风险状态的总报酬的 52% 以长期激励的形式存在。这篇文章同时指出,随职位的下降,处于风险状态的报酬比例也下降。例如,其他高级管理人员固定报酬的比例是:运行总裁 23%、财务总裁 26%、首席法律顾问 31%、管理信息系统负责人 41%、审计主管 49%。将一名管理者的报酬更多地置于风险状态,是为了使其报酬与企业长期战略目标相联系。

按照激励奖金与个人报酬的挂钩方式划分,激励可分为基于个人绩效的奖励、基于团队业绩的激励和基于企业整体绩效的激励。一般来讲,企业的高层管理者对企业全局的掌控能力越强,其全部报酬与企业整体绩效挂钩的比重越高;反之,基层的操作性员工完全处于设计好的标准化工作流程下,应以个人绩效为主来制订薪酬。艾尔弗雷德·斯隆于 1918 年在通用汽车公司推行了新的奖金方案,旨在提高高级管理人员的奖金与股东之间利益的一致性。该方案为薪酬激励机制设计提出了一个问题:报酬应以个人绩效还是集体绩效为基础? 一方面,以个人行为为基础的报酬显然不会促进集体行为的进步;另一方面,如果采取以集体行为为基础的报酬,很多人不会清楚地看到个人行为是如何影响集体报酬的,更不会知道又如何最终影响个人报酬,这将削弱报酬的激励效果。同时,集体报酬还将鼓励个人逃避责任和"搭便车"行为(依赖别人的努力)。在现实中,许多企业要求员工以团队为单位进行工作。将个人报酬和集体报酬结合起来的一种方法是:把集体报酬建立在集体绩效(如公司利润)的基础上,同时按个人实现其绩效目标的能力确定其在集体报酬中所占的份额。这种方法没有把个人在集体报酬中所占份额建立在薪水或职务的基础上。

按照激励与绩效评价指标的联系方式划分,激励可划分为基于内部绩效评价指标的激励和基于外部绩效评价指标的激励。前者一般使用以会计为基础的财务指标,近年来,对非财务指标的应用逐渐增多;后者使用的指标主要是与股价相关的指标,与其相关的激励形式主要有期权激励、期股激励等。

按照激励所使用的绩效评价指标数量可将激励划分为基于内部绩效评价指标的激励和基于多个绩效评价指标的激励。前者所使用的指标主要有净利润、销售收入和经济增加值等;后者主要是以财务指标和非财务指标构成的绩效评价指标体系。

按照激励与绩效评价标准的联系可将激励划分为基于内部绩效评价标准的激励和基于外部绩效评价标准的激励。前者主要包括历史标准和预算标准;后者主要包括同行标准和资本成本(与经济增加值相联系)。

早期的激励方式以短期薪酬为主,激励以短期目标为主。激烈的竞争使企业更为关注长期的竞争优势;同时,随着资本市场的发展,对高级人才的激励方式已由短期薪酬转向长期股权激励方式,股票期权、员工持股计划日益盛行。

### 2.2.4　激励机制的构成因素

在设计激励机制时必须对三个因素进行决策:奖金池、分配公式、激励的类型及组合。

#### 1)奖金池

奖金池是指一些专门保留用来作为激励和认可奖励的资金。奖金池通常是依据企业或公司层面的绩效来设定的。例如,公司年度利润的15%可能被留存在奖金池中为激励支付提供资金。

#### 2)分配公式

一旦奖金池被定下来之后,下一步的决策就是怎样把奖金池分配给个人。通常有三种绩效可以用来分配奖金:个人绩效、业务或部门绩效、公司绩效。对于任何管理者来说,都必须决定如何在这三种绩效变量之间分配权重。通常情况下,在一个单独的业务部门中,一个经理的控制幅度越宽,业务绩效相对于个人绩效的权重就应该越高。同时,在一个公司中,某业务部门与其他业务部门间联系越多,公司绩效相对于其他绩效的权重就应该越高。举例来说,考虑一下下述两种权重方案,见表2-2。

表2-2　两种绩效权重方案

单位:%

| 绩效 | 管理者甲 | 管理者乙 |
| --- | --- | --- |
| 公司绩效 | 20 | 40 |
| 业务绩效 | 20 | 40 |
| 个人绩效 | 60 | 20 |
| 合计 | 100 | 100 |

　　管理者甲的权重方案,给予个人绩效一个相对较高的权重,可能更适合于一个控制幅度很窄的基层员工。相对来说,管理者乙的权重方案,把大部分权重分配给业务绩效和公司绩效,可能更适合于管理一个与公司其他部门有着重要联系的部门的高层经理。

　　在每种分配比例中,还需要进一步决策怎样计算支付的实际金额。例如,如果业务绩效被分配40%的权重而个人绩效被分配20%的权重,我们怎样确定成绩的水平呢? 有两种基本方法:通过公式或通过主观判断。基于公式的分配表示如下:

　　如果利润 = $X$,　　　　　　　　　　　　　　那么奖金 = $Y$元;

　　如果 $X <$ 利润 $< X \times (1 + 10\%)$,　　　　那么奖金 = ($Y$ + 200 000)元;

　　如果 $X \times (1 + 10\%) \leqslant$ 利润 $< X \times (1 + 20\%)$,　　那么奖金 = ($Y$ + 500 000)元;

　　如果利润 $\geqslant X \times (1 + 20\%)$,　　　　　那么奖金 = ($Y$ + 750 000)元。

　　基于公式的分配系统有两个明显的优点:首先,对于期望得到什么样的结果或怎样衡量结果不会模棱两可。这样,员工就能清楚什么行为将会受到奖励。其次,与第一个优点相关,奖金分配系统不会经常设计,通常为一年一次,也不需要管理者过多的注意。这样,基于公式的分配系统能带来较高的管理效率——设定目标与决定奖金公式,然后让管理者集中精力去做其他的事情,同时也能确信员工们是在设法完成反映在奖金计算中的目标。

　　另一种选择是在对绩效的主观评价基础上分配绩效报酬。要这样做,管理者就必须运用他们的知识、经验以及判断去评定下属的贡献。这不仅需要一个较高的信任度,还需要管理者投入大量的时间,因为他们必须收集充足的信息去判断下属的绩效。

　　支付的公式能以多种目标中的任一种为基础:利润、现金流以及投资报酬率,也可以是平衡计分卡中的市场占有率、新产品开发,还可以是个人目标,如学习和培训。有时,也可以设立补充性的目标克服单一目标的局限性。例如,如果采用投资报酬率设计奖金支付公式,被评价者可能会减少对资产的投资甚至卖掉一些对企业有未来价值的资产。为了规避这种风险,可以基于投资报酬率的增长和资产增长率组成支付矩阵,如图 2-3 所示,这样寓意就很明显:提高投资报酬率并扩大资产规模。

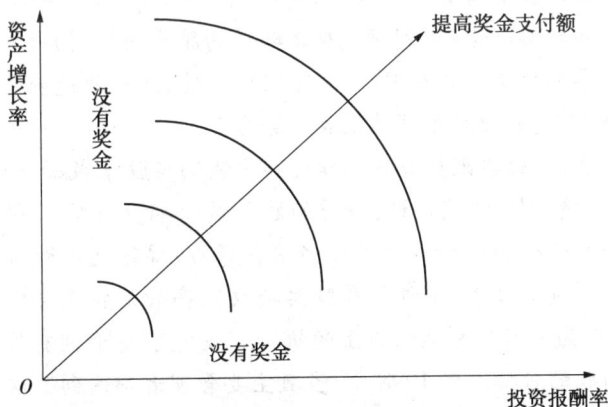

图 2-3　奖金支付矩阵

### 3)激励的类型及组合

　　最后一个因素是提供什么类型的激励给员工以认可他们的绩效。常见的经济激励形

式有:

①现金。

②礼物和奖品。

③延迟的现金支付。

④公司股票奖励。

⑤股票期权奖励。

与资产负债表上的资产排列顺序相似,上述激励形式也是按照流动性强弱排列的,公司可以选择一种形式或将几种形式结合起来运用。

---

## 案例

### 福特汽车公司的补偿制度

福特公司的补偿报酬计划说明了一个公司怎样把管理与股东利益联系起来,并且把报酬与利润目标和战略的实现联系在一起。

像所有成功的公司那样,福特必须提供有竞争力的报酬以吸引和留住能干的高层管理者。每年福特的董事会都会委托外界的顾问调查世界汽车行业以及主要美国公司的报酬,再根据公司规模、绩效、声望以及业务复杂程度对结果进行调整之后,福特把自己的报酬水平设定为调查报告的平均水平。

然后,福特把报酬分为两类:年度报酬和长期报酬。年度报酬包括工资和年度奖励;长期报酬包括股权期权以及立刻给予的公司普通股。年度奖励是建立在公司收益的基础上,奖励过去一年内的个人或小组绩效。福特把年度奖励与经济增加值挂钩,将每年税前剩余收益的6%留置在奖金池中。剩余收益是指把会计的税前利润扣除经营中使用资本的10%的资本成本。

认识到福特执行官的决策将会影响公司许多年,福特把长期报酬与长期目标的实现和股价挂钩。股票期权和股票承诺(得到预先确定数量的股票的权利)是福特长期报酬的主要组成元素。福特的股票期权奖励是在10年的时间中支付的(也就是确定地转移给接受者),激励执行官们留在公司内,并为股票的长期表现努力。

由于市场条件的影响,股票期权并不总能使高管激励与股东激励一致。例如,如果一名高管的激励已经是"负债"了(也就是说,当前的股价低于期权价格),那么他可能会去做一些冒险的决策以期提高绩效和股价。为了平衡这种风险,福特也把即时的股票支付作为高管长期报酬的一部分。拥有股票(不仅仅是股票期权),高管们就不会做出冒险的决策。在1994年,福特的董事会为所有副总裁级以上的执行官设定了关于拥有价值为他们工资某一确定倍数的福特普通股的目标。到1998年,多数主要管理者都达到了这个目标。

福特在追溯以往的基础上给予股票承诺。例如,在1992年和1994年,每个执行官得到了一些"不确定的股票期权",它是依据福特在5年和3年的时期内在下述领域中的目标达成度来判定的,见表2-3。

表2-3　目标达成度

| 1992—1993 年 | 1994—1996 年 |
|---|---|
| 产品质量及世界范围内的接受程度(35%) | 产品质量及世界范围内的接受程度(35%) |
| 成本减少(25%) | 公司 ROE(25%) |
| 生产计划(25%) | 生产计划(25%) |
| 与员工关系(15%) | 与员工关系(15%) |

每个季度,福特的 5 200 名高层经理都能收到他们在这些目标上的进展报告。

在 1997 年,福特的董事会评价了管理者们在这些领域的目标完成程度。他们认为,福特在 1992—1993 年完成了目标的 80%,而在 1994—1996 年完成了目标的 83%。这样,福特的执行官们得到了各自占他们于 1992 年和 1994 年得到的不确定的股票期权同样比重的股票。

在 1998 年,福特的董事会继续使用平衡计分卡的方法来实现绩效目标和激励,把将来的股票承诺奖励与下述领域的目标联系起来:

- ROE。
- 生产计划。
- 顾客满意度。
- 选择的内部财务指标。
- 产品质量。
- 与员工的关系。

---

# 2.3　绩效评价与激励机制的设计

## 2.3.1　绩效评价与激励机制设计的意义

### 1)绩效评价的设计意义

本部分从公司内部管理的角度对绩效评价的作用进行分析。

(1)量化企业目标

在绩效评价和战略管理领域,平衡计分卡被越来越多的管理者和研究者所熟知。可以说,整个平衡计分卡理论是围绕着企业的战略来构建的。从企业管理实践来看,平衡计分卡实施成功与否的一个前提条件是企业有无战略。而一个能够适应环境变化,使企业在竞争中立于不败之地的战略又取决于企业明确的战略目标。在企业战略规划实践中,由于对战略目标存在的模糊认识,从而使企业在设置战略目标时经常出现明显的错误,最终使战略规划往往流于形式,无法取得其应有的效果。国务院国资委的一项调查表明,三分之一的国有企业有战略,三分之一的企业无战略,还有三分之一的企业介于前两者之间。对于许多民营企业来讲,同样也缺乏清晰的发展战略。对于那些为生计而奋斗的小企业,战略显得更为遥远。将战略体系与绩效评价和激励相结合,能帮助中国企业更有效地执行战略。

战略目标的确定在战略规划中起着至关重要的作用。战略学家在研究战略目标体系时,给出了设计绩效评价指标体系的思路,即战略目标体系中既包括经济目标也包括非经济目标,既包括定量指标也包括定性指标。在构建战略目标体系时,他们强调各利益相关者目标的实现,进而强调各利益相关者关系的平衡。虽然绩效评价属于战略实施和控制环节,但是关键绩效指标以及评价指标体系的构建必须与战略规划过程紧密结合。也就是说,在战略规划过程中,必须将企业的战略目标量化为一套可以计量的绩效评价指标。希曼和林格尔提出了"明确定义企业战略,量化战略目标,最终建立一种量化管理文化"的思路。

尽管明确目标很重要,但是,明确目标不只是确定目标,还要分解、落实、形成评价指标。这就要求企业的目标应该是可以计量的,只要有可能,目标就应该用定量指标描述。通过目标的分解,企业的整体目标被转换为每一级单位的具体目标,即从企业整体目标到部门目标,再到个人目标。这一过程可借助"目标管理"的方法来实现。设定恰当而具有挑战性的目标能够对员工产生强烈的激励作用。

一个企业选择的绩效评价系统必须能够支持和增强该企业的战略,帮助管理者实现企业的目标。绩效评价不能代替战略,它捕捉到的只是战略的结果(财务成果),如果选择得当,绩效评价不仅能体现出长期的战略成果,也能体现出短期的战略成果。优秀的企业不只是衡量结果,他们还从这些结果中看到了关键的战略驱动因素,或者叫关键成功因素,并把这些驱动因素包含在绩效评价之中,以此来评价战略目标的实现情况。

目标能否予以量化对战略执行,尤其是绩效评价将产生很大的影响。反过来,绩效评价对战略规划也提出了要求——量化战略目标。总之,在战略规划阶段,管理者要将战略目标转化为绩效评价指标。

(2)实施企业战略

与战略制订相比,战略的实施难度似乎更大。如何将企业的战略目标转化为日常的行动,是近30年来战略管理研究的重点。德鲁克指出,计划和实施是同一项工作的两个部分,而不是不同的工作。任何工作,如果不包含这两个部分,就不可能有效进行。如果把这两者分开,就好像要求吞下食物和消化食物由两个身体来进行一样。IBM公司在1995年开始执行新的行业结构战略,但是3年以后该战略才完全得到接受。郭士纳在其自传《谁说大象不能跳舞》一书中感叹道:"制定一个机构规划是容易的,但是执行并且是执行好一个计划却是要3年的艰苦努力。"

绩效评价是战略实施过程中的重要环节。不全面或不恰当的绩效评价体系常常会妨碍企业战略的实施,甚至与之相抵触,它可能导致的问题包括以下几个方面:

①没有关注关键成功因素。有些企业的绩效评价标准过于繁杂,有些企业的评价标准与战略目标背道而驰。例如,企业采用了增长型战略以扩大市场份额,但是却依然选用销售

利润率指标来进行绩效评价,后果可想而知。

②没有针对新战略做组织机构方面的协调。战略实施最难的是如何使整个企业同心协力朝一个方向前进。现实中有些企业不同部门和个人的绩效评价体系彼此之间没有相互协调,或者与战略目标不相适应。例如,一家公司的管理层决定降低对某些大客户的过分依赖,但销售人员的绩效及奖励仍然根据从该客户身上产生的收益加以评价。显而易见,管理层绝对不会看到他们想要的结果。如果高层管理者已经制订了明确的战略,但一线员工或者中层管理者却不能把自己的绩效与公司的目标联系起来,战略的实施就一定不会收到满意的效果。

③对竞争环境缺乏深入了解。为了在竞争中立于不败之地,企业必须不断地去适应环境变化,观察竞争对手的新动态。但现实中企业却往往由于绩效评价体系的束缚,很难改变企业的发展方向。有些企业用传统的财务指标作为绩效评价的依据,但这些财务指标只能体现过去已经实现的东西,却不能预报未来。一家制造公司的管理报告系统主要运用传统的经营和财务评价指标,该公司使用"打包速度"和"打包机使用率"作为生产绩效的主要评价指标,销售部门的绩效评价指标则是销售额。于是问题产生了:生产部门提高了打包速度和打包机使用率,但由于整个行业处于供大于求的状况,销售的产品越多,则公司的亏损越大。在这种情况下,如果继续使用原来的绩效评价体系,则会极大地损害股东的利益。

总之,一个科学的绩效评价体系是战略成功实施的关键,它将已发生的结果与预先确定的评价标准进行对比来判断战略实施状况的好坏。通过绩效评价反馈的信息,可以为战略实施提供控制性信息并适时地修正和调整企业的战略。

(3)调动员工积极性

在诸多经典的管理学教科书中,都将绩效评价作为人力资源管理的一个主要组成部分。罗宾斯认为,绩效评估是对员工工作绩效进行评价,以便形成客观的人事决策的过程。从人力资源管理角度来看,根据绩效评价的结果可以做出许多决策,如报酬、绩效反馈、培训、提升、人事规划、留用或解聘以及人事研究等。其中,报酬、培训、提升、留用或解聘是激励机制的重要组成内容:报酬属于财务激励方式,培训、提升、留用或解聘属于非财务激励方式。总之,绩效评价是构建激励机制的重要前提条件。同时,绩效评价与激励机制是战略控制成功的关键。

(4)调动经营者积极性

将绩效评价结果和个人利益相结合是绩效评价制度的一部分,并且这种结合不仅仅表现为物质利益,更为重要的是它影响经营者的人力资本价值,因此有效的绩效评价制度可以从个人利益角度调动经营者的积极性。同时,有效的绩效评价制度以保证经营者的一定经营自主权为前提,是权责利相结合的评价制度,因此比绝对的监督更能激发经营者的责任感,充分促进其创造性和主观能动性的发挥。目前,许多企业十分重视对评价结果的实际运用,即评价结果将逐步与企业经营者的收入和企业经营者的职业发展空间等结合起来。

随着对国有企业管理方式的改变,对国有企业经营者绩效的考核将成为企业管理的一项重要内容,也是公平奖惩的一个重要手段。开展绩效评价,可以对经营者的绩效进行全面、正确的评价,为组织、人事部门进行经营者的业绩考核、选拔、奖惩和任免提供充分的依据,有利于经营管理者阶层的优胜劣汰,推动我国企业家队伍的建设。

**2)激励机制的设计意义**

研究表明,一个人的工作绩效与人的被激励程度有着非常紧密的关系,大致可用公式表示如下:

$$工作绩效 = f(能力 \times 激励)$$

美国著名学者、哈佛大学教授威廉·詹姆斯经调查发现,按时计酬的员工一般仅需发挥20%~30%的能力就可以完成工作,即可保住工作而不被解雇;如果受到充分的激励,则员工的能力可以发挥80%~90%,其中50%~60%的差距是由激励作用产生的。这就是说,员工的工作绩效取决于其能力和激励水平,即积极性的高低。能力固然是取得绩效的基本保证,但是不管能力多强,如果激励水平低,也难以取得好的绩效。

相对于绩效评价而言,激励的动因非常简单而明确,就是为了挖掘员工的潜力,调动员工的积极性,以实现公司的战略目标。而有效的激励在挖掘员工潜力方面的功能和作用是十分显著的:

①能消除员工心理上的各种顾虑和消极因素,变被动为主动,由不自觉到自觉,把实现企业目标变为员工的自觉行为,最大限度地调动员工的生产经营积极性,不断提高劳动生产效率和经营成果。

②能增强员工的自信心、上进心、协作精神、团队精神和向心力,从而提高企业的凝聚力、战斗力,形成企业自下而上的有机整体的巨大合力,使企业在市场竞争中立于不败之地。

③能充分发挥员工的聪明才智,使他们在各自不同的工作岗位上,尽职尽责创造性地开展工作,实现在生产、技术、管理等各个领域的不断创新,促进企业的技术进步和管理水平的提高。

④可以把有才能、有知识的人才吸引过来,把社会的人才变为企业的人才,让人才的价值在企业中得到体现。企业依靠人才的智慧和创造力,得到增强和发展。人才是企业活力的源泉,是企业和社会发展的根本动力。

总之,科学、合理、稳定的激励制度,是企业各项管理及相关工作措施和制度贯彻落实的有力保障。

## 2.3.2　绩效评价与激励机制的设计特征

为了能实现期望的绩效,绩效评价与激励机制必须具备以下六个特征。

①员工必须理解他们的工资和奖励制度,同时相信该制度评价了他们所控制的工作以及对企业所做的贡献。这个特征能确保员工认识到奖励制度是公平的也是可预见的。如果员工不理解他们的工资或不知道如何提高被考评的绩效,那么基于绩效评价指标的奖励制度就会没有效果。在这种情况下,员工会觉得努力工作和绩效以及最终的经营成果之间没有关系。同样,如果奖励制度很复杂,员工就不能把绩效的提高和经营成果之间的变化联系起来,奖励制度的激励作用也会失效。

②绩效评价系统的设计者必须对该系统是评价员工的投入量还是产出量做出一个谨慎的选择。这一点与第一个特征紧密联系。一般来说,员工和企业利益最一致时发生在当

绩效评价系统反映并奖励员工对企业成功所贡献的产出量时。然而,产出量通常反映的是超出员工所能控制的环境和情况。当他们这样做时,个人努力和被评价成果之间的联系就会减少,从而降低了奖励制度产生的激励作用,在基于成果评价出现问题时,企业通常会选择监督和奖励投入量(如员工的学识、展示的技能和工作时间等)。例如,在一些制造企业,员工可以通过上在职夜校来提高他们的技术水平。一旦课程上完,新技术也掌握了,员工就能得到更高的工资。评价指标是以投入量为基础,还是以产出量为基础,或者是以两者的结合为基础,这个问题的选择在绩效评价和薪酬奖励制度的设计过程中是最困难的任务之一。

③绩效评价系统监督和奖励的绩效应该反映企业成功的关键因素。这个特征确保评价系统与预期绩效相关,同时又能激励关系到企业成功的预期绩效。此外,绩效评价系统必须考虑到绩效的所有方面,以便员工不会为了奖励制度评价绩效的某一部分而牺牲未评价绩效的部分,这就是通过一套平衡和综合的指标(如平衡计分卡)来评价和奖励员工的作用和目的。例如,某个上司告诉某个接线员生产率很重要,那么这名接线员可能就会以牺牲提供给顾客礼貌而又周到的服务为代价来换取处理尽可能多的问题的时间。

④奖励制度必须制订员工可接受的明确的绩效标准。标准有助于员工评估他们的技术和付出是否创造出了绩效评价系统能记录并且报告的结果。这个特征决定了员工对于绩效评价系统是否公平的看法。如果绩效标准对于员工来说是不明确的或者不清楚的,那么绩效和成果之间的关系就会变得模糊不清,从而降低了绩效奖励制度的激励作用。

⑤评价系统必须有明确的标准才可以精确地评价绩效。这个特征确保绩效评价系统在绩效和成果之间建立一种明确的关系。

⑥在决策制订以及行动中,员工之间的协调变得很关键时,奖励制度就应该奖励团队的绩效而非个人的绩效。许多企业现在已经认识到,想要效率,员工就必须在团队中好好工作。这些企业正采用以团队绩效为基础的评价和奖励来代替以个人绩效为基础的评价和奖励。

## 2.3.3　机制设计对人性特点的考虑

要想设计一套有效的绩效评价和激励机制,管理者需要对人性有更全面的认识。本书对现代经济中人的本性做出以下假设。

### 1)人愿意为其组织贡献他引以为豪的东西

我们希望自己所从事的事业是有价值和有意义的,而且希望自己在这项事业中扮演的角色是积极的。在很多企业里,我们的价值是能得到体现的。

### 2)企业雇用的员工有能力区分"正确"和"错误",而且一般都会选择"正确"的方向

社会有一套完善的机制教会人们如何区别"正确"和"错误"。很多社会团体会对人们的行为进行矫正。另外,受过教育的公民也会按照法律规定做出如何行动的决定。人的行

为还受其良知支配。

### 3) 人都渴望成功

驱使人们工作的原因很多,多数情况下人们工作是为了得到某种报酬,如金钱、地位和赞扬等。这些都是在设计绩效评价和激励机制时需加以仔细考虑的因素。然而,每个人还有一种实现自我价值的满足感,这也是人们工作的动力。即使没有外在的动力,人们也会设定个人奋斗的目标。

### 4) 人都喜欢创新

人类能够持续不断去提高自身生活水平依靠的就是这种本能。处于组织中的人也具有创造新技术、发明新方法的内在要求。在很多公司,所谓"小发明"就是指员工自发地进行一些小改革。这样的力量,组织应该能够成功地加以利用。

### 5) 人都希望从事能够发挥自己才能的工作

大多数人都对自己的能力感到自豪。出色地完成一项工作会使我们感到身心愉快。另外,人都希望能从一开始就把事情做好,而不是事后再来修修补补。

---

# 案例

## 诺基亚公司绩效管理细节探秘

没有好的绩效管理就没有绩效的不断提高,没有绩效的不断提高,就没有企业的发展。因此,绩效管理最能体现企业的管理文化,绩效管理文化其实就是企业的核心文化。诺基亚公司在手机市场曾经辉煌一时,具有很强竞争力的品牌。但是由于其在产品更新换代方面没有跟上时代的步伐,被苹果公司超越。诺基亚公司的管理文化曾经很成功,他们认为:一切行为瞄准公司战略,一切行为符合公司价值观。在这个无形文化的影响下,形成了公司绩效管理模式的三个层面:一是业务线绩效管理;二是团队绩效管理;三是个人绩效管理。这些经验对于今天的公司发展仍然是很有价值的。在诺基亚公司看不到一般集团公司惯用的子公司绩效管理概念(如 EVA),为什么?这正体现了诺基亚公司务实的态度和创新思维。既然所有企业都是为公司共同的战略目标服务,那就没必要分公司制订目标,只要考察不同的产品线和经营单元就可以了,难以处理的公司间的本位主义就被贯穿上下的业务线给化解了,避免了在转移价格和纳税筹划等公司核心利益环节被人为地设置障碍,以及由此导致的效率低下。还有一点是非常显著的,就是对这么大的跨国公司,全球涉及几万人,绩效评价和管理到个人,其难度和复杂程度可想而知。但是,好像跨国公司无一例外都在这么做,也许这正是其强大的一个原因,将高高在上的战略落实到底,诺基亚的企业文化"以人为本"本身就具有这重含义。我们相信诺基亚公司通过扎实的基础管理和优秀的战略管理,未来的转型升级一定能适应市场竞争的需要。

一、业务线和产品线绩效管理

业务线是一条竖线,从芬兰诺基亚集团到内地合资厂以及销售公司。它作为一个独立的绩效评价单元,可能跨多个国家和地区的不同公司。业务线也是利润中心,以客户为对象,以产品和业务的交付为主线,它使用平衡计分卡来管理绩效。平衡计分卡的思想保证了具体工作的有效实施,并符合公司长远利益,既关注眼前的结果,又照顾到未来的发展潜力,非常适合在整个业务链环节实施。从运营层面进行绩效管理的关键是找标杆,基于世界一流企业的各种信息和数据来制订自己的经营目标与绩效目标,从而正确地制订组织的战略发展方向。

业务线绩效管理侧重点在于对具体执行环节的每一个影响产品和服务的重要因素的改善,因此,平衡计分卡的指标设计也是非常细致的。诺基亚在全球不同业务单元寻找最佳指标,在同行业竞争对手中寻找最佳指标作为参考依据,制订出自己的目标曲线。当然,也可能是直线,然后将实际执行结果对比标注在旁边,每个月对比分析,找出差距,寻找提高和解决的办法,使产品和服务的整个交付过程和各个环节的表现逐步接近目标最后超越它。结果赢得了客户和市场品牌,获得的是企业的健康发展和股东价值回报。

业务线和产品线的绩效评价和改进是基于职业经理人和团队建设的基础,因为它没有与传统上认可的奖金和提成挂钩,改善只是对你的绩效是否认可,这些只有在追求成就感的企业文化和价值观的企业里面才具有约束力和激励作用。

二、部门与团队绩效管理

部门与团队的绩效管理是一条横线,基于公司概念,以部门为单位,可能横跨几个产品和业务线。这些部门要完成预定的公司概念下的财务预算指标和重点工作,并与整个公司绩效相联系。这些团队的绩效指标是由部门经理或者团队主管来代表部门或者团队与管理层共同制订的。这些指标的基本要素包括公司绩效指标部分、部门绩效指标部分、部门重点工作和改进行动方案部分,前两个指标是数据化的,根据公司目标和预算来分解;后一个指标是主观评价的,目的是通过这些行动可以促成前面两个指标的完成。指标最多为5个,简单并易于执行,这些指标将在每个月的管理例会上重新审核,以确定这些措施真的被落实了,并取得了好的效果,否则将及时调整和改变。

三、个人绩效管理

个人绩效管理关注点和落脚点是人,团队与部门、业务线与产品线的绩效管理最后的核心也是人。只有员工个人绩效管理到位,绩效提升,那么他所属的团队和部门的绩效才会提升,他所属的业务线和产品线的绩效才会提升。所有员工的绩效表现好坏,都与公司和集团整体的绩效与战略紧密结合在一起,从结果来看一目了然。

在诺基亚公司,个人绩效管理也称为投资人力资源(investment in people,IIP),包括四个部分:第一部分是个人主要目标和完成目标的主要行动方案,最多5个,目的是做好并切实可行。如果写了18条,但流于形式,并不是重点,将会分散员工精力;或者根本无法实现,不可行。所以,公司并不鼓励员工做得更多,而是先保证能做到,并能做好,然后下一步再改进,不断进步。制订这部分目标的时候,一般是员工提出自己的看法和方案,员工认为的重点和工作需要改进的方向;然后经理要告诉员工公司的期望值,经理认为的重点和改进方向;最后与员工就此达成一致后才能写下来。这一过程实际上是为了统一认识,灌输公司战略意识,以便做到员工的目标与公司的目标一致。只有这样,才能充分发掘员工的思考力,获得员工的认可。第二部分是员工绩效评价部分,就是对第一部分设定的目标的完成情况进行评估,每半年进行一次。第三部分是员工技能评估,对员工所从事的工作和岗位所需要的技能、公司或者经理期望达到的水平,以及员工目前具有的水平进行评估,目的是认识现状,也就是对完成工作和目标的资源进行评估。第四部分就是员工个人发展计划,如员工未来的职业发展期望,员工需要的机会和锻炼,公司将要安排的岗位培训和轮岗情况,并根据第三部分决定员工必须在哪些方面、通过什么途径进行提高和完善,多长时间做到,是否需要公司资源的支持等。这个 IIP 表格四个部分的填制过程要员工与经理一起完成,也是一次深入探讨业务和目标的过程,因此称为对人的投资是十分恰当的,而且这种投资真的会带来巨大的价值。这种讨论关注对未来工作的改善和提高。

四、绩效管理的步骤

以上描述的绩效管理三个方面是其主线,具体实施还要有五个简单的操作步骤。

一是战略与预算的分解与共享。大部分人都要参与到这个看似公司老板级的活动当中,如图 2-4 所示。

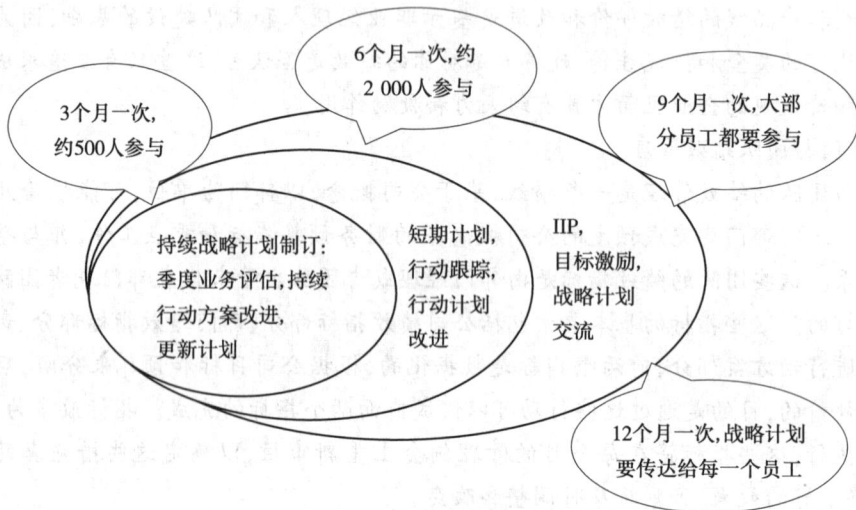

图 2-4 战略计划分解

二是个人计划与沟通。绩效管理的任何一个环节都需要有效的沟通,因此,诺基亚看似死板的 IIP 行动,约束经理们每半年必须与每一位员工沟通一次.就是为了彻底完成这个环节。只有充分沟通才能达成共识,才能发现细节问题,才能产生有效的行动方案,才能建立及时有效的反馈信息机制。

三是监控与辅导。瞄准绩效改善的管理总是关注过程的,对执行过程的有效监督可以防止走弯路,对执行过程的有效指导可以帮助员工提高生产力,避免在评估结果中可能出现的问题。

四是绩效评估。绩效评估并不是计算奖金和决定升迁的过程,而是帮助员工客观认识到绩效表现、与期望值的距离、待改进的方面,并且以事实为依据充分体现员工价值的过程。其目的是下一次做得更好,员工通过总结实现了迈台阶式的进步。

五是检讨不足,寻找改进办法,在分析现状达成共识的情况下,为绩效改进提供思路。

以上五步看起来很复杂,但是因为它与日常管理融合在一起,并不是孤立的绩效管理,融合了各种管理理念于一体,并没有因此额外增加很多工作。如果公司基础工作做好了,从绩效管理角度考虑实际上就非常易于实现。

五、绩效管理与其他管理手段的结合

绩效管理是一个综合全面的管理活动,企业的各项管理措施都必须与其相配合,绩效管理也必须与其他管理手段相呼应,尤其是薪酬管理和预算管理。

(一)绩效管理与薪酬管理的结合

那么,薪酬管理如何与绩效管理相关联呢?

薪酬管理不是单独发挥作用的,绩效管理最终总是需要有一定的利益和奖惩机制在里面才能更加有效地发挥作用,它需要薪酬体系的配套措施来实现。薪酬管理体系是人力资源管理的核心,在诺基亚公司,薪酬体系是分级宽带的体制,配合三种性质的奖金来激励员工。奖金分为季度奖、年度奖和激励奖,每一种奖金都相当于1个月的工资水平,其中季度奖是部门经理根据员工绩效表现按季度发放,这样有利于对优秀的行为提供及时的反馈,奖金虽然不多,但是如果使用得当会起到很好的效果,远比年底一次性发放更能让人联想起个人绩效表现的作用;年度奖在很大程度上要与公司绩效相联系,公司完成利润,年终奖的比例就高,目的是让员工具有商业敏感性,对竞争和市场环境要充分感受,对公司绩效要充分理解并形成团队意识,公司好,员工就好,否则就要受影响;激励奖来自整个集团的目标完成情况,如果每股收益达到了股东的期望,奖金比例就高,目的是使员工服从整个集团的战略,感受股东价值的创造是每一个人的贡献。工资分为十几级,每一级都有一个浮动范围,比如80~120元,80元可能是级别的最低档,有可能比下一级的高档还要低;120元是最高档,有可能比上一级的低档还要高。员工的岗位和个人技能决定了级别,比如高级会计师是8级,没有加班费,但是工资比7级的会计师要高很多,原理是高级别的人有更高的自觉性,软性工作更多,更无法衡量;员工的工作表现和工作负荷程度决定了在级别里面的水平,比如一个表现优秀的会计师可能因为能力所限无法被提升为高级会计师,或者短时间不足以让经理人员判断其稳定的表现和对公司的贡献,就会拿到7级110元以上水平的工资,而表现不佳的会计师可能会拿到80元水平的工资。级别与级别工资差别很大,就像财务部门,高工资者可能要比低工资者多出几倍。以上工资体系的建立和调整、员工升职或者降薪、奖金的分配和设置,都与绩效管理相呼应,并对绩效管理起到辅助和推动作用。

(二)绩效管理与预算管理的结合

预算管理本身有时也被看作绩效管理的一部分,为什么呢?

预算管理的实质是将战略计划分解到每一个团队、产品线,最后通过与员工的商谈和落实,成为每一个员工的个人计划,并在执行中不断监控、对比、改进、完善。员工个人计划实现了,就意味着公司的预算完成了。这个个人计划与绩效管理的绩效评价相联系,与绩效管理的工作改善方案相联系。员工要完成重要的工作,就必须在战略指标的指引下确定自己的重点;公司要完成财务指标,就必须依赖每一个团队完成相关的财务指标。没有对比就无法改进,没有对比就无法找出差距和问题,因此,要想改进工作,就需要有一定的参考指标,预算是其中最重要的指标之一。

# 2.4 激励计划应用案例

## 2.4.1 DH 公司基本情况描述

DH 技术股份有限公司于 2001 年成立,位于浙江省杭州市,2008 年在 A 股上市,主要从事安防、弱电行业的相关生产活动。企业创立初期,员工只有几十名,现在在职员工已增长至 1.3 万多名,其中包括 11 792 名正式在职员工以及 2 000 人次左右的实习生流量,员工人数是企业创立初期的 400 多倍;企业创立初期净资本仅 1 080 万元,企业发展了 17 年,在 2017 年度,报告期内公司实现营业总收入 18 852 104 991.81 元,较上年同期增长 41.44%;实现利润总额 2 633 776 603.92 元,较上年同期增长 30.88%;实现归属上市公司股东净利润 2 378 228 515.67 元,较上年同期增长 30.30%。利润总额的上升主要是市场景气度持续上升,同时公司深挖市场及客户需求,提升综合解决方案及服务能力,并加强内部管理,实现销售稳步增长,净利润同步增长。同时,报告期内公司资产总额增长 40.05%,净资产增长 27.09%,主要是公司在报告期内经营规模扩大、利润增加所致,公司发展迅速。

DH 从 2013 年开始参与城市智慧交通项目,但在 2013 年大部分营业利润还来自监控产品的销售。近年来,我国在安全防护方面投入了大量人力财力,2016 年以来,国家层面发布数十项与安防相关的政策,其中《中国安防行业"十三五"(2016—2020 年)发展规划》提出"到 2020 年,安防企业总收入达到 8 000 亿元左右",国家政策的大力支持为 DH 公司的发展提供了便利,在国家政策的号召下,同时也出于管理的要求,电信、金融、交通等领域用户的安防意识提升,带动了安防市场的增长。政策为安防保驾护航促进了 DH 公司的飞速发展。政策出台后,政企合作的 PPP(Public-Private-Partnership)项目数量增多,项目规模和资金投入也顺势增长,同时众多的平安城市项目、智慧交通项目、智能楼宇项目均有着较高的市场需求。目前在安防行业的市场占比中,平安城市在安防行业项目中占比最高,接近四分之一,智能交通、智能楼宇则分别占比 18%、16%,从整体来看,细分行业分布均衡,市场受某一行业环境的冲击风险相对较小。自 2016 年起至 2017 年末,DH 项目交付中心承接了大大小小的 PPP 项目、平安城市项目、智慧交通项目等共 107 个,项目资金共计 64 亿元,其中项目资金从 18 万~30 亿元不等。

可以说 DH 主营业务的收入主要来自产品的生产研发和项目交付业务,由原先的单一产品供应商向多方位多板块涉足。因此,企业绩效也由单一的产品销售额构成转变成多市场、多角度的综合企业绩效。

## 2.4.2　公司薪酬管理的现状

### 1）公司员工概况

DH技术股份有限公司目前共有正式员工11 792人,年实习生流量超2 000人,面对庞大的员工群体,薪酬管理体系是维系公司正常运转的基础体系之一。

DH技术股份有限公司的一般员工可大致分为研发类、供应链类、管理类、市场营销类、专业支持类。公司的员工分布比例可用图2-5表示。

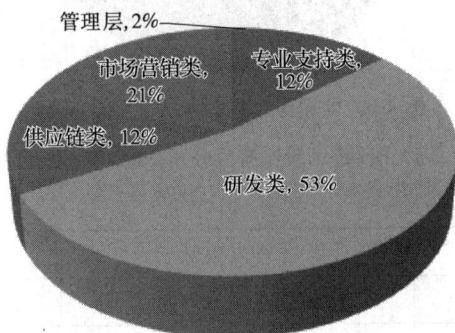

图2-5　公司员工类型分布图

DH作为安防行业的产品生产者和智慧城市、平安城市的项目建设者,研发类员工、项目交付类员工所占的比例非常大,总和接近所有员工的一半。因研发和项目工程的需要,DH技术股份有限公司的员工整体处于年轻状态,公司为跟进时代的步伐,积极接受先进的思想,非常注重对年轻员工的培养,同时也以积极的姿态迎接高水平的年轻员工,在所有员工中30岁以下的员工占了32%。在年轻态的员工分布和高标准的岗位要求下,DH技术股份有限公司的员工大都具备较好的学科知识和较强的实践操作能力。其中各个年龄段与学历分布的复合比例如图2-6所示。

从图2-6中可以看出,40岁以下的员工占了71%,可以说是企业的主要生产力量,而此年龄段意味着DH技术股份有限公司的员工大部分均为家庭收入的重要来源,承担着重要的家庭经济压力,员工工作积极性、工作情绪等受薪酬管理的影响较大。在此情况下,员工的薪酬管理对企业绩效的影响可以说十分重大。

### 2）公司薪酬处理办法

公司严格遵守《中华人民共和国劳动法》《中华人民共和国劳动合同法》等有关法律法规、部门规章和规范性文件的规定,建立了较为完善的薪酬管理体系及激励机制,向员工提供富有竞争力的薪酬。公司将薪酬体系与绩效考评体系和公司经营绩效挂钩,充分调动员工的积极性,有效地提升了员工的执行力和责任意识,从而更好地吸引人才、留住人才,为公司的持续稳定发展提供人力资源保障。DH技术股份有限公司2017年所发生的销售费用和管理费用见表2-4、表2-5。

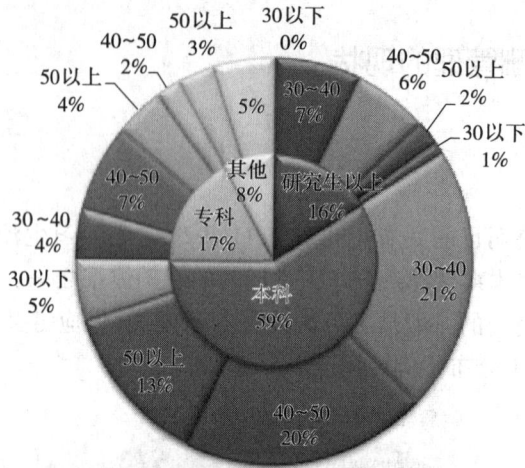

图 2-6　公司员工年龄学历复合分布图

表 2-4　DH 技术股份有限公司 2017 年销售费用

单位:元

| 项目 | 本期发生额 | 上期发生额 |
|---|---|---|
| 人工成本 | 1 201 754 107.11 | 759 725 462.11 |
| 业务招待费 | 162 071 695.55 | 122 382 010.64 |
| 差旅费 | 232 469 819.06 | 154 050 171.03 |
| 市场费 | 213 670 567.18 | 144 261 219.89 |
| 运费 | 199 826 187.07 | 131 780 652.53 |
| 售后服务费 | 143 264 423.61 | 120 893 306.51 |
| 办公费 | 109 526 953.36 | 76 635 044.14 |
| 折旧费及资产摊销 | 13 658 666.28 | 15 374 588.07 |
| 通信费 | 27 282 411.04 | 16 515 606.63 |
| 其他 | 113 174 875.74 | 96 522 051.29 |
| 合计 | 2 416 699 706.00 | 1 638 140 112.84 |

表 2-5　DH 技术股份有限公司 2017 年管理费用

单位:元

| 项目 | 本期发生额 | 上期发生额 |
|---|---|---|
| 人工成本 | 311 613 463.30 | 226 661 213.71 |
| 研发费用 | 1 788 888 879.43 | 1 424 857 705.64 |
| 办公费 | 25 155 698.05 | 26 074 069.77 |
| 业务招待费 | 13 966 250.60 | 11 908 338.52 |
| 税费及保险费 | 6 786 400.82 | 8 376 979.68 |

续表

| 项目 | 本期发生额 | 上期发生额 |
|---|---|---|
| 差旅费 | 9 930 462.02 | 7 037 213.67 |
| 折旧费及资产摊销 | 53 648 854.70 | 40 344 959.15 |
| 其他 | 98 416 870.85 | 86 216 877.15 |
| 合计 | 2 308 406 879.77 | 1 831 477 357.29 |

在两项费用中,可以发现人工相关的费用包括人工成本、差旅费、业务招待费、通信费等占了总费用的78%左右。可以说人工成本是公司各项成本中占比较大的部分,因此薪酬管理的重要性非常突出。针对各个情况的员工薪酬,DH技术股份有限公司采取了不同的会计计量办法。

对于短期薪酬,公司在职工为公司提供服务的会计期间,将实际发生的短期薪酬确认为负债,并计入当期损益或相关资产成本;对于为职工缴纳的社会保险费和住房公积金,以及按规定提取的工会经费、职工教育经费,在职工为公司提供服务的会计期间,根据规定的计提基础和计提比例计算确定相应的职工薪酬金额;假如职工福利费为非货币性福利的,如能够可靠计量的,按照公允价值计量。

对于离职后福利的会计处理方法,公司采取了两种处理方式。①设定提存计划。公司按当地政府的相关规定为职工缴纳基本养老保险和失业保险,在职工为公司提供服务的会计期间,按以当地规定的缴纳基数和比例计算应缴纳金额,确认为负债,并计入当期损益或相关资产成本。②设定受益计划。公司根据预期累计福利单位法确定的公式将设定受益计划产生的福利义务归属于职工提供服务的期间,并计入当期损益或相关资产成本。

对于被辞退的员工福利,公司在不能单方面撤回因解除劳动关系计划或裁减建议所提供的辞退福利时,或确认与涉及支付辞退福利的重组相关的成本或费用时(两者孰早),确认辞退福利产生的职工薪酬负债,并计入当期损益。

DH技术股份有限公司的一般员工薪酬由基本工资、绩效奖金、岗位绩效年终构成,其中岗位绩效年终依据岗位的性质和岗位内容确定,在侧面也保护了同岗位员工薪酬的公平性。

例如,交付项目工程师岗位的绩效年终为3个月,那么一位月薪1万元的交付项目工程师年工资收入为 10 000 × (12 + 3) + 绩效奖金。绩效奖金的构成则较为复杂,每个岗位的绩效评定标准不同,依据绩效标准的完成情况决定每位员工的绩效奖金,员工年工资收入中绩效奖金的比例约为8%。

除去基本工资薪酬,DH技术股份有限公司还为公司员工提供了优质的员工福利补贴。在福利补贴方面,DH技术股份有限公司依据国家法律为员工提供了最高标准的"五险一金",另外还为一般员工提供了员工节假日福利、员工新婚福利、生日福利等基本福利,除此之外公司还在办公区域设置了咖啡吧、健身房、糕点烘焙室、按摩室、图书馆、足球场、篮球场等多个休闲娱乐场所。

从补贴方面来说,DH技术股份有限公司均为员工提供了国家法定的加班补贴、餐饮补贴、交通补贴、通信补贴等,此外,还为营销人员提供了网络通信补助,为出差人员提供了出差补助,到偏远地区出差的人员享有偏远地区出差补助。总的来说,DH技术股份有限公司的福利补贴处于同行业上游水平。就薪酬和福利补贴两方面,公司员工对于福利补贴的满意度更高于薪酬水平。

DH 技术股份有限公司的一般薪酬福利组织构架如图 2-7 所示。

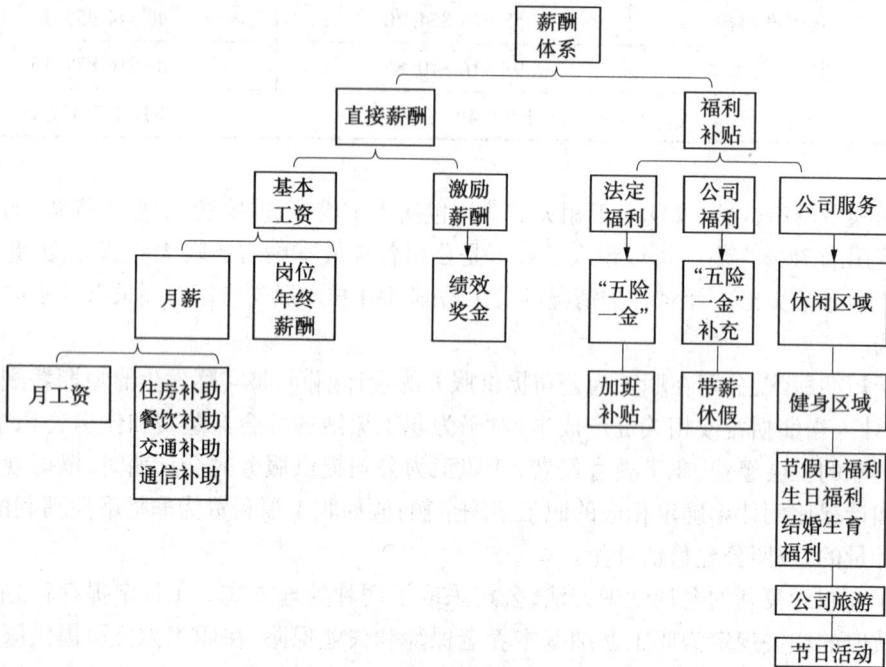

图 2-7 DH 公司一般薪酬福利组织构架图

### 2.4.3 DH 公司薪酬满意度调查结果分析

针对 DH 技术股份有限公司的薪酬管理现状,为更好地了解 DH 技术股份有限公司员工对于公司薪酬现状的想法,发现薪酬管理中的问题,本书设计制作了员工薪酬满意度调查问卷,依据公司员工岗位性质的不同,采取分层抽样方式,共发放问卷 300 份,管理人员、技术支持人员、研发人员、供应链人员、市场营销人员分别发放 6 份、36 份、160 份、37 份、61 份。共回收有效问卷 298 份,其中 2 份问卷因完成度低于 50% 而被视为无效问卷,分别为技术支持人员与研发人员。依据问卷回收汇总,得出图 2-8 分布结果。

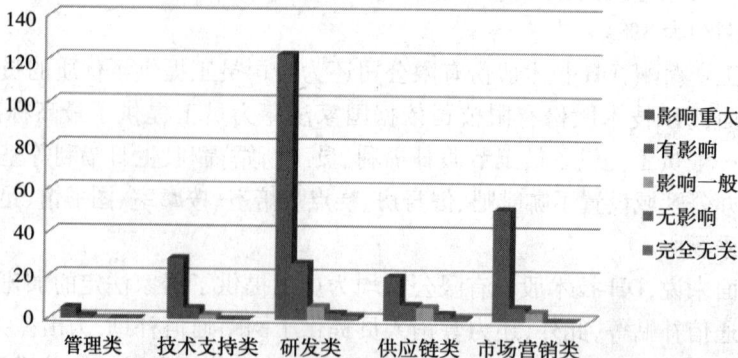

图 2-8 员工薪酬管理对企业绩效影响力大小分布图

　　在涉及薪酬管理对企业绩效是否存在影响时,96.98%的员工认为薪酬管理对企业绩效存在影响,其中超过78%的员工认为影响非常大。可以说,从员工角度出发,通过薪酬管理的优化来实现提高企业绩效的目标是可行的也是必要的。

　　图2-9为员工对薪酬整体的满意度结果汇总图。从图中可以看出,管理类、技术支持类、研发类员工对薪酬整体满意度较高,非常满意人数在所有满意程度中比例最大,超过77%的员工认为非常满意或满意;在供应链人员和市场营销类人员中,薪酬整体满意度相较于其他三类岗位稍低,员工大部分认为满意或基本满意。所有样本中非常满意率为39.26%,满意率为31.54%。同时非常不满意率为5.03%,不满意率为8.39%。从总体水平上来说,DH技术股份有限公司的满意率较好。

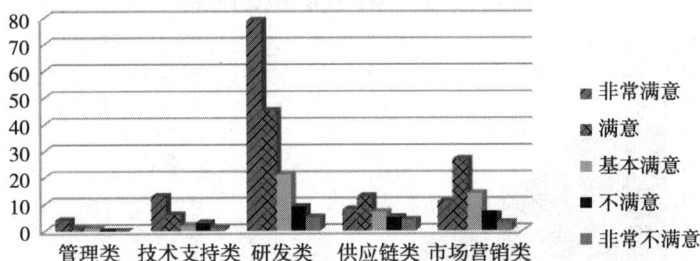

**图2-9　员工对薪酬整体的满意度结果汇总图**

　　从图2-10中可以看出,激励有效性与员工整体满意度的整体趋势相差不大,也就是说,对于激励制度认为较有效的员工,同时对薪酬整体感到满意。五类员工对于激励有效性的有效率(基本有效及以上)分别为100%、87.42%、75.68%、83.61%、83.89%。

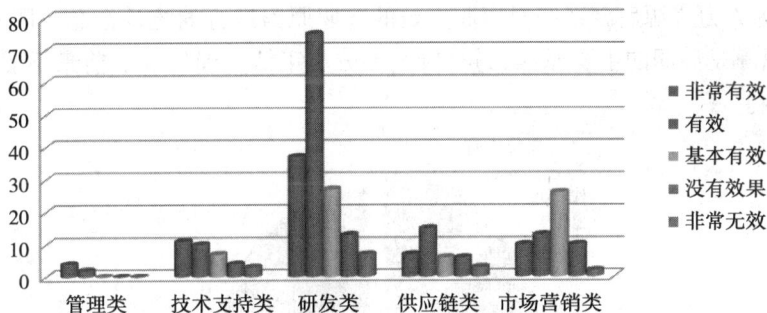

**图2-10　激励制度激励有效性分布图**

　　图2-11为员工入职后年薪的变动情况,因年薪变化调查需有一定的工作年限基础,故入职时间短于三年的员工跳过此题。此题共收到有效答案281份,其中管理层6份,技术支持类33份,研发类149份,供应链类36份,市场营销类57份。

　　图2-12为薪酬管理的影响因素分布图,此问题旨在询问员工认为在薪酬管理中哪一项因素影响力最大,以及哪一选项会是自己考虑薪酬条件时的首要考虑对象。大部分员工依然认为薪酬高低是影响薪酬管理的首要因素,自身在考虑薪酬条件时也会首先考虑薪酬高低。同时有88名员工认为内部薪酬差距是影响薪酬管理的首要因素,员工的公平性体现在内部薪酬差距。

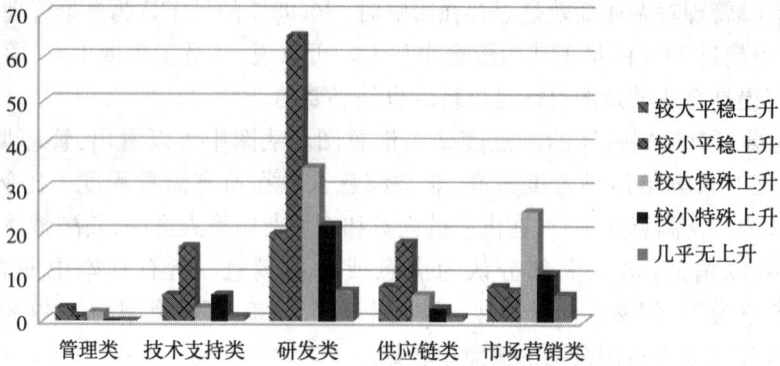

图 2-11 员工薪资变动情况分布图

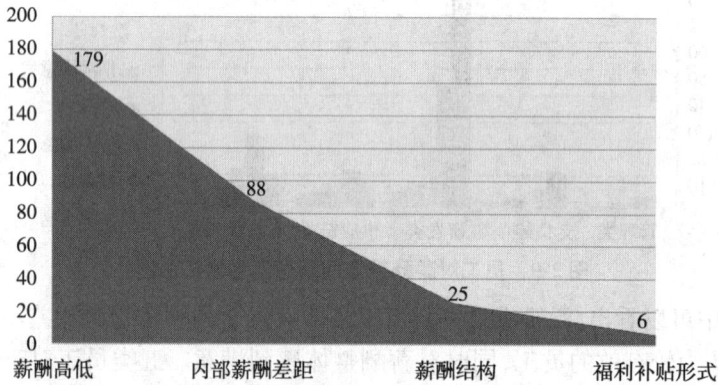

图 2-12 薪酬管理的影响因素分布图

图 2-13 为人力资源后台系统对离职人员的离职原因进行的统计汇总。图中显示,59%的员工认为薪酬是离职的主要原因,另有较大部分员工认为岗位发展前景不明朗是致使离职的主要原因。

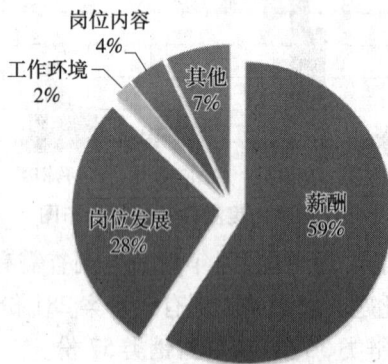

图 2-13 离职人员的离职原因统计图

## 2.4.4 DH 公司存在的问题

### 1)缺乏科学的激励机制

在薪酬结构中,绩效奖金属于公司认为的激励机制,一般员工的薪酬总和中绩效奖金的平均占比约为8%,也就是说假如一位员工的年薪为20万元,仅有1.6万元来自绩效奖金,绩效奖金的占比过小。同时,从员工薪酬满意度调查中可以发现,除了管理层人员,其他岗位均有不同程度的"无效激励",即员工认为薪酬中的绩效奖金并没有起到激励的作用。

在所有的岗位类别中,绩效奖金激励最主要针对营销人员和研发人员。DH技术股份有限公司营销人员的基础月薪相较于同行业较高,营销人员处于行业较高起点。同时,销售人员的薪酬中约有12%来自绩效奖金,即所谓的"提成",然而对比同行业竞争者的销售人员薪资结构以及所有行业销售人员薪资结构,市场营销人员的绩效奖金在其薪资中占比为10%~70%。也就是说,DH技术股份有限公司营销人员的薪酬激励并没有得到很好的体现。虽然基础月薪较高,但是绩效奖金的获得存在一定难度,一旦完成绩效奖金要求,就可以获得较大额的绩效奖金。高标准高额度的绩效奖金,容易造成营销人员工作积极性的两极分化。从员工满意度调查中也可以发现,虽然市场营销人员中激励机制的有效率达到了83.89%,但其中42.62%员工认为基本有效,仅有16.39%的营销人员认为激励机制非常有效。

对于研发类员工,激励机制有效率是所有类别员工中最低的,仅有75.68%的人认为有效率,其中超过40%的人认为基本有效。作为先进型安防企业,研发人员至关重要,是企业先进型和智能型的根本,因此激励机制对于研发人员来说十分重要。公司应根据岗位的性质和差别,制订科学合理的激励机制,以充分调动公司员工的积极性。

### 2)缺乏长久发展机制

在薪酬管理中,绝大部分员工认为薪酬高低是影响薪酬管理是否令人满意的首要因素。薪酬的高低不仅局限于目前薪酬水平的高低,也代表着未来公司发展过程中薪资的涨幅以及增长频率。DH技术股份有限公司目前采取一年调薪制,即企业在一般情况下一年会系统地上调一次员工薪资,本年表现较好或有突出贡献的员工则会有较大幅度的薪资上调。同时,系统薪资的变动与本年企业绩效息息相关,绩效的高低决定着涨幅的大小。

在薪酬满意度调查中,可以发现除了管理类和市场营销类员工,其他员工最普遍的薪酬变动仍处于较小平稳变动模式,即基于企业的系统调薪,在突出成绩或个人绩效上少有成就。市场营销人员因薪资受个人绩效即激励机制的影响是所有员工类别中最大的,故在薪酬变动方面也与个人能力存在较大关联,出现超过43%的员工因某一年或某几年绩效短暂性地大幅度提升而存在较大特殊上升。同时每一类员工中都存在着两极分化,一部分员工的薪资每年以较大的幅度平稳增长,另有小部分员工认为自己的薪资在入职后几乎没发生什么明显的变化。

随着市场经济的发展,资金的时间价值问题日益凸显。通货膨胀带来的物价增长,以及时代发展带来的消费水平的提高,使工资增长速度成为重要的薪酬体系考量点。若是薪酬增长的速度不如消费水平增长的速度,员工就难以获得薪酬增长的满意感,反而会出现"工资越干越少"的情况,出现满意度的缺失。

### 3)缺乏内部公平完整性

内部公平性包含两部分:岗位间的公平性和岗位内的公平性。DH技术股份有限公司在薪酬管理的公平性问题上做出了一定的措施,比如相同的岗位所获得的绩效奖金月数相同,保障同岗位的岗内公平,但依然存在一定的缺失致使公司内部公平性的不完整。DH 技术股份有限公司的内部公平性不完整主要体现在三个方面:①岗位定薪标准不明确;②岗位职业发展不明确;③部分相似岗位薪酬差距明显。前两个问题主要指向岗位内,第三个问题指向岗位间的公平性。

公平性的缺失来源于制度的缺失。如岗位定薪标准,虽然同岗位的年终绩效月数相同,但年薪的基数是月薪,对于职能性岗位而言,如行政文员、商务专员等,其基础月薪并无明显差别;而对于技术类岗位而言,如研发人员、项目交付人员、IT 人员,同一岗位中的基础月薪却并不是相同的。例如,同为 P2 等级的项目交付工程师,所负责的岗位内容也并无差别,但是依据个人能力的差别,入职后基础月薪的差距最大到达了 3 200 元。然而对于个人能力的判断,并无明确的标准进行判定,比如入职前所参与的项目金额和规模,入职前的工作岗位,所持有的相关证书和资格证等。所谓个人能力的高低,仅凭借面试官个人感受而定。缺少明确的定薪标准,难免有失基本月薪的公平性。

对于员工入职后的职业发展,其实 DH 技术股份有限公司有着相对明确的晋升规划和发展通道,但是入职后的发展晋升,却没有贯彻执行。同一岗位员工的晋升考核没有严格的标准,就如同入职的定薪标注不明确一样,因此也偶有出现其他员工对成功晋升的员工存在异议的情况。同时,公司存在较为频繁的转岗现象,因为原岗位的晋升方向不明确,员工没有明确的发展目标。员工的频繁转岗不仅会造成岗位的秩序混乱,也会提高公司的薪酬管理成本。

对于相似岗位的公平性,来源于 DH 技术股份有限公司下设多个子公司,其中子公司间也存在相同的岗位。比如多个子公司下均有销售岗位,且销售的产品均为智能安防产品,可以说岗位内容和岗位性质都是相似的。在销售岗位中,普通销售人员的基础月薪,即底薪也存在一定差距。相似岗位之间的薪酬差距会带来员工工作积极性的下降,有损岗位公平性。

### 4)薪酬管理成本高

DH 技术股份有限公司薪酬结构、薪酬设计上存在的一些问题,导致公司员工的年离职率以及员工内部转岗率较高。员工的频繁转岗和离职,使公司需要招聘相应数量的新员工,新员工的招聘、培训、管理都会增加公司薪酬管理成本。另外,面对员工的流失与变动,需要采取一定的措施进行控制。

根据满意度调查结果,在员工的离职原因中,有 59% 的员工认为是由薪酬导致的,另有 28% 的员工认为岗位发展前景不明朗,因此要挽留员工,最直接的方式就是加薪或晋升。用人成本的提高带来了薪酬管理的提高,在经营绩效不变的情况下,会降低企业绩效标准值的数值,从企业绩效上表现为企业绩效的下降。

## 2.4.5 薪酬管理优化的目标和原则

### 1)薪酬管理优化的目标

本节的薪酬管理探究以公司现存薪酬管理体系为基础,以提高企业绩效为总目标。

笔者希望通过对薪酬管理问题的诊断和分析,结合 DH 技术股份有限公司现状,提出相关的优化设计。通过优化设计加强企业绩效的优势,缩减薪酬管理成本,弱化企业绩效的劣势,以达到提高企业绩效的总目标。

### 2)薪酬管理优化的原则

结合 DH 技术股份有限公司目前的薪酬管理制度,与本节探究分析所诊断出公司薪酬管理目前的问题,提出公司薪酬管理的优化设计方案。本节所提出的优化设计应本着保持公司薪酬竞争力、维护员工权益和公平性、符合企业实际发展能力和战略目标的原则。

#### (1)保持公司薪酬竞争力原则

薪酬管理优化设计的总目标是提高企业绩效,因此在进行薪酬管理优化设计时要注意保持公司薪酬竞争力。在优化薪酬管理时,需参考同行业竞争者的薪酬水平,以市场消费水平为基础,在设计薪酬水平时避免与同行业市场竞争者出现过大的差距,从而导致同类竞争者间出现人工成本的恶性竞争。

#### (2)维护员工权益和公平性原则

薪酬管理的主体是员工,薪酬满意度的评价来自员工。对于公司的薪酬管理制度来说,根本是要凭借薪酬制度让员工获得劳动报酬,凭借薪酬管理激励员工的工作积极性。因此在设计薪酬制度的优化时,必须以在保障员工基本权利的同时,最大化地维护员工的权益。同时在优化薪酬设计时需注意保障员工薪酬的公平性,避免因公平性缺失导致的员工薪酬管理失效。

#### (3)符合企业实际发展能力和战略目标原则

薪酬管理的目标是为企业绩效服务的,企业的绩效是企业战略发展的一部分。设计薪酬优化应当符合企业的战略原则,在企业战略目标的引导下进行优化方案的实施。同时,薪酬管理的优化需符合企业的实际发展能力,不可为了提升企业薪酬竞争力而过度提高薪酬管理的成本,这有违企业战略发展的原则。

## 2.4.6　DH 公司激励计划优化对策

### 1)基于薪酬 3P 模型的优化对策

薪酬 3P 模型从岗位、个人、绩效三个方面对薪酬做出了影响力阐释,岗位的性质和高低、个人能力的强弱、绩效的完成情况直接影响了薪酬水平,并通过影响企业薪酬管理的成本、企业的营业支出、企业管理费用等的支出间接影响企业的经营绩效。

#### (1)基于岗位模式的薪酬优化

在员工和企业现状所反映出的薪酬管理问题中,由岗位基础薪酬的差别导致的薪酬公平性缺失问题是员工普遍反映的问题之一,因此需要公司在岗位模式上进行薪酬优化。岗位模式的优化旨在通过标准化的岗位评定促进薪酬管理的公平性,进而降低企业的薪酬管理成本,降低企业的债务风险。

岗位的基础薪酬受岗位影响力、重要性等多种因素的影响,不同类型岗位的评价方法也不同,对岗位的评定标准、岗位的职级设计有较高的要求。岗位的分析是岗位评定的前提。清晰的、充分的岗位分析可以让员工清楚地了解岗位的职责、岗位的工作内容和工作难度等岗位信息;同时,也可以让员工明确公司岗位间的薪酬差距来源,明确科学合理的岗位薪酬差距是薪酬管理公平性的体现。

岗位分析通常以岗位说明书的形式进行呈现,因 DH 技术股份有限公司的岗位设置复杂,岗位说明书的编写工程量巨大,并且不同子公司间存在诸多相同的岗位,还容易出现因子公司的不同出现的双重标准,有失岗位模式的公平性,所以在岗位说明书上可以采取"基本说明+特殊说明"的方式,相似岗位间共同建立一个岗位的基础说明书。就如同数学中的空间向量存在基础解系一般,相似岗位也可建立一套基础说明,保证岗位的大方向无差异。然后根据具体岗位内容、工作地点、难易程度等对岗位进行岗位分析的特殊化。一方面,可以保证岗位间公平性,避免出现由岗位模式不公平导致的员工离职、转岗等现象;另一方面,大大减少了岗位分析的工程量。此举从减少预期成本和缩减现有成本两个方面来降低薪酬管理成本,进而降低企业的负债风险和资产负债率,达到提高企业绩效的目的。

(2)基于绩效模式的薪酬优化

公司目前的绩效模式为底薪+业务提成+奖金制,根据岗位的性质和类别,三个部分的构成比例有所调整。员工绩效是薪酬管理中对企业绩效的影响较大的部分,员工绩效衡量方法标准化、具体化是 DH 技术股份有限公司薪酬管理优化的必要程序。

目前公司对员工绩效的考核普遍仅限于业务完成量或指标完成度,忽略了员工内在的工作态度以及个人思想品行涉及企业的员工业绩考核体系,对员工进行业绩考核时采取标准的企业业绩考核表,对员工的绩效完成情况进行全面的、具体的、量化的分析。员工业绩考核的目的在于通过考核提高企业激励机制的有效性,从而增加企业的营业收入和其他收入。

员工的业绩考核表可从工作态度与行为和工作能力与成果两个大方面进行量化评分式考核,参考员工的业绩考核情况对薪酬水平进行调整。标准化、量化的员工业绩考核可对员工思想和业务能力两方面进行全面综合的考量,员工业绩考核表也是薪酬管理的效果汇总。一方面,准确的考核可以充分记录员工的得与失,最大限度地尊重员工的劳动付出,使公司的薪酬与员工劳动的匹配性得到提高,从根源上促进薪酬管理的公平性;另一方面,众多的员工考核数据有利于公司及时发现员工群体中存在的绩效问题。

员工业绩考核中的员工能力与成果模块和营业利润息息相关,具体化的工作成果使得员工得到公平性认可,被尊重的需要被激发,结合企业的外部激励,促使员工更大程度完成甚至超越考核指标,使企业的营业利润得到提升。同时对员工思想和态度的考核有利于企业文化的巩固和发展,对公司的品牌形象起到重大作用,无形中提高了企业的品牌影响力,促进公司的市场发展。企业的无形资产、营业外收入、商誉等指标均可在企业品牌和企业文化的影响下得到提升。

(3)基于个人模式的薪酬优化

个人模式是依据员工的个人能力对薪酬水平进行衡量,是实现薪酬公平性和激励有效性的综合模式,其前提是员工的个人能力得以测量和量化。在 DH 技术股份有限公司现有的薪酬管理中,员工入职时的基础薪资和入职后薪资的增长评定标准无法有效测量是定薪无依据的主要原因。如何有效量化员工个人能力是薪酬管理优化的另一重大问题。

员工的个人能力量化可以通过员工履历评分、上级或面试官评分、同事评分三个模块进行综合考量,结合统一的岗位测试进行评定。员工履历评分,即根据员工在能力评定前的个人成就进行考量,考量标准如:评定前参加的项目数量及规模,在项目中的主要贡献占比,项目贡献所创造的金额,个人所获得的证书或职称等;上级或面试官评分,即在对员工进行评定时依据员工在工作中或者面试中的表现进行考核,可以采取员工汇报自述、上级或面试官提问解答、日常观察等方式设置评定依据;同事评分,即同事之间进行相互的评分评级。同时员工的个人能力考核应受制于该岗位统一的量化考试中,这是最直观也是最公平的评定方式之一。

多方面的考核可以让员工个人能力得到充分的考量,从而发展薪酬管理的公平性,并且个人能力考核会产生额外的薪酬差距,从而对员工产生激励作用。

### 2)基于胜任力洋葱模型的优化对策

胜任力洋葱模型认为员工的技能和知识是员工素质中最易于培养的,动机和态度反而是不易被发觉和改变的。员工的动机和态度直接影响着企业的人岗匹配和企业精神,薪酬满意度也是员工动机和态度的直接产物。

从人岗匹配角度来说,在面试和工作时,员工往往偏向于注重个人知识和技能,为了适应岗位的要求而隐藏自己的真实动机。当员工的真实动机与岗位所需动机出现偏差时,会导致员工在该岗位上的不适,如对岗位内容和薪酬的不满、工作态度上的懈怠、个人技能和知识不能满足岗位所需的要求等,继而会出现个人绩效的下降而拉低企业的营业收入的情况。从企业精神角度来说,员工的动机和态度是企业品牌树立的根基。当企业无法获取员工的动机和态度并进行培养时,企业的整体则无法呈现出团结一致、积极向上的状态,因为企业在选择员工时必定是以企业的企业文化和战略发展为根本依据的,若员工真实动机被隐藏,员工的态度就无法满足企业发展需要,会导致企业绩效的动力缺失。因此需要企业正确识别员工的动机和态度等"洋葱内部"的因素。

员工的态度和动机可以从前期了解和后期引导两个方向进行优化改进。为了更大可能性地了解员工的真实动机和态度,除了一般的技能和知识测试外,公司还可安排不定期的心理测试,通过测试尽可能地反映出员工的个性动机。同时,在公司的额外福利待遇中,设置与公司企业文化相符的图书阅览室、休闲吧等,从周围的环境入手对员工的动机和态度进行引导,培养员工积极向上、努力的动机和态度,以协助树立公司的品牌形象和员工精神,达到提高公司无形资产的目的,从降低企业的资产负债率指标的角度来提高企业绩效。

# 第 3 章

---

# 绩效计划的制订与应用

绩效计划是企业开展绩效评价工作的行动方案,包括构建指标体系、分配指标权重、确定绩效目标值、选择计分方法和评价周期、拟订绩效责任书等一系列管理活动。

## 3.1 绩效评价指标的设计

### 3.1.1 绩效评价指标的特点

绩效评价指标,是指根据绩效评价目标和评价主体的需要而设计的、以指标形式体现的、能反映评价对象特征的因素。企业可单独或综合运用关键绩效指标法、经济增加值法、平衡计分卡等工具方法构建指标体系。作为战略管理的有效工具,绩效评价体系关心的不应仅限于被评价对象的全部内容,而是与战略目标紧密相关的各个方面。关键成功因素(CSF)是企业达成战略目标、实现战略成功的关键因素,而用来衡量关键成功因素的指标就是关键绩效指标(KPI)。指标体系应反映企业战略目标实现的关键成功因素,具体指标应含义明确、可度量。不同行业、不同性质的企业以及企业发展的不同阶段,评价指标的设置以及各指标的重要程度也不相同。如何将反映企业生产经营状况的关键因素准确地体现在各具体指标上,是绩效评价系统设计的重要问题。

一般来说,成功的绩效评价指标体系有如下特点:

1)指标体系有战略高度

指标体系以顾客为导向,通过学习与成长、内部运营维度的有效运作,以实现企业的财务目标。环境维度则是从宏观、立体的维度对企业经营绩效与社会责任履行情况进行评价。

2)指标体系能以财务绩效为评价落脚点

除财务维度的评价指标外,其他几个维度均设置有和财务指标相关联的具体指标,如顾客利润率、成本费用降低率、全员劳动生产率、知识与智力资产贡献价值增长率、社会贡献率等。

### 3）财务指标与非财务指标的有机结合

总体而言,指标体系是财务与非财务、定量与定性、静态与动态指标的一个有机集合。经济增加值等财务指标揭示了企业取得的经营绩效及今后发展的基础;而顾客满意度、新产品开发能力等非财务指标则预示着企业的长远发展能力和竞争潜力。

### 4）突出知识创新对企业长期发展的影响

知识与智力资产贡献价值增长率、研究开发费用增长率等指标的设置有助于反映知识创新对企业经营绩效的影响,体现了时代发展对绩效评价指标体系改进的主客观要求。

### 5）强化企业内部部门间的合作关系

指标涉及企业的供应、生产、营销、人力资源管理、研究开发、财务管理等部门,能有效地协调各个部门之间的工作目标,避免滋生本位主义和资源浪费,使企业的整体运营得以优化。

## 3.1.2 绩效评价指标的分类

常见的绩效评价指标的分类方法有:

### 1）财务指标与非财务指标

财务指标是企业评价财务状况和经营成果的指标,是用货币形式来计量的。但是,财务指标的质量取决于财务报告的质量,而财务报告质量又受到会计准则和会计师技能、职业道德等因素的影响。并且,即使财务指标是令人满意的,它也只能反映企业过去的财务状况和经营成果,过去的财务成功不能保证未来的财务成功,因此需要引入非财务指标进行补充。运用财务指标来评价企业的绩效,其缺陷显而易见,主要包括:①存在通过盈余管理等人为操纵手段对财务报告进行粉饰的可能性。例如,人为控制固定资产折旧、无形资产摊销、收入确认、表外融资等。②存在短视现象。如果部门主管的绩效和短期利润挂钩,其在决策时会倾向短期获利,而非股东价值的长期增长,可能会缩减或推迟研发支出、培训支出、内部控制支出等。③不同企业指标设计和计算口径不一样,无法在企业间进行有效比较。另外,财务报告数据大多基于历史成本,如果不考虑通货膨胀因素,在各年之间进行比较也是没有意义的。④财务指标是滞后指标或结果指标,不能揭示出经营问题的动因。例如,收入中心的收入目标没有实现,是产品质量使客户流失,还是配送不及时使订单减少。财务指标只告诉你做得怎么样,但没有告诉你如何提高。⑤财务指标一般按月度、季度或年度报告,不能实时或适时地提供绩效信息。⑥企业员工无法看到自己工作和财务结果之间的明确联系。例如,前台接待人员、客户代表、售后服务人员等,对客户的开发、维护,以及客户满意度、忠诚度的提升十分重要。客户满意度、忠诚度的提升会带来收入的增加。但是,采用收益或投资报酬率指标难以计量前台接待人员、客户代表和售后服务人员的绩效。

非财务指标被认为是能反映未来绩效的指标,良好的非财务指标的设计和应用有利于促进企业实现未来的财务成功。非财务指标是无法用货币来衡量的,包括反映企业在经营过程、员工管理、市场能力和顾客服务等方面表现的各种指标。非财务指标一般是财务指标的先行指标,较差的非财务指标(如缺乏组织学习、流程改进不力、客户满意度低下等)必定会给企业带来不利影响并在财务指标中体现。优秀的企业越来越重视对收入和成本的动因进行管理,而出色的非财务绩效通常伴有出色的财务绩效。

以财务指标为主的传统经营绩效评价体系,对指导和评价信息时代下公司如何通过投资客户、供应商、员工、生产程序、技术和创新等来创造未来的价值是远远不够的,非财务指标弥补了这一缺点。经营管理者可以计量和控制公司及其内部各单位如何为现在和未来的客户进行创新和创造价值,如何建立和提高内部生产能力,以及如何为提高未来经营绩效而对员工、系统和程序进行投资。

随着我国改革开放的不断深入、经济市场化程度的不断提高、企业间竞争的日益激烈、内外部环境的不确定性增大,企业管理者越来越需要动态地制订、执行相应的竞争战略,并通过设计非财务绩效指标来适时地计量企业各责任中心的绩效,评估企业战略和目标实现程度,改进运营控制。

### 2)定性指标与定量指标

非财务指标可以是定量的,用数字直接计量,例如消费者投诉数量。非财务指标有时难以用数字计量,只能定性反映,如销售代表所反馈的客户意见。但是,从管理角度看,绩效指标应当尽可能量化,目标不量化就会难以操作,可能会形同虚设。实务中通常采用量化的指标来替代定性指标,如用客户投诉数量作为衡量产品质量或客户满意度的替代指标,用保修单数量作为衡量产品可信度的替代指标。

### 3)绝对指标与相对指标

绝对指标能够反映被评价对象绩效的总量大小,如某销售部门的年销售收入预算目标。相对指标是两个绝对指标的比率结果,如该市场销售部门的销售费用率是年销售费用预算目标与年销售收入预算目标的比率。绝对指标和相对指标在企业的绩效评价中相互补充,可以更好地发挥作用。

### 4)基本指标与修正指标

基本指标是评价企业绩效的核心指标,用以产生企业绩效评价的初步结果。修正指标是企业绩效评价指标体系中的辅助指标,用以对基本指标评价形成的初步评价结果进行修正,以产生较为全面的企业绩效评价基本结果。例如,《中央企业综合绩效评价实施细则》规定:企业盈利能力状况以净资产收益率、总资产报酬率两个基本指标和销售(营业)利润率、盈余现金保障倍数、成本费用利润率、资本收益率四个修正指标进行评价;企业资产质量状况以总资产周转率、应收账款周转两个基本指标和不良资产比率、流动资产周转率、资产现金回收率三个修正指标进行评价;企业债务风险状况以资产负债率、已获利息倍数两个基本指标和速动比率、现金流动负债比率、带息负债比率、或有负债比率四个修正指标进行评价；企业经营增长状况以销售（营业）增长率、资本保值增值率两个基本指标和销售（营业）利润增长率、总资产增长率、技术投入比率三个修正指标进行评价。

#### 5）正向指标、反向指标与适度指标

在企业绩效评价指标体系中，有些是指标值越大评价越好的指标，称为正向指标，如净资产收益率、总资产报酬率等效益型指标。有些是指标值越小评价越好的指标，称为反向指标，如成本费用占营业收入比例、应收账款周转天数等指标。还有一些是指标值越接近某个值越好的指标，称为适度指标，如资产负债率指标。该指标过高，说明杠杆太高，财务风险过大，但该指标过低又说明企业过于保守，当投资报酬率超过利息率时不利于企业价值的提升。

## 3.1.3 绩效评价指标的设计

我们以核电上市公司为例，基于 HSE 管理体系，将 HSE 理论运用到我国核电上市企业绩效评价中，构建 HSE 视角下我国核电上市企业综合绩效评价体系。

#### 1）HSE 管理体系

##### （1）概念介绍

HSE 管理体系（Health Safety and Environment Management System），最先由美国质量管理专家爱德华兹·戴明提出。这是一种全面的质量管理模式，其大致经过四个时期。20 世纪60 年代，考虑对人的安全负责，企业通过自动化控制改善装备安全，完善工艺流程；20 世纪70 年代以后，企业开始注重考察人和环境间的相互影响；20 世纪 80 年代以后，企业逐渐形成一系列安全管理方法；20 世纪 90 年代，石油天然气行业作为一种高风险行业，健康、安全和环境风险同时存在。于是，石油企业开始将 HSE 管理理念运用到日常营运当中。

综上可知，该体系是石油工业发展到一定阶段的产物。它具有事前识别和判断可能存在的风险因素、事中有针对性预防和控制存在的危险、事后降低活动发生的事故率等优点。目前，HSE 管理体系主要被国际石油行业公认为市场竞争的准入规则，主要用于降低人员伤亡率及避免大量财产损失和环境污染。

##### （2）实际应用

核电作为我国新时期能源利用的对象，风险极高，因此国家一直强调"在安全的基础上高效发展核电""不安全不发展"。从核电产业链来看，核资源燃料企业在铀资源及相关矿产资源的生产经营过程中很容易对周边环境和大气造成污染；核电站建设设备制造企业的设备质量问题关乎核电站能否安全运行；尤其是核电站运营企业，每个生产环节都存在核泄漏的风险。可见，核电相关企业运营的每一步都离不开健康、安全、环境（HSE）这三个主题。

因此，核电企业构思绩效评价体系时，要朝国际先进水准看齐，站在"核安全"的角度，融入世界领先企业关于安全、职业健康、环保等方面的思想，为员工持续健康工作、企业安全平稳运营、环境持续绿色发展及国家核电安全发展等提供新的考核方式。目前，HSE 管理体系

的应用主要体现在项目与研究领域。

①核电项目领域。目前,已有部分核电项目借鉴了 HSE 管理方式,如:AP 1000 核电工程施工现场采用 HSE 可视化管理;海南昌江核电现场为了工作者作业环境的安全与健康,通过场地规划、安全防护、消防及应急管理等 HSE 标准化实践,促使作业环境最佳化;江西彭泽核电项目在前期使用 HSE 管理体系进行实践操作。

②核电研究领域。研究者就如何把 HSE 管理体系更好运用到核电项目中展开了多种研究,如:朱恒政通过学习国内相关建筑施工项目 HSE 管理方面的经验,结合核电项目现场 HSE 体系的实际情况,探究以施工承包商 HSE 的完成带动核电项目 HSE 管理水平的提升;吴其美提议核电厂运用 HSE 管理体系解决采购核电设备的问题;郑逸宁通过观察 AP 核电工程项目里 HSE 管理体系的运行情况,对比国内外 HSE 管理体系,提出优化 AP 核电工程项目安全体系的建议;王平春为确保核电施工现场及时、有针对性地采取预防措施,进而减少事故发生,创建了 CAP 1400 核电项目施工 HSE 预警机制。

(3)运用 HSE 视角进行核电企业综合绩效评价的必要性

①国家视角。HSE 视角的引入使我国在国内和国际核安全方面更有说服力。国内方面,我国长期以火力发电为主,近年来由于资源储量和开发条件的限制,我国能源对外的依赖程度很大。若不加快寻找清洁能源,必然会在未来受国外资源国的约束和控制,这对我国经济安全极为不利。选取 HSE 相关指标,可以将健康、安全、环境等非财务信息融入综合绩效评价中,这对于衡量核电企业在健康、安全、环境方面的贡献具有重要意义,避免能源企业仅关注财务绩效。同时,这也是评判核电能否避免对人、社会和环境造成危害的标尺。国际方面,设置 HSE 绩效是站在为全人类健康、安全负责的角度上,以可视化的数据告诉世界,中国在安全、环保减排方面所做的努力,有利于树立我国国际核大国地位。

②企业视角。核电企业是推动我国清洁能源发展的中坚力量。其经营状况的全面展示有助于核电相关企业在未来改进不足,能更好地树立核电企业的形象,消除人们对企业"只追求经济利益"的误解。同时,HSE 绩效的履行情况可以告诉群众核电企业不仅关注经济利益,还关注员工健康和环境污染。最重要的是,这样做是进一步响应国家"安全发展核电"的号召,贯彻落实安全发展观,有利于我国核电行业持续、安全发展。

③公众视角。在公众看来,核电从资源开采到电力生产都是遥不可及的。加上历史上多次核事故的发生,人们一直笼罩在核恐惧之下。事实上,核事故一旦发生会危及每个人的生存,如影响员工健康、污染大众生活环境等。因此,每一个社会成员都十分关注核电的经营情况,特别是它能否避免危害健康,能否确保在未来稳定、安全地运营。所以,HSE 视角对公众评价核电企业十分必要,可以在一定程度上减轻人们对核灾难的恐慌,有助于获得公众对核电的支持。

### 2)基于 HSE 视角的体系构建

#### (1)构建原则

①科学系统性与客观全面性相结合。科学系统性要求研究者在指标定义、数据选取、收集和分析时有科学的方法和充足的理论依据,保证评价结果真实反映企业绩效。客观全面性则要求企业绩效评价涉及经济、安全、健康、人力等多个方面,并且体系构建时要尽可能引

入全面的指标,减少主观影响。在此原则的要求下,本书结合核电业注重创新的特征,涵盖财务与 HSE 信息,全方位反映核电企业状况,满足多个利益相关者对核电相关信息的需求。

②目标一致性与动态可调整性相结合。企业发展的第一要义是追求价值最大化。因此,在企业初步选取评价指标时,既要考虑为价值最大化目标服务,还要注意与企业可持续发展战略相一致。再者,企业发展过程中,会出现各种因内外部环境影响而改变原有发展战略的情况。这时,为了继续符合企业价值最大化和战略一致性的要求,企业必须相应调整原有指标。对于核电企业来讲,该原则下选取的指标必须在确保核电企业价值的基础上,高效安全地发展核电。

③可比性与可操作性相结合。可比性原则的提出与同类型企业分布地区、社会环境、资源状况及地区发展水平密切相关。对此,核电企业综合绩效评价体系的设计必须考虑不同企业规模、技术情况、资源环境等多方面的差异。同时,为了使评价结果便于实证研究,确定的指标还要有可比、综合的特点。可操作性则限制了选取的指标不仅要简单、可比,还要能进行后续数据的计算与分析。

④经济效益与社会效益相结合。核电行业作为新兴战略产业之一,对于转变我国能源结构具有重要意义,有助于我国环境的可持续发展。进行核电上市企业综合绩效评价时,既要考虑企业经济效益,又要考虑企业社会责任,尤其是引入 HSE 管理理念后,更应该衡量企业对健康、安全、环境等社会责任方面的贡献。事实上,社会效益的履行能够促进经济效益的实现。本书通过展示生产安全、员工健康、环境污染等方面信息,揭示了核电上市企业社会效益的完成情况,丰富了本书绩效评价的体系内容。

⑤HSE 理念与国际性相结合。国际性原则是专门为 HSE 指标设计的,它站在为世界人民健康、安全负责的角度,考虑核电发展对世界范围造成的影响。笔者认为,核电生产过程中核废料造成的大气、土壤、水污染、核泄漏和核辐射都会影响陆地邻国、海洋邻国甚至个别国家。因此,选择财务与 HSE 角度相结合的方式评价核电企业绩效表现,能向世界人民展示我国安全发展核电的决心。

(2)指标设置

为了周密分析有关核电上市企业综合绩效评价的问题,首先,本书评价结构以财务绩效为重心,主要参照杜邦分析体系。其次,结合核电行业的特点,参考新能源行业设置创新指标的研究成果,确定本书的创新指标。最后,参照现有 HSE 方面的理论研究,从现阶段我国核电上市企业社会责任报告的披露现状出发,设置具有核电企业特征的 HSE 指标。

①财务绩效。财务绩效是企业绩效评价必须考虑的方面,对于核电上市企业也不例外。通过财务绩效评价,可以了解企业一定时段的财务状况与经营成果。当前,大多数企业业绩考核都参考《中央企业综合绩效评价实施细则》,该文件从四个角度出发,涉及盈利情况、营运情况、偿债情况及发展情况。企业最终要对核电企业进行综合绩效评价,因此不能仅考虑盈利、营运、偿债或成长方面的指标。而且,上述细则中有关指标的设立非常烦琐,很多指标存在重复。所以,本书需要一种高度凝练的指标。纵观各种绩效评价方法,杜邦分析体系很符合这一要求,仅设置销售净利率、资产周转率、权益乘数三个指标,便能分别对企业的盈利、营运和财务等情况进行高度概括,进而展示企业利润表、资产负债表的大致情况。

②创新绩效。核电行业属于技术密集型产业,其相关企业拥有大批创新型人才和研发

能力,能极大程度上保障核电行业的安全运行。本书通过参考新能源企业创新指标的设置（表3-1）,可以看出我国研究界对研发能力的分析主要在投入和产出两个方面。其中,研发产出主要以专利数量、科技论文数量、研发收入占主营业务收入的比重来衡量,而研发投入主要以研发经费、研发支出的多少来衡量。

目前,核心技术方面,我国核电企业与国外企业相比,能力仍然较弱;核电相关专利申请方面,我国核电企业专利数量较少。因此,本书拟以无形资产净额增长率、研发技术投入占比来衡量核电企业的研发能力。有研究证实,企业财务绩效与无形资产的增减存在相关关系。此外,研发人才也是核电企业最重要的资源之一,他们既拥有发现问题的能力,也具备解决问题的能力,这不仅能为核电企业排除安全隐患,还能在一定程度上代表核电企业的技术水平。因此,本书创新绩效中还设置了人才指标——研发人员占比,具体是指研发人员占企业总人数的比例。

表3-1　创新指标的选取依据

| 时间 | 参考来源 | 篇名 | 选取指标 |
| --- | --- | --- | --- |
| 2013 | 中南大学 | 《新能源企业技术创新投入绩效研究》 | 技术专利授权率、技术存量比率 |
| 2015 | 《经济研究导刊》 | 《低碳视角下新能源企业绩效评价指标体系研究》 | 企业专利申请数、专利拥有数量、发表论文数量、高新收入增长率、高新收入占总收入比例 |
| 2016 | 南京航空航天大学 | 《新能源上市公司财务绩效评价研究》 | 无形资产增长率 |
| 2017 | 《时代经贸》 | 《融入环境业绩指标的企业综合绩效评价体系构建》 | R&D投入、R&D经费占主营业务收入比重、新产品研发周期效率 |

③HSE绩效。首先,企业最直接的动力是人力资源,即员工。因为核电企业生产过程中会不可避免地产生核辐射,因此其确保员工利益的关键就是定期组织员工进行体检;否则,企业将同时流失大量的人力资源与研发人才。

其次,确保安全是核电行业发展的重要宗旨。核生产过程产生的放射性物质会通过大气、水等各种途径传播到世界各地。关注核安全既是对我国人民的安全负责,也是对世界人民的生命安全负责。

最后,考虑到核电企业从采集矿石、提取燃料到最后核能发电都会产生大量放射性物质,而且放射性物质危害久、范围大,因此,核电上市企业还要将保护环境作为企业不可推卸的责任,并将核安全利益相关者扩大到世界范围。这样,通过向国内外利益相关者展示我国在核安全方面做出的努力,有助于减轻国内外群众对核电的恐惧,并获得世界人民对我国核电的支持与理解。

笔者通过阅读2017年度我国核电上市企业的年报和社会责任报告,发现了相比数据丰富的财务、创新能力等方面信息,核电上市企业对员工健康、核电安全、环境保护等方面信息主要采用文字介绍的方式,内容空泛。还有些报告,即使包含了数据信息,但形式随意,不便于核电企业之间进行数据比较。因此,本书对HSE绩效主要采用定性分析的方法,通过员工定期体检程度、安全生产费用投入程度及节能减排程度来检验核电企业在 HSE 方面的成绩。

到此,本书基于 HSE 视角的我国核电上市企业综合绩效评价体系构建完毕,具体展示见表3-2。

表 3-2　基于 HSE 视角的我国核电上市企业综合绩效评价体系

| 评价方面 | 评价指标 |
|---|---|
| 财务绩效 | 销售净利率 |
| | 资产周转率 |
| | 权益乘数 |
| 创新绩效 | 无形资产净额增长率 |
| | 研发技术投入占比 |
| | 研发人员占比 |
| HSE 绩效 | 员工定期体检程度 |
| | 安全生产费用投入程度 |
| | 节能减排程度 |

## 3.2 指标权重的确定方法

### 3.2.1 指标权重确定方法的选择

对被评价对象进行绩效评价时,一般需合理设计多个评价指标,构成一个有机的指标体系。评价指标体系确定之后,需要对每一个指标赋予一定的权重。权重是一个相对的概念,某一评价指标的权重是指该指标在整体评价指标体系中的相对重要程度。指标权重可以从若干评价指标中分出轻重,并在很大程度上反映企业的考核导向。同一评价指标,在对不同类型被评价对象进行评价时可以赋予不同的权重。比如,某集团企业希望所属 A 类企业重点做规模,其可赋予营业收入等规模指标更高的权重;同时希望 B 类企业重点做效益,其可赋予利润总额等效益指标更高的权重。

考核评价实践中应综合运用各种方法科学、合理设置指标权重,通常的做法主要根据指标的重要性以及考核导向进行设置,并根据需要适时进行调整。指标权重的确定可选择运用主观赋权法和客观赋权法,也可综合运用这两种方法。主观赋权法是利用专家或个人的知识与经验来确定指标权重的方法,如德尔菲法、层次分析法等。客观赋权法是从指标的统计性质入手,由调查数据确定指标权重的方法,如主成分分析法、均方差法等。

### 1）德尔菲法

德尔菲法（也称专家调查法），是指邀请专家对各项指标进行权重设置，将汇总平均后的结果反馈给专家，再次征询意见，经过多次反复，逐步取得比较一致结果的方法。

### 2）层次分析法

层次分析法，是指将绩效指标分解成多个层次，通过下层元素对上层元素相对重要性的两两比较，构成两两比较的判断矩阵，求出判断矩阵最大特征值所对应的特征向量作为指标权重值的方法。

### 3）主成分分析法

主成分分析法，是指将多个变量重新组合成一组新的相互无关的综合变量，根据实际需要从中挑选出尽可能多地反映原来变量信息的少数综合变量，进一步求出各变量的方差贡献率，以确定指标权重的方法。

### 4）均方差法

均方差法，是指将各项指标定为随机变量，指标在不同方案下的数值为该随机变量的取值，首先求出这些随机变量（各指标）的均方差，然后根据不同随机变量的离散程度确定指标权重的方法。

## 3.2.2 层次分析法的指导思想

### 1）理论概述

20 世纪 70 年代，美国国防部针对"根据各个工业部门对国家福利的贡献大小而进行电力分配"的问题进行研究。为了解决该困惑，美国学者萨蒂提出层次分析法（Analytic Hierarchy Process），这是一种确定指标间相对重要程度的方法。人们借用它确定权重时，分以下步骤：首先，评价者在足够了解评价系统和元素间相关性的基础上，将问题分解成多个层次，如目标层、准则层和指标层；其次，通过对每层每个元素之间的重要程度进行两两比较，结合专家评分意见，得出判断矩阵；最后，运用 YAAHP 软件对数据进行处理。它的优点是可以将复杂的目标分层化、条理化，很适合难以用定量方式解决的问题。

### 2）数据处理

#### （1）确定权重

指标权重反映的是在总目标确定的情况下，不同指标相对总目标重要性的程度。通常，指标重要程度越高，权重就越大；反之，权重越小。由于本书指标权重会影响核电企业综合绩效评价的得分，因此选用何种方法确定权重变得尤为重要。

若判断矩阵为 $C = [c_{ij}] n \times n$，根据层次分析法（AHP）的归一化法，可以确定相应指标权重,式(3-1)是 $A_i$ 的计算公式,等于判断矩阵每行 $n$ 个数的乘积开 $n$ 次方。式(3-2)为 $B$ 的计算公式,等于 $A_i$ 的结果求和。式(3-3)用于判断矩阵的计算。式(3-4)用于判断矩阵最大特征根的计算。式(3-5)用于计算相对权重,其中, $\omega_i$ 表示第 $i$ 个指标的权重等于 $A_i/B$。

(2)一致性检验

由于判断矩阵具有一定的主观性,因此,为避免构造判断矩阵时出现 $A$ 因素重要性大于 $B$, $B$ 因素重要性大于 $C$,而 $C$ 因素重要性大于 $A$ 的逻辑错误,还需要将判断矩阵进行一致性检验。通常情况下,要使结果更加准确,一致性检验需要分两次进行,分别是 $CI$ 一致性检验和 $CR$ 一致性检验。其中, $CI$ 和 $CR$ 一致性比率分别表示为式(3-6)和式(3-7),具体判断方法见表 3-3。

$$A_i = \sqrt[n]{\prod_{j=1}^{n} c_{ij}} \tag{3-1}$$

$$B = \sum_{j=1}^{n} A_i \tag{3-2}$$

$$AW = C_{n \times n} A_{n \times 1} \tag{3-3}$$

$$\lambda_{\max} = \sum_{i=1}^{n} \frac{(AW)_i}{n\omega_i} \tag{3-4}$$

$$\omega_i = \frac{A_i}{B} \tag{3-5}$$

$$CI = \frac{\lambda_{\max} - n}{n - 1} \tag{3-6}$$

$$CR = \frac{CI}{RI} \tag{3-7}$$

表 3-3 CI 和 CR 一致性检测

| 检验对象 | 满足条件 | 检验结果 | 备注 |
|---|---|---|---|
| CI 一致性检验 | $CI = 0$ | 判断矩阵具有完全一致性 | 两种条件均不满足,返回专家评分,重新构造矩阵 |
| | $CI < 0$ | 判断矩阵具有基本一致性 | |
| CR 一致性检验 | $CI = 0$ | 判断矩阵具有完全一致性 | |
| | $CI < 0$ | 判断矩阵具有基本一致性 | |

### 3)运用层次分析法确定权重的必要性

目前,层次分析法被多数研究人员用在新能源发电企业的绩效评价里。Mamlook 通过对约旦地区太阳能系统中的各评价指标进行成对比较,发现了可靠性对收益类指标最重要,而维护成本对成本类指标最重要;Chatzimouratids 从技术、经济和可持续性角度出发,运用层次分析法对几类发电厂的指标权重进行了确定;Akash 和 Mohsen 应用层次分析法确定发电厂和太阳能热水系统中的指标权重。

本书研究对象是我国核电行业,属于新能源范畴,与层次分析法的现有应用领域非常相似。加上本书 HSE 指标设置采用了定性分析的方法,因此,层次分析法对确定我国核电上市企业综合绩效评价指标的权重十分可行,能够提高权重的可信度。

### 3.2.3　层次分析法应用步骤

我们仍然以核电公司为例,探讨基于 HSE 绩效评价指标的权重设计。应用层次分析法分析指标权重,共分两个步骤。

#### 1)样本选取

依据东方财富网对 2016—2017 年核电概念股的披露情况,初步统计出我国核电概念股上市企业共 69 家。其中,深圳证券交易所上市的有 37 家,上海证券交易所上市的有 32 家,分别占核电相关上市企业总数的 53.62% 和 46.38%。依照国家核工业部对核电行业的划分,这 69 家上市公司中,13 家属于核资源燃料供应企业,占行业 18.84%;39 家属于核电站建设设备制造企业,占行业 56.52%;17 家属于核电站运营企业,占行业 24.64%。考虑到所选样本公司还要进行后续运算,本书还对初步选取的样本公司进行了如下调整:

①确保样本公司财务数据完整且无缺失。

②确保样本公司中没有财务状况较差的企业,具体操作为剔除三年内没有被深圳证券交易所和上海证券交易所贴上 ST 标签的公司,如:＊ST 一重(601106)、＊ST 佳电(000922)、＊ST 东数(002248)、＊ST 钒钛(000629)、ST 哈空调(600202)。

③确保样本公司会计政策没有差异,具体操作为剔除初选样本中 B 股和 H 股公司。如 B 股上海机电(600835)、上海临港(600848);H 股中核国际(02302)、世纪城市国际(00355)、中广核矿业(01164)、哈尔滨电气(01133)、中广核电力(01816)、中国核能科技(00611)。

最终,剩下能够进行实证研究的样本公司共 56 家,详见附录二。

#### 2)专家评分

##### (1)确定评价尺度

目前,层次分析法使用的评价尺度主要参考萨蒂等学者经实验证明的 9 级比例标尺,以语言叙述为主,见表3-4。

表 3-4　AHP 评价尺度

| 成对比较标准 | 定义 | 内容 |
| --- | --- | --- |
| 1 | 同等重要 | 两个要素具有同等重要性 |
| 3 | 稍微重要 | 其中一个要素较另一个要素稍微重要 |
| 5 | 相当重要 | 强烈倾向于某一要素 |
| 7 | 明显重要 | 实际上非常倾向于某一要素 |
| 2,4,6,8 | | 介于两者之间的折中值 |
| 上述数值的倒数 | | 当要素 A 与要素 B 比较时,若 A 被赋予以上某个标度,则 B 与 A 比较时的权重就是那个标度的倒数 |

（2）确定专家小组

本书指标权重的确定主要借助问卷调查法,针对全国新能源企业管理者、研究核电企业的专家学者以及高校教师发放问卷。他们参照 AHP 评价尺度,通过对体系中 9 个指标的重要性程度进行两两比较,最终给出体系里单一层次下两两指标的定量标度。本次共发放问卷 25 份,最终收回 21 份,有效率为 84%,可用于本书研究。具体指标见表 3-5,问卷调查内容在附录三中展示。

表 3-5 打分对象

| 目标层 $A$ | 准则层 $B$ | 指标层 $C$ |
|---|---|---|
| 基于 HSE 视角的我国核电上市企业的综合绩效评价体系 | 财务绩效 $B_1$ | 销售净利率 $C_1$ |
| | | 资产周转率 $C_2$ |
| | | 权益乘数 $C_3$ |
| | 创新绩效 $B_2$ | 无形资产净额增长率 $C_4$ |
| | | 研发技术投入占比 $C_5$ |
| | | 研发人员占比 $C_6$ |
| | HSE 绩效 $B_3$ | 员工定期体检程度 $C_7$ |
| | | 安全生产费用投入程度 $C_8$ |
| | | 节能减排程度 $C_9$ |

## 3.2.4 层次分析法应用案例

我们仍然以核电上市公司为例,探讨基于 HSE 导向下的指标权重设计。

### 1）单层次指标权重

（1）准则层

①确定权重。通过对 21 名专家学者的问卷反馈结果进行整理,最先得出准则层的判断矩阵,见表 3-6。

表 3-6 准则层判断矩阵

| $A_1$ | $B_1$ | $B_2$ | $B_3$ | $W$ | $AW$ | $(AW)_i/w_i$ | |
|---|---|---|---|---|---|---|---|
| 财务绩效 $B_1$ | 1 | 5 | 3 | 0.658 6 | 1.995 | 3.029 | $\lambda_{max} = 3.029$ |
| 创新绩效 $B_2$ | 1/5 | 1 | 1 | 0.156 2 | 0.473 1 | 3.029 | $CI = 0.014 5$ |
| HSE 绩效 $B_3$ | 1/3 | 1 | 1 | 0.185 2 | 0.560 9 | 3.029 | $CR = 0.025 1$ |

将准则层判断矩阵归一化,可以得到财务绩效、创新绩效和 HSE 绩效的权重指标列 $W$,分别是 0.658 6、0.156 2 和 0.185 2,而计算出最大特征根的值 $\lambda_{max}$ 为 3.029。

②一致性检验。指标层一致性比率 $CI$ 计算得 0.014 5（<0.1）。其次,根据随机一致性指标 $RI$ 为 0.58,算出一致性比率 $CR$ 为 0.025 1（<0.1）。因此,准则层矩阵通过一致性检验。

（2）指标层

①确定权重。按照确定指标层权重的方法，可以分别得到财务指标、创新指标及 HSE 指标的判断矩阵，见表 3-7—表 3-9。

表 3-7　指标层——财务指标判断矩阵

| $B_1$ | $C_1$ | $C_2$ | $C_3$ | $W$ | $AW$ | $(AW)_i/w_i$ | |
|---|---|---|---|---|---|---|---|
| 销售净利率 $C_1$ | 1 | 5 | 3 | 0.637 0 | 1.935 5 | 3.038 5 | $\lambda_{max} = 3.038 5$ |
| 资产周转率 $C_2$ | 5 | 1 | 1/3 | 0.104 7 | 0.318 2 | 3.038 5 | $CI = 0.019 3$ |
| 权益乘数 $C_3$ | 1/3 | 3 | 1 | 0.258 3 | 0.784 8 | 3.038 5 | $CR = 0.033 2$ |

将财务指标的判断矩阵归一化，可以得到销售净利率、资产周转率和权益乘数的权重指标列 $W$，分别是 0.637 0，0.104 7 和 0.258 3，而计算出最大特征根的值 $\lambda_{max}$ 为 3.038 5。

表 3-8　指标层——创新指标判断矩阵

| $B_2$ | $C_4$ | $C_5$ | $C_6$ | $W$ | $AW$ | $(AW)_i/w_i$ | |
|---|---|---|---|---|---|---|---|
| 无形资产净额增长率 $C_4$ | 1 | 1/5 | 3 | 0.188 4 | 0.577 4 | 3.064 9 | $\lambda_{max} = 3.064 9$ |
| 研发技术投入占比 $C_5$ | 5 | 1 | 7 | 0.730 6 | 2.239 4 | 3.064 9 | $CI = 0.032 44$ |
| 研发人员占比 $C_6$ | 1/3 | 1/7 | 1 | 0.081 0 | 0.248 1 | 3.064 9 | $CR = 0.055 9$ |

将创新指标的判断矩阵归一化，可以得到无形资产净额增长率、研发技术投入占比和研发人员占比的权重指标列 $W$，分别是 0.188 4，0.730 6 和 0.081 0，而计算出最大特征根的值 $\lambda_{max}$ 为 3.064 9。

表 3-9　指标层——HSE 指标判断矩阵

| $B_3$ | $C_7$ | $C_8$ | $C_9$ | $W$ | $AW$ | $(AW)_i/w_i$ | |
|---|---|---|---|---|---|---|---|
| 员工定期体检程度 $C_7$ | 1 | 1/3 | 1/5 | 0.104 7 | 0.318 2 | 3.038 5 | $\lambda_{max} = 3.038 5$ |
| 安全生产费用投入程度 $C_8$ | 3 | 1 | 1/3 | 0.258 3 | 0.784 8 | 3.038 5 | $CI = 0.019 2$ |
| 节能减排程度 $C_9$ | 5 | 3 | 1 | 0.637 0 | 1.935 5 | 3.038 5 | $CR = 0.033 2$ |

将 HSE 指标的判断矩阵归一化，可以得到员工定期体检程度、安全生产费用投入程度和节能减排程度的权重指标列 $W$，分别是 0.104 7，0.258 3 和 0.637 0，而计算出最大特征根的值 $\lambda_{max}$ 为 3.038 5。

②一致性检验。财务指标一致性比率 $CI$ 计算得 0.067 8（<0.1）。根据随机一致性指标 $RI$ 为 0.58，算出一致性比率 $CR$ 为 0.033 2（<0.1）。因此，财务指标矩阵通过一致性检验。

同理，创新指标和 HSE 指标一致性比率 $CI$ 分别计算得 0.067 8 和 0.033 2，均小于 0.1。而且，根据一致性指标 $RI$ 为 0.58，算出其一致性比率 $CR$ 分别是 0.059 9 和 0.019 2，均小于

0.1,通过一致性检验。

综上,准则层、指标层均通过指标检验,且数据都可用于计算总目标层下的各指标权重。

### 2)总层次指标权重

参照准则层和指标层权重系数的结果,将所有下层权重与上层权重简单相乘,即可获得基于 HSE 视角的我国核电上市企业综合绩效评价体系中各指标的权重参考值,即总层次指标权重,见表3-10。

表 3-10　总层次下各指标权重

| 目标层 $A$ | 准则层 $B$ | 准则层权重 | 子因素层 | 子因素层权重 | 子因素层相对于目标层 $A$ 的权重 |
|---|---|---|---|---|---|
| 基于 HSE 视角的我国核电上市企业的综合绩效评价体系 | 财务绩效 $B_1$ | 0.658 6 | 销售净利率 $C_1$ | 0.637 0 | 0.419 5 |
| | | | 资产周转率 $C_2$ | 0.104 7 | 0.069 0 |
| | | | 权益乘数 $C_3$ | 0.258 3 | 0.170 1 |
| | 创新绩效 $B_2$ | 0.156 2 | 无形资产净额增长率 $C_4$ | 0.188 4 | 0.029 4 |
| | | | 研发技术投入占比 $C_5$ | 0.730 6 | 0.114 1 |
| | | | 研发人员占比 $C_6$ | 0.081 0 | 0.012 7 |
| | HSE 绩效 $B_3$ | 0.185 2 | 员工定期体检程度 $C_7$ | 0.104 7 | 0.019 4 |
| | | | 安全生产费用投入程度 $C_8$ | 0.258 3 | 0.047 8 |
| | | | 节能减排程度 $C_9$ | 0.637 0 | 0.118 0 |

# 3.3　评价指标的标准与计分方法

## 3.3.1　绩效目标值

绩效目标值的确定可参考内部标准与外部标准。内部标准有预算标准、历史标准经验标准等;外部标准有行业标准、竞争对手标准、标杆标准等。

### 1)预算标准

企业通常会将长期的战略目标截取为阶段性的预算目标。预算控制的机制在于将实际绩效结果与预算目标进行比较,求出并分析差异,针对差异及时修正目标或实施改进措施。企业编制预算的方法有增量预算、滚动预算、零基预算和作业预算法等。

最初的预算方式采用的是自上而下的强制式预算,即由上级制订预算标准,下级负责实施。虽然这种方式能从企业全局出发,实现资源的合理配置,但是主观性太强,下级缺乏责任感和动力,预算目标的实现会大打折扣。后来出现了自下而上的参与式预算,即预算的执行者能够参与自身的目标制订,虽然下级的士气和动力有所提高,但是预算执行者为了逃避最终责任,可能会在预算中植入预算松弛,编制低标准预算,制订容易实现的目标,例如高报成本预算目标或低报销售预算目标。有些企业则采用协商式预算,预算标准是上级与下级讨价还价进行博弈的产物,依然无法充分地为战略目标服务。西方学者甚至提出了超预算理论:主张摆脱传统预算方法的束缚,将预算的资源配置功能和绩效评价功能分开,预算不再是对员工的约束和评价标准,而是沟通和计划的工具;主张将预算的作用、内容和范围局限在对现金流量的预测和计划上,而传统预算的控制、评价与激励作用则由其他绩效管理制度(如 KPI 考核)来替代。就目前情况来看,我国的大部分企业都有预算管理的传统和习惯,但是工作仅仅停留在预算的编制阶段,耗费了很多的人力物力,而没有将预算管理与绩效评价挂钩,没有有效地提高预算管理的水平。

### 2)历史标准

在明显缺乏外部比照对象的情况下,为了衡量绩效,企业往往会使用历史标准,即采用历史的绩效作为参照物。例如,在市场上企业属于领先者,尚未出现竞争对手时,与历史绩效比较就很有必要。历史标准的运用方式有三种,包括与上年实际比较、与历史同期实际比较、与历史最高水平比较。使用历史标准,可比性是主要问题,需要剔除物价变动、会计准则变化、经营环境变化等一些不可控因素或不可抗力的影响。此外,历史绩效也会存在效率问题和计量偏差,将实际绩效结果与有问题的历史标准相比较,就好比使用有问题的天平来称质量。另外,使用历史标准还会造成"棘轮效应",因为人的行为习惯有不可逆性,向上调整容易,向下调整难。如果某个管理者在企业外部环境恶化时依然能够创造超越同业的良好绩效,但是可能不如历史标准,在这种情况下,采用历史标准评价,就可能会造成"鞭打快牛"的结果。

### 3)外部标准

"他山之石,可以攻玉",绩效评价也可以选取来自外部的标准作为参照物。为了保证可比性,通常会选择同行业的标准,包括行业均值标准或行业标杆标准,以及跨行业标杆标准等。标杆法就是将企业自身的产品、服务或流程与标杆对象的最佳实务和经验相比较以达到持续改进、提升绩效的目的。

## 3.3.2 绩效评价计分方法

### 1)计分方法的分类

绩效评价计分方法是根据评价指标,对照评价标准,形成最终评价结果的一系列手段。绩效评价计分方法的选择是企业绩效评价指标体系构建模式的核心,是将评价指标与评价标准联系在一起的纽带,是形成客观公正的评价结果的必要条件,没有科学、合理的评价方法,评价指标和评价标准就成了孤立的评价要素,评价结果就会出现偏差,误导评价主体,无法实现评价目标,对评价客体也是不公平的。

（1）指标体系综合计分方法

绩效评价计分方法可分为定量法和定性法。定量法主要有功效系数法和综合指数法等；定性法主要有素质法和行为法等。

①功效系数法，是指根据多目标规划原理，将所要评价的各项指标分别对照各自的标准，并根据各项指标的权重，通过功效函数转化为可以度量的评价分数，再对各项指标的单项评价分数进行加总，得出综合评价分数的一种方法。该方法的优点是从不同侧面对评价对象进行计算评分，满足了企业多目标、多层次、多因素的绩效评价要求，缺点是标准值确定难度较大，比较复杂。功效系数法的计算公式为：

$$绩效指标总得分 = \sum 单项指标得分$$

$$单项指标得分 = 本档基础分 + 调整分$$

$$本档基础分 = 指标权重 \times 本档标准系数$$

$$调整分 = 功效系数 \times （上档基础分 - 本档基础分）$$

$$上档基础分 = 指标权重 \times 上档标准系数$$

$$功效系数 = \frac{实际值 - 本档标准值}{上档标准值 - 本档标准值}$$

对评价标准值的选用，应结合评价的目的、范围、企业所处行业、企业规模等具体情况，参考国家相关部门或研究机构发布的标准值确定。

②综合指数法，是指根据指数分析的基本原理，计算各项绩效指标的单项评价指数和加权评价指数，据以进行综合评价的方法。该方法的优点是操作简单，容易理解；缺点是标准值存在异常时影响结果的准确性。综合指数法的计算公式为：

$$绩效指标得分 = \sum （单项指标评价指数 \times 该项评价指标的权重）$$

③素质法，是指评估员工个人或团队在多大程度上具有组织所要求的某种基本素质、关键技能和主要特质的方法。

④行为法，是指专注于描述与绩效有关的行为状态，考核员工在多大程度上采取了管理者所期望或工作角色所要求的组织行为的方法。

（2）单项指标计分方法

常见的单项指标计分方法主要有比率法、插值法、减分法、层差法、非此即彼法等。

①比率法。比率法是指用指标的实际完成值除以目标值（或标准值），计算出百分比，然后乘以指标的权重分数，得到该指标的实际考核分数。比率法计算公式为：

$$某项比率得分值 = \frac{A}{B} \times 100\% \times 权重分数$$

其中，$A$ 为实际完成值；$B$ 为考核评价目标值。

【例3-1】 营业收入计划完成率＝营业收入实际完成值/营业收入目标值，营业收入计划完成率在年度业绩考核中的权重为10%（即标准分为10分）。假如营业收入目标值为200亿元，实际完成值为190亿元，则营业收入计划完成率指标的考核得分为9.5分（即190/200 × 100% × 10）；假如实际完成值为220亿元，则营业收入计划完成率指标的考核得分为11分（即220/200 × 100% × 10）。

实务中,在应用比率法计分时,一般需要设置一个考核评价得分的区间,即该指标的最高得分和最低得分,以保证评价指标体系的总体得分处于一个预期目标范围之内。假设【例3-1】中营业收入计划完成率的最高得分为15分,最低得分为5分,如果实际完成值为320亿元,则考核得分修正为15分。

②插值法。插值法又称"内插法",是利用函数$f(x)$在某区间中已知的若干点的函数值,做出适当的特定函数,在区间的其他点上用这个特定函数的值作为函数$f(x)$的近似值。

【例3-2】 某集团企业业绩考核评价办法规定,利润总额权重为30%(即标准分为30分),完成目标值得标准分;完成值每超过目标值2%,加5分,最多加标准分的50%;完成值每低于目标值1%,扣5分,最多扣标准分的50%。假如某子公司某年的利润总额目标值为8 000万元,实际完成值为8 400万元,则其利润总额指标考核评价得分通过插值法计算为42.5分。

③减分法。减分法是指针对标准分进行减扣而不进行加分的方法。在执行指标过程中当发现有异常情况时,就按照一定的标准扣分,如果没有异常则得到满分。

【例3-3】 某集团企业对安全生产管理的考核评价权重为10%(即10分),其考核评价办法规定,每发生一起特别重大事故,扣10分;每发生一起重大事故,扣5分;每发生一起较大事故扣3分;每发生一起一般事故扣2分。

④层差法。层差法是指将考核结果分为几个层次,实际执行结果落在哪个层次内,该层次所对应的分数即为考核的分数。

【例3-4】 应收账款周转次数在绩效评价指标体系中的权重为10%(即标准分为10分),其计分方法为:完成值在5次(含)以下的,得5分;5~6次(含)的,得10分;6次以上的,得15分。

⑤非此即彼法。非此即彼法是指结果只有几个可能性,不存在中间状态。

【例3-5】 某项技术对某集团企业今后的发展至关重要,并急于某年度内攻关成功,在对技术研发部门考核时规定,年内攻关成功得10分,未攻关成功得0分。

### 2)计分方法的选择

2006年,国资委发放第157号文件,此文件名为《中央企业综合绩效评价实施细则》。其从定量和定性评价两个方向出发,全方位引入国家对中央企业的考核方式。其中,定量指标使用功效系数法进行评分,同时,定性指标使用综合分析判断法进行评分,而企业最终得分,就是将上述两类评分结果加总起来即可。

(1)定量计分

第一步,计分前,先按照国家统一发布的行业划分标准,对评价企业进行分类。分类过程中,可以将企业实际情况考虑进去。通常情况下,企业定量指标划分在五档之间,详见表3-11。

第二步,基于功效系数法多目标规划的特点,对每个指标设定满意和不允许值,分别对应上限与下限。

第三步,计算定量指标的分数。该分数由基础指标和修正指标两个部分组成,共同核算了定量指标实现满意值的程度是多少,计算方法见表3-12。

（2）定性计分

相比定量计分,定性计分的步骤更加简洁。确定专家团队后,即可让专家对企业一定阶段的经营成果进行评价并打分。但需要注意的是,定性评价没有具体的行业标准。而且,定性评价的灵活度很大,这就要求专家学者必须对相关行业的信息了如指掌。在进行打分时,专家要熟悉不同企业的经营特点,对一些经营绩效产生重要影响的因素予以重点关注。

同样,定性评价指标也可以划分在五档之间。指标分类见表3-11,计算方法见表3-12。

表3-11 指标分类

| 企业归档 | 对应水平 | 标准系数 | 备注 |
|---|---|---|---|
| A | 优秀 | 1.0 | |
| B | 良好 | 0.8 | |
| C | 平均 | 0.6 | 处于E档以下时,计为E档,对应标准系数为0 |
| D | 较低 | 0.4 | |
| E | 较差 | 0.2 | |

表3-12 定量与定性指标计分

| 指标性质 | 公式编码 | 计算方法 | 备注 |
|---|---|---|---|
| 定量指标 | 公式(3-8) | 基本指标得分=$\sum$单项基本指标得分 | 其中,本档标准值是指上下两档标准值居于较低等级一档 |
| | 公式(3-9) | 单项基本指标得分=本档基础分+调整分 | |
| | 公式(3-10) | 本档基础分=指标权数×本档标准系数 | |
| | 公式(3-11) | 调整分=功效系数×(上档基础分-本档基础分) | |
| | 公式(3-12) | 上档基础分=指标权数×上档标准系数 | |
| | 公式(3-13) | 功效系数=$\dfrac{实际值-本档标准值}{上档标准值-本档标准值}$ | |
| 定性指标 | 公式(3-14) | 定性评价指标分数=$\sum$单项指标分数 | 无 |
| | 公式(3-15) | 单项指标分数=$\dfrac{\sum 每位专家给定的单项指标分数}{专家人数}$ | |

（3）综合计分

研究者根据综合得分,参照表3-13,即可将单一企业的评价类型和级别确定下来。这里,还要特别注意综合得分是定量得分与定性得分的加总。

表3-13 综合绩效评价分级标准

| 评价类型 | 评价级别 | 评价得分 |
|---|---|---|
| 优(A) | A++ | 95~100 |
| | A+ | 90~94 |
| | A | 85~89 |

续表

| 评价类型 | 评价级别 | 评价得分 |
|---|---|---|
| 良(B) | B+ | 80~84 |
| | B | 75~79 |
| | B- | 70~74 |
| 中(C) | C | 60~69 |
| | C- | 50~59 |
| 低(D) | D | 40~49 |
| 差(E) | E | 39分以下 |

### 3.3.3 功效系数法应用案例

我们仍然以核电上市公司为例,应用上一节权重研究结果,对核电类上市公司基于HSE的综合绩效进行评价。

#### 1)行业标准

首先,对应2016年企业绩效评价标准值,找到我国核电行业的各种财务指标值。由于本书指标设置的限制,实际应用时,只需要选出销售净利率、资产周转率及权益乘数的分类值即可,见表3-14。

表3-14 财务指标行业标准

| 指标名称 | 行业标准 | | | | |
|---|---|---|---|---|---|
| | 优秀 | 良好 | 平均 | 较低 | 较差 |
| 销售净利率(%) | 9.1 | 7.55 | 5.7 | -1.05 | -12.6 |
| 资产周转率(%) | 0.5 | 0.4 | 0.3 | 0.2 | 0.1 |
| 权益乘数 | 6.67 | 3.33 | 2.5 | 2.22 | 2 |

其次,鉴于本书构建的创新指标也采用了定量形式来展示,所以创新指标也要借鉴功效系数法的计分思路,并选取核电行业的创新绩效评价标准值。但是,由于我国国资委没有这些指标值的披露,本书创新指标的标准值还需要问卷调查的专家学者们帮助确定,见表3-15。

表3-15 创新指标行业标准

| 指标名称 | 行业标准 | | | | |
|---|---|---|---|---|---|
| | 优秀 | 良好 | 平均 | 较低 | 较差 |
| 无形资产增长率(%) | 131 | 104.8 | 78.6 | 52.4 | -69.52 |
| 研发技术投入占比(%) | 46 | 36.7 | 16.43 | 6.5 | 0.01 |
| 研发人员占比(%) | 40 | 32 | 24 | 16 | 1.39 |

## 2) 计算结果

使用功效系数法对财务指标和创新指标进行计算, 使用综合判断法对 HSE 指标进行计算, 得出我国核电上市企业在 HSE 视角下的综合绩效得分, 见表 3-16。单层次的绩效得分在附录四中展示。

表 3-16　计分结果

| 公司名称 | 综合评分 | 得分评级 | 综合排名 |
| --- | --- | --- | --- |
| 群兴玩具 | -24 | E | 39 |
| 南风股份 | 21 | E | 38 |
| 威尔泰 | 29 | E | 37 |
| 大西洋 | 29 | E | 37 |
| 华银电力 | 30 | E | 36 |
| 奥特迅 | 31 | E | 35 |
| 远达环保 | 33 | E | 34 |
| 安泰科技 | 35 | E | 33 |
| 科新机电 | 36 | E | 32 |
| 久立特材 | 37 | E | 31 |
| 金钼股份 | 37 | E | 31 |
| 中国西电 | 38 | E | 30 |
| 海得控制 | 38 | E | 30 |
| 江西铜业 | 39 | E | 29 |
| 东方锆业 | 39 | E | 29 |
| 中核科技 | 40 | D | 28 |
| 吉电股份 | 41 | D | 27 |
| 宝钛股份 | 42 | D | 26 |
| 保变电气 | 44 | D | 25 |
| 振华科技 | 45 | D | 24 |
| 西部材料 | 45 | D | 24 |
| 湘电股份 | 46 | D | 23 |
| 中飞股份 | 47 | D | 22 |
| 应流股份 | 48 | D | 21 |
| 太原重工 | 50 | C- | 20 |
| 天沃科技 | 50 | C- | 20 |
| 宝胜股份 | 51 | C- | 19 |

续表

| 公司名称 | 综合评分 | 得分评级 | 综合排名 |
|---|---|---|---|
| 盾安环境 | 51 | C- | 19 |
| 兰石重装 | 52 | C- | 18 |
| 中钢天源 | 53 | C- | 17 |
| 盈峰环境 | 54 | C- | 16 |
| 江苏神通 | 55 | C- | 15 |
| 东方电气 | 56 | C- | 14 |
| 沃尔核材 | 56 | C- | 14 |
| 深圳能源 | 57 | C- | 13 |
| 永兴特钢 | 58 | C- | 12 |
| 陕鼓动力 | 58 | C- | 12 |
| 大唐发电 | 59 | C- | 11 |
| 纽威股份 | 60 | C | 10 |
| 浙富控股 | 61 | C | 9 |
| 方大炭素 | 61 | C | 9 |
| 海陆重工 | 61 | C | 9 |
| 中广核技 | 64 | C | 8 |
| 上海电气 | 64 | C | 8 |
| 韶能股份 | 64 | C | 8 |
| 特变电工 | 64 | C | 8 |
| 中核钛白 | 64 | C | 8 |
| 中国核建 | 65 | C | 7 |
| 冰轮环境 | 65 | C | 7 |
| 诺德股份 | 72 | B- | 6 |
| 台海核电 | 73 | B- | 5 |
| 长江电力 | 73 | B- | 5 |
| 上海电力 | 74 | B- | 4 |
| 兰太实业 | 77 | B- | 3 |
| 上海机电 | 78 | B- | 2 |
| 中国核电 | 80 | B | 1 |

# 3.4 绩效计划的应用

## 3.4.1 绩效评价体系的发展变化与成功绩效评价的特征

### 1)绩效评价体系的发展变化

企业绩效评价体系的发展始终是和企业管理实践、所处的时代特征紧密结合在一起的。随着企业管理理论、管理实践的发展和新时代特征的涌现,当今绩效评价活动的目的、内容、重点乃至整个评价思想都在经历着深刻的历史变革。不同时期的企业绩效评价体系也随之发生变化,分别经历了以成本、财务、价值和平衡为基础的四个阶段。

19 世纪末期至 20 世纪早期,科学技术迅猛发展并被广泛应用于工业生产,极大地促进了经济发展,企业竞争意识不断加强。绩效评价的需求主要来自企业内部,当时的管理者认为利润的取得主要是通过扩大经营规模、提高产量和控制成本来实现的。在这一阶段,成本会计与管理会计学科体系迅速发展,成本指标就成为当时评价企业绩效的主要计量指标,标准成本法和差异分析法被企业广泛应用。

19 世纪 40 年代,出现了股份公司经营形式,所有权与经营权实现分离,作为企业主要利益相关者的债权人和股东成为绩效评价的主体,他们迫切需要了解企业的财务状况和经营成果,从而做出正确的投资决策。绩效评价的主体扩大到企业外部,绩效评价方法从传统的基于成本数据扩展到基于财务指标。在这一转变过程中出现了沃尔评分法和杜邦分析体系。

20 世纪 90 年代,企业的经营目标经历了从利润最大化向股东财富最大化、企业价值最大化的转变。绩效评价也从以短期利润为核心的财务指标考核过渡到以股东价值最大化为导向的价值模式考核。在对股东价值进行评估的时候,最受推崇的两种做法分别是自由现金流折现法和经济增加值法。前者是基于对企业加权平均资本成本的估算,将其作为折现率,对所预测的企业未来自由现金流进行折现求出净现值作为企业的估值,然后从中扣除负债的价值,得出股东权益的价值。后者是对会计利润进行相应的调整,将其调整为经济利润。

价值模式虽然弥补了利润类财务指标的不足,但毕竟价值估算还是部分基于会计数据的。而且财务指标无法涵盖和衡量影响组合绩效的全部因素,尤其是那些具有重大影响又无法量化的因素,如产品质量、交货速度、可信度、售后服务以及顾客满意度等,这些因素是传统的管理会计绩效评价体系无法衡量的。于是越来越多的非财务绩效指标被纳入管理报告体系,财务绩效评价和非财务绩效评价相结合的需要以及关键绩效指标的确定促成了平衡计分卡的出现。平衡计分卡由卡普兰和诺顿设计并不断改进,在国内外企业中得到了广泛应用。

### 2）成功绩效评价的特征

企业绩效评价工作开展得好还是不好，至少应从以下几个方面来判断：

**（1）绩效评价指标体系科学、合理和系统**

一套成功的绩效评价体系，指标的构建非常重要，指标体系是绩效评价体系中的关键内容，指标体系要科学、合理、系统，符合公司实际。

**（2）绩效评价的信息容易取得，符合成本效益原则**

绩效评价需要信息支撑，财务相关的数据可以由财务系统自动生成或对财务系统产生的数据进行加工产生。这类数据的获取不需要单独花费额外的成本，因为任何一个公司都需要有自己的一套财务系统，产生各类报表。非财务数据需要单独获取，需要额外地花费一些成本，甚至需要去购买相应的信息。在设计评价体系时要考虑成本效益原则。一些信息如果获取非常困难，或者成本过高而对绩效评价非必需，可以考虑用其他指标取代，或者在公司发展壮大后，承担成本的能力提升后再完善有关指标。

**（3）绩效评价工作内化到企业日常管理工作，自动贯彻执行**

绩效评价工作不是到了年终或者考核的终点才开始进行的，绩效评价工作是企业日常管理工作的重要组成部分，应该在企业日常运营过程中自始至终循环往复地开展，是动态的、过程的，甚至是自动贯彻执行的，而不是到了时点才开始的。绩效评价工作的大多数数据和信息来自公司内部，是公司内部产生的、可以时刻监测的。

绩效评价与考核绝不是最终的"秋后算账"。通过过程考核对绩效计划执行环节进行有效监督控制，及时发现存在的问题，避免更大损失的发生，是绩效评价和考核的重要方面。

**（4）评价结果得到正确和及时应用，能促进个人目标和公司战略目标趋于一致**

绩效评价的最终目的是促进企业发展，但是要促进企业发展，评价结果的及时正确运用至关重要。绩效评价工作做得好的企业都非常重视绩效评价结果的运用，将个人的奖惩与对企业的绩效评价结合起来。如果评价成了"走过场""形式主义"，就不能识别和激励优秀的员工、鞭策绩效低下的员工。有些企业绩效评价完成后很长时间都不进行相应奖惩，严重影响了绩效评价的效果，也就失去了绩效评价的导向作用。

# 第4章

## 绩效评价的公平性

有效激励的关键在公平,而公平激励的基础是准确的绩效评分。在国内外绩效评价理论向顾客、雇员、经营者和非财务化方向发展的同时,本章针对传统绩效评分方法指标打分方面存在的局限性,提出了科学合理的绩效评分方法应该满足的三个必要条件,即绩效分值应连续取值、绩效分值与绩效数量呈非线性关系,以及正指标和相关逆指标等价互换性等,进而建立了满足上述三个条件的绩效评分模型,同时,对该评分模型的参数和应用做了实际分析和测算。

## 4.1　已有研究的回顾

随着经济的不断发展,传统绩效评价方法的局限性开始显现。传统的绩效评价方法主要是以会计利润为依据,以会计净利润为核心,这一方法忽略了企业的权益资本成本,使得企业的利润虚增,导致不客观的绩效评价产生。为了解决传统绩效评价方法的局限性问题,学者们认为 EVA 剔除了一些不准确的因素,能真正体现企业所实现的收益。除此之外,国外的研究者也敢于提出反对意见,获得了较为丰富的研究成果。

### 4.1.1　有关经济增加值的研究评述

Twinkle Prusty 在《利用 EVA 工具进行公司治理:良好的企业绩效驱动》的研究中,从股东财富的创造和股票价格的管理两个方面阐述了以下几个方面的内容:EVA 是衡量企业绩效评价的指标;EVA 相比于传统方法的优势;EVA 在价值创造方面的有用性;EVA 的缺陷;EVA 能为企业建立良好的公司治理制度。研究发现,良好的公司治理会通过采用 EVA 报告来提高公司绩效,这对于投资决策和内部治理具有重要意义。股东的公平待遇、透明度和披露对企业的内部治理和企业价值创造的经济增加值产生影响。通过建立公司治理和经济增加值之间的关系,提高股东对公司治理的价值的认识。他注意到,公司治理在股东创造财富中的重要性,其中 EVA 是很好的评价方法,是一种集成的管理哲学。

Madan Lal Bhasin 在《EVA 在财务报告中的披露：亚洲经济的经验》一文中提出了"EVA 是好的绩效评价标准吗"的问题，学者们在这个问题上的意见大相径庭，并对先前学者关于 EVA 的研究进行了回顾。研究者旨在达成五个目标，采用方差分析、趋势分析以及回归分析等方法对所选印度的 500 家样本公司数据进行处理，对实证结果进行分析。研究者得出的结论是：实证结果并不支持 EVA 在解释市场价值方面优于传统会计措施的结论。这意味着，还有其他因素驱动市场价值，并应考虑到股东的价值创造或绩效评价。目前，使用传统方法和增值标准似乎是谨慎的，对单一方法的依赖是不科学的。但是可以确定的是，印度公司应该考虑投资成本提高 EVA。预计 EVA 将很快成为知名的管理工具，越来越受到企业的认可。

Zhi-gang Li 在《基于 EVA 的制造企业绩效评价研究》中研究企业采用 EVA 指数进行绩效评价的可行性，以及比较 EVA 与市场增加值（MVA）的关系。选择 2009—2010 年的上市制造企业为研究样本，使用 SPSS 软件处理数据，利用皮尔森相关系数度量 EVA、MVA 与传统绩效评价指标的相关性。研究者提出两种假设：公司的 EVA 和 MVA 高度相关，MVA 和 EVA 有很强的解释能力；对于公司而言，EVA 对 MVA 的解释能力比传统的业绩评价指数更高。实证研究的结果表明：公司的 EVA 和 MVA 很大程度上呈正相关，EVA 在 MVA 的增加值中具有较强的解释力，证明了用 EVA 来衡量企业绩效的可行性；EVA 对 MVA 的解释能力要优于传统绩效评价模型。

### 4.1.2　有关平衡记分卡的研究评述

经济增加值不仅能衡量企业的业绩表现，还能帮助企业管理层进行资本预算、投资决策等战略管理。但 EVA 值是在会计利润的基础上计算的，仍然只是一个财务指标，忽略了非财务指标对企业价值的影响。因此引入平衡记分卡方法有效解决了单纯财务业绩评价的问题。学者们根据特定的行业特点对平衡计分卡方法进行了改进和创新，对企业组织绩效的各个方面提出了建议，并且选取案例分析验证了方法的可行性。

Robert Plant，Leslie Willcocks 和 Nancy Olson 在《衡量电子商务企业绩效——采用修订的平衡记分卡方法》的研究中，通过对 44 家电子商务公司高层管理者的半结构化访谈和研究，描述了一种改进传统平衡计分卡的方法。考虑到电子商务开发管理的具体特点，为了满足电子商务渠道的特定需求，研究者提出了与客户评价相关的四种评价角度（包括品牌、服务、市场和技术），设计了客户视角的价值标准图、客户服务的价值链图等。研究表明，那些采用平衡记分卡的企业能够更有效地在经营过程中管理企业战略，通过改进平衡计分卡方法，企业可以建立一个更全面的绩效评价框架来指导未来的发展方向。

Graham Hubbard 在《衡量组织绩效：超越三重底线》中认为，衡量组织绩效是困难的，尤其是当被衡量指标不断变化时。可持续发展的概念已经在很大程度上扩大了衡量组织绩效的范围，然而对于可持续发展的绩效评价并没有一个衡量标准。研究者认为，衡量组织可持续性必须基于可持续的概念，研究者为了使用简化，提出了一种基于利益相关者的、可持续的平衡计分卡概念框架，结合组织的可持续性绩效指标来整合平衡计分卡中评价的方法。该指数可有效衡量组织在可持续发展概念上的绩效表现，并为利益相关者提供一些参考。

　　Elton Fernandes 在《机场管理的战略方法》的研究中,采用了动态平衡记分卡和模糊多准则结合的方法,对巴西的七个主要国际机场管理进行实证研究。首先,平衡计分卡在讨论组织的战略维度时非常重要;其次,失败模型分析(FMA)运用于对平衡计分卡因果系统进行多中心分析。动态平衡记分卡可以作为一种管理工具,在实现战略目标的框架内拓宽管理者和组织合作者的前景。通过对巴西 7 个主要国际机场的案例研究,研究者建议未来评价使用平衡计分卡方法,管理层可以进行自我评价和反馈。

　　Milind Kumar Sharma 和 Rajat Bhagwat 在《供应链管理评价的 BSC-AHP 集成方法》中,提出一种结合平衡计分卡(BSC)和层次分析法(AHP)的供应链管理(SCM)评价方法。它的目标是从财务、客户、内部业务流程、学习与成长四个角度来衡量供应链绩效。研究者开发了供应链管理的评估方法,并提出了采用层次分析法来区分组织不同的绩效。从不同的决策水平和整体绩效角度来看,这也是最好的平衡计分卡评价方法。研究者所开发的集成 BSC-AHP 方法为管理者对 SCM 的评估提供了有益的指导。

### 4.1.3　国际企业绩效评价方法研究评述

　　虽然 EVA 和 BSC 被普遍认为是企业绩效评价的有力工具,但是国外学者在其他绩效评价体系方面也做出了大胆的尝试和创新。Alexander Cherny 和 Dilip Madan 在《新的绩效评估方法》中创建了一种满足一系列原理的绩效评价方法,研究者称它们为"可接受性指数"。首先,研究者给出了可接受性指标的原理,并总结出了所满足的八个特性。接着给出了一些可接受性指标的等价描述,它们与一致性风险衡量指标有关,发现风险评价结果与经济指标也有一定的平行关系。研究者研究了各种绩效指标的八个特性,以及确定了支撑核心评价体系的结构。为了从某个战略层面评估绩效评价方法,研究者的注意力集中在与期权相关的现金流的绩效,根据每一种现金流计算出八个绩效评价指标的数值。通过比较计算数据得出结论:经典的绩效指标如夏普指数和倾斜系数,不能满足可接受指数的原理,损益比率虽满足绩效特性,但是绩效评价有界限。可接受性指标是一种评价现金流的新指标,更吸引投资者的目光。可接受的程度越高,评价结论越容易达成一致,对那些不在决策点上的投资者来说更有利。为了加强跨国公司绩效评价管理效率,Susan C. Borkowski 在《国际管理绩效评价》一文中提出了"跨国公司的绩效评价标准和转移定价标准对于本国和东道国是否一致"的问题。研究者选取了美国、日本、加拿大、德国、英国列入财富 500 强或商业周刊 1 000目录并且拥有转移定价标准的公司为样本,用李克特五分量表法分析各国跨国公司绩效评价和转移定价方法的差异。研究结果不支持跨国公司使用不同标准的绩效评价理论,如果跨国公司的战略是利润最大化,就应以股东回报为绩效评价标准。不同国家的绩效评价标准的重要性有差异,因此要根据不同国情选择绩效评价标准。各国根据不同绩效评价因素来选用转移定价标准,但不能为了实现特定的目标依赖于转移定价方法。

### 4.1.4　非营利组织绩效评价方法研究评述

　　绩效评价体系的建立固然重要,企业依赖绩效评价方法来有效激励管理层做出正确的战略决策并引导企业创造价值。有效激励的关键在公平,而公平激励的基础是准确的绩效评分。国外研究者在非营利组织的多指标评分方面做出了有益的探索,构造了数学模型并且进行了实证研究。

A. N. Voronin 在《一种评估多指标和优化层次系统的方法》中首先提出了任何一个多指标评价问题都可以用一个层次系统来表示。评价对象的个体属性在系统的较低级别上被评估,使用一个标准向量;并且使用合成机制对上一级评价对象进行整体评估。研究者提出了一种解决复杂多指标评价和优化问题的方法。它是基于向量标准值的嵌套标量卷积,并允许多结构层次系统的简单结构和参数合成。A. N. Voronin 又在《多指标评价和优化问题的非线性方案》中提出了一种非线性评价方案的概念。结果表明,通过正确地逼近效用函数,并构造大量的数学模型(标量卷积),能解决各种多指标问题。举例表明,在分析实际问题时,这个卷积是一个目标函数,它的极值就是一个最优向量。

Brian A. Jacob 和 Lars Lefgren 在《如何识别有经验的老师?关于教育的绩效评价实证研究》一文中,将教师教育经验的传统决定因素和基于学生成就的有效增值方法进行比较,提出了一种基于学生成就的增值评分模型。其优点在于通过观察增值评分的方差减去平均误差方差(估计教师固定效应的标准误差平方的平均值)来获得真实方差的量度,从而解决了低估主要评级和增值指标之间的相关性问题。

Daniel Y. Shee 和 Yi-Shun Wang 在《关于 Web 电子学习系统的多标准评价:基于学习用户满意度的方法及其应用》一文中,研究了目前普遍采用的 Web 电子学习系统(WELS)的多指标评价方法。由于用户已被广泛认为是影响信息系统采纳的利益相关者的关键群体,研究者基于多标准决策理论与人机交互和信息系统领域的用户满意度研究成果,从学习者满意度的角度提出了发生在 WELS 生命周期前后期的多标准评价方法,绘制了学习者满意度评价的多标准评价方法的详细步骤图,并且设置了评价者对于 WELS 先评级后加权的评分方法。

G. Tuzkaya、A. Ozgen、D. Ozgen 和 U. R. Tuzkaya 在《供应商环境绩效评价:一种混合模糊多标准的决策方法》的研究中,提出了一种对供应商环境绩效进行评价的方法。研究者结合混合模糊网络分析法(ANP)和模糊偏好排序方法(PROMETHEE)进行评价,绘制了供应商环境评价标准表及其影响因素。这种方法不要求决策团队(DMT)给出准确的评分值,标准评价和替代评价都是从语言偏好开始的。这种情况增加了方法的有效性。

虽然国外研究者在绩效评价模型的建立与改进上有新的观点,在绩效评分上提出新的数学概念和增值评分模型,但在具体的多指标绩效评分方法方面并没有突破。可以分析看出,国外研究目前包含以下几点问题:

①关于多指标评分方法的研究少之又少,可供组织参考的公平评分方法寥寥无几。

②虽然有学者研究了多指标绩效评分的方法,但是无量纲化标准值的公平性没有得到验证,使传统无量纲化评分方法的固有缺陷没有得到解决。

③学者根据企业自身情况改进了现有的绩效评价模型,甚至提出了优化评分问题的非线性概念,但是仍旧忽略了具体正指标和逆指标的分值转化方法。

因此,本书注意到国内外学者对于多指标绩效评分存在的局限性,结合三个必要条件,建立绩效评分模型。

## 4.2 传统分值转换模型的局限性及其改良

### 4.2.1 传统分值转换模型的局限性

无论绩效评价的范围和内容如何被拓展,企业绩效评价的技术方法一般采用多指标综合评价模型,即先对某一评价对象的多个评价指标确定标准值,再根据每一指标的实际值和标准值的对比关系确定评分值,最后再将每一指标的评分值按其权重加总,以求得综合评价的结果。其单一指标的评分值根据指标实际值和标准值的对比获得,其综合评价结果如下式所示:

$$TP = \sum_{i=1}^{m} w_i y_i$$

式中,$w_i, y_i, TP$ 分别表示某一评价对象第 $i$ 个评价指标的权重和评分值,以及该评价对象的综合评分值,$m$ 为评价指标的个数。

由上述多指标综合评价模型可以看出,在指标权重分布和每一指标的标准值确定后,综合评价结果的科学性和合理性则取决于评分值的确定方法。

而目前常用的指标分值确定方法有两种。一是无量纲化方法,即将指标实际值与标准值直接对比产生无量纲化比值,对于越大越好的正指标,直接以该指标的实际值 $x$ 与其标准值 $b$ 的正比例比值 $x/b$ 作为指标的评分值;而对于越小越好的逆指标,则以该指标的实际值 $x$ 与标准值 $b$ 的反比例比值 $b/x$ 作为该指标的评分值。另一种是模糊综合评分法,即将每一指标分等打分直接作为评分值。从确定评分值的客观性来说,简单的无量纲化的评分方法,比将每一指标分等打分的模糊综合评判法更客观一些,并使具有不同计量单位和不同数量级的评价指标有可能加总,以求得综合评分的结果。

但是,传统的简单无量纲化评分方法,在实际应用中至少存在两个问题:一是在企业发展的不同阶段,同等绩效付出的努力程度是大不相同的,在绩效评价中应给予不同评分,以激励边际绩效的不断生成;二是正指标和逆指标的分值互换问题,因为任何指标既可以用正指标反映,也可以用逆指标来反映,例如年销售额是一个正指标,它也可以用单位销售额所需时间这一逆指标来反映,只不过习惯上常使用正指标来反映营业额。因此,无论用正指标评分还是用逆指标评分,其评分结果应该相同,达到可以互换的要求,而上述简单无量纲化评分方法不具备这一特征。上述两大缺陷使传统无量纲化评分方法的评分结果失去公平性,使经营者苦乐不均,最终导致经营者短期行为,从而影响激励制度发挥有效的作用。

### 4.2.2 理想的分值转换模型具备的条件

科学合理的绩效指标分值转换模型应该具备下列三个条件:

### 1)理想分值转换是连续打分而非离散打分

因为实际指标的属性值是连续取值的,它们对综合评价结果的贡献也应是连续变动的,所以理想的分值转换方法应是连续打分的。离散打分法是考虑可操作性之后对真实的一种近似。目前,大多数绩效评价指标体系都采用了离散打分的方法,其中,打分区间或级次的划分有很大的主观性,并未考虑绩效指标与评分值之间应有的函数关系。例如,1999年,由财政部、国家经贸委、人事部、国家发展计划委员会联合颁布试行的《国有资本金效绩评价规则》和《国有资本金效绩评价操作细则》中所采用的指标评分方法均属离散型主观打分。

### 2)理想分值转换方法应反映指标实际值与其对综合评价结果贡献值之间的非线性关系

一般情形下,指标实际值与其对综合评价结果的贡献值之间的关系总是非线性的,而且应符合类似于边际收益递减的函数形式,具体来讲,应具有如下所示的非线性关系。不失一般性,我们假定:$x$ 和 $b$ 分别表示指标的实际值和标准值,且 $x \geq 0, b > 0$,$y$ 表示该指标的评分值,这种非线性关系可表示为:

对越大越好的正指标,其分值转换函数首先应满足 $\dfrac{dy}{dx} \geq 0$,同时考虑到绩效创造过程具有难度不断递增的特点,在不同的绩效水平,等量的绩效增量应给予不断递增的分值,进而,指标分值转换函数应进一步满足:

$$\frac{d^2y}{d^2x} = \begin{cases} \geq 0, & x > b \\ \leq 0, & x < b \end{cases}$$

相反,对越小越好的逆指标,其分值转换函数应满足下述两个条件:

$$\frac{dy}{dx} \leq 0$$

$$\frac{d^2y}{d^2x} = \begin{cases} \leq 0, & x > b \\ \geq 0, & x < b \end{cases}$$

不难验证,现行的各种连续分值转换函数如无量纲化比值方法,不能同时满足上述一阶和二阶微分要求,因而都是非理想的,或者说是不够科学合理的。

### 3)理想分值转换方法应满足正指标与相关逆指标等价互换的要求

因为任何指标都有正指标形式和逆指标形式两种表现,两者应为倒数关系或余数关系。例如,我们说产品年产量是正指标,而其反映同一指标项目的逆指标形式,就是单位产量耗用时间,另外还像工时定额与产量定额等都是这种情况,它们分别形成一对互为倒数关系的正指标和逆指标;而销售利税率和销售成本率则形成一对互为余数关系的正指标和逆指标。只是有时我们习惯用正指标形式,有时却习惯用逆指标形式而已。也就是说,可用正指标或逆指标反映同一指标内容。所以我们说,一种科学合理的分值转换方法的结果应与采用哪种指标形式无关。也就是说,正逆指标应能等价互换。

以上这三个基本条件可以作为评价分值转换办法科学性的基本标准。我们把符合上述三个基本条件的分值转换函数称为理想的分值转换函数。经过不懈努力,我们构思出一个能同时满足以上三个条件的理想的指标分值转换模型。

### 4.2.3 理想的分值转换模型的设计和论证

理想的指标分值转换方法是指同时满足上述三个条件的分值转换方法。我们对现有的各种指标分值转换方法进行系统分析研究后,以指数化指标分值转化法为基础提出了一个分值转换函数,且只适用于互为倒数的正指标和逆指标。由于该转换方法满足上述三个基本条件,暂且被称为理想的指标分值转换方法。该方法的转换函数为:

对正指标

$$y_1 = 1 + a^{n-1} \left[ \lambda \left( \frac{x}{b} - \frac{b}{x} \right) \right]^n \tag{4-1}$$

对逆指标

$$y_2 = 1 - a^{n-1} \left[ \lambda \left( \frac{x}{b} - \frac{b}{x} \right) \right]^n \tag{4-2}$$

这里

$$\begin{cases} a = \begin{cases} 1, & x \geqslant b \\ -1 & x < b \end{cases} \\ x \geqslant 0, b > 0, \lambda > 0 \end{cases}$$

式中,$n = 2,3,4,5,6,7,\cdots$,我们以 $b = 1,\lambda = 1$ 为例,绘制了 $n = 2,3,4$ 时的曲线如图4-1—图4-3所示,由图示曲线可以看出,正指标曲线和逆指标曲线都是分段函数,两条曲线相交于 $(1,1)$ 点并形成一把张开的剪刀形状,一般情况下应相交于 $(b,1)$ 点,并随着 $n$ 的取值增大曲线变得更陡峭一些,"剪刀口"更小一些。

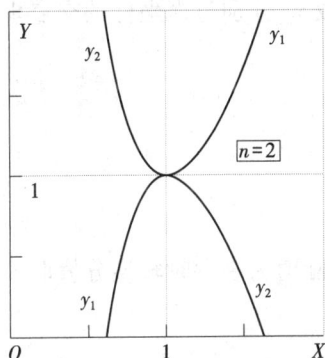
图 4-1

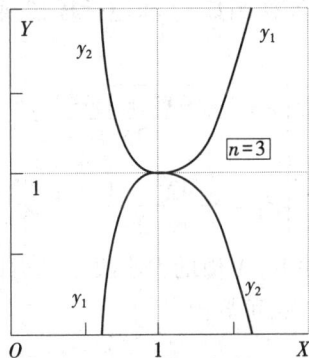
图 4-2

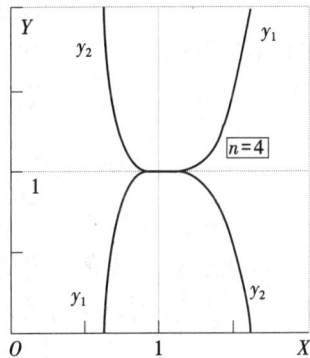
图 4-3

显然,上述正指标评分函数和逆指标评分函数都满足连续性条件,且正指标与逆指标可以互换,因为,如果我们以 $x' = \frac{1}{x}, b' = \frac{1}{b}$ 代入式(4-1)可导出式(4-2),若代入式(4-2)可导出式(4-1),即在正指标函数 $x > b$ 时的取值与逆指标函数 $x' < b'$ 时的取值结果相同,这说明同一评价内容无论用正指标反映或用逆指标反映,其评分结果是一致的。下面来验证上述分值转换模型是否反映了绩效取得过程的努力程度差异,这里仅以正指标函数为例来说明。

$$\frac{\mathrm{d}y_1}{\mathrm{d}x} = n\lambda^n a^{n-1} \left( \frac{x}{b} - \frac{b}{x} \right)^{n-1} \left( \frac{1}{b} + \frac{b}{x^2} \right)$$

可以看出,无论 $x > b$ 或 $x < b$,都可以保证 $\dfrac{dy_1}{dx} > 0$。

$$\frac{d^2 y_1}{d^2 x} = n\lambda^n a^{n-1} \left[ (n-1)\left( \frac{x}{b} - \frac{b}{x} \right)^{n-2} \left( \frac{1}{b} + \frac{b}{x^2} \right)^2 - \left( \frac{x}{b} - \frac{b}{x} \right)^{n-1} \frac{2b}{x^3} \right]$$

$$= n\lambda^n a^{n-1} \left( \frac{x}{b} - \frac{b}{x} \right)^{n-2} \left[ \frac{n-1}{b^2} + \frac{2n-4}{x^2} + \frac{(n+1)b^2}{x^4} \right]$$

由上式很容易看出: $\dfrac{d^2 y_1}{d^2 x} = \begin{cases} > 0, & x > b \\ = 0, & x = b \\ < 0, & x < b \end{cases}$

对于逆指标函数,同样可得出上述验证结果,从而证明我们选择的绩效评价分值转换模型具备了科学性和合理性的条件。

## 4.3　理想分值转换函数的参数分析

### 4.3.1　$\lambda$ 决定指标分值的"门槛"

从式(4-1)、式(4-2)我们不难发现有两个具有实际意义的参数 $n$ 和 $\lambda$,我们令式(4-1)、式(4-2)等于零,不难求出正指标转换函数 $y_1$ 和逆指标转换函数 $y_2$ 分别与横坐标的交点坐标 $R_1,R_2$ 为:

$$\begin{cases} R_1 = \dfrac{\sqrt{4\lambda^2 + 1} - 1}{2\lambda} b \\ R_2 = \dfrac{\sqrt{4\lambda^2 + 1} + 1}{2\lambda} b \end{cases}$$

这就是说,在 $b$ 值既定的条件下,$\lambda$ 值的大小决定了指标实际值为多少时转换分值取零分(即 $x$ 为多少时,$y$ 等于 0)。显然,可导出

$$R_2 - R_1 = \frac{b}{\lambda},$$

$$R_1 R_2 = b^2$$

$$\lambda = \frac{R_2}{R_2^2 - 1} = \frac{R_1}{1 - R_1^2}$$

且当 $\lambda = 1$ 时,$R_1 = \dfrac{\sqrt{5} - 1}{2} b \approx 0.618b$,正好是 $b$ 的黄金分割点。也就是说,对于任何绩效评分指标,若实际值达不到标准值的 61.8%,该指标的分值将都取零分。反过来,如果我们先确定了指标取零值的"门槛"(实际值与标准值的比),也可倒推出相应的 $\lambda$ 值。零值分界点的确定取决于 $\lambda$ 值的大小,$\lambda$ 取值越小,零值分界点越低,从而正指标曲线和逆指标曲线形成的"剪刀口"的宽度越大。例如,当 $b = 1$ 时,对不同的 $\lambda$ 值,我们测算出的评分零值

点横坐标见表4-1。

表4-1 不同 λ 值下的零值分界点（$b=1$）

| 参数 λ 取值 | $y_1$ 与横轴交点 $R_1$ | $y_2$ 与横轴交点 $R_2$ |
| --- | --- | --- |
| 1/3 | 0.305 | 3.305 |
| 1/2 | 0.414 | 2.414 |
| 2/3 | 0.5 | 2 |
| 4/5 | 0.556 | 1.8 |
| 0.937 5 | 0.6 | 1.667 |
| 1 | 0.618 | 1.61 |
| 1.5 | 0.7 | 1.4 |
| 2 | 0.78 | 1.28 |

### 4.3.2　$n$ 值反映了取得绩效的难度差异

上面我们分析了 λ 值的实际含义，那么 $n$ 值含义如何呢？实际上，$n$ 和 λ 共同决定了曲线的曲率变动，当 λ 值确定之后，$n$ 值就完全决定曲线的曲率了，曲线的曲率决定的是分值变化的剧烈程度，即 $n$ 值越大曲线曲率也越大，曲线越陡峭。我们可以根据实际情况选择 $n$，获得符合实际的理想分值转换函数，也就是说，在市场发育过程中，随着市场的不断扩大和企业步入成熟，绩效评价中的难度系数 $n$ 应不断增大。例如，在对某采油单位经济效益综合评价模型中我们经过模拟计算最终选择的指标分值转换函数为 $n=2$、$\lambda=1$ 时的理想函数形式。

企业绩效综合评价的个体目标及反映目标的指标体系确定之后，评价方法及评价模型的设计与构造就成了决定评价质量的关键。本书主要的结论有如下两点：一是理想的指标分值转换方法能同时满足三个重要条件，以这三个条件为基础设计的指标分值转换函数是目前在指标分值转换方法研究方面的最理想成果。二是指标的分值转换的本质是要获得各个指标的实际值对综合评价结果的贡献值。由于指标的实际值与其对综合评价结果的贡献值并不应该总是完全线性相关的，因此必须进行相应的数值变换。也就是说，即使各个指标的实际值具有相同的量纲，也是需要进行这种数值变换的。

# 第5章

# 面向企业整体的综合绩效评价方法

本章讨论以财务绩效和管理绩效为组成内容的综合绩效评价方法,包括国家发改委和财政部2006年公布的企业综合绩效评价方法和企业关键业绩指标评价体系两种方法。运用层次分析法建立多指标评价体系,运用功效系数法进行评分,实现无量纲化。

## 5.1　企业综合绩效评价方法

### 5.1.1　综合绩效评价的含义

综合绩效评价是以投入产出分析为基本方法,通过建立综合评价指标体系,对照相应行业评价标准,对企业特定经营期间的盈利能力、资产质量、债务风险、经营增长以及管理状况等进行综合评判。

【要点提示】　2006年9月,国资委颁发《关于印发〈中央企业综合绩效评价实施细则〉的通知》(国资发评价〔2006〕157号),详细介绍了国资委对央企的考核规定。

开展企业综合绩效评价工作,应当遵循以下原则:

①全面性原则。企业综合绩效评价应当通过建立综合的指标体系,对影响企业绩效水平的各种因素进行多层次、多角度的分析和综合评判。

②客观性原则。企业综合绩效评价应当充分体现市场竞争环境特征,依据统一测算的同一期间的国内行业标准或者国际行业标准,客观公正地评判企业经营成果及管理状况。

③效益性原则。企业综合绩效评价应当以考察投资回报水平为重点,运用投入产出分析的方法,真实反映企业资产运营效率和资本保值增值水平。

④发展性原则。企业综合绩效评价应当在综合反映企业年度财务状况和经营成果的基础上,客观分析企业年度之间的增长状况及发展水平,科学预测企业的未来发展能力。

企业综合绩效评价计分方法采用功效系数法和综合分析判断法。其中,功效系数法用于财务绩效定量评价指标的计分,综合分析判断法用于管理绩效定性评价指标的计分。

## 5.1.2　财务绩效定量评价——功效系数法

功效系数法根据多目标规划原理,对每一项评价指标确定一个满意值和不允许值,以满意值为上限,以不允许值为下限,计算各指标实现满意值的程度,并以此确定各指标的分数,再经过加权平均进行综合,从而评价被研究对象的综合状况。

### 1)财务绩效定量评价的内容

财务绩效定量评价是指对企业一定期间的盈利能力、资产质量、债务风险和经营增长四个方面进行定量对比分析和评判。

①企业盈利能力状况反映企业一定经营期间的投入产出水平和盈利质量。

②企业资产质量状况反映企业所占用经济资源的利用效率、资产管理水平与资产的安全性。

③企业债务风险状况反映企业的债务负担水平、偿债能力及其面临的债务风险。

④企业经营增长状况反映企业的经营增长水平、资本增值状况及发展后劲。

### 2)财务绩效定量评价的指标

财务绩效定量评价指标由反映企业盈利能力状况、资产质量状况、债务风险状况和经营增长状况四个方面的八个基本指标和十四个修正指标构成,用于综合评价企业财务报表所反映的经营绩效状况。

其中,基本指标反映企业一定期间财务绩效的主要方面,并得出财务绩效定量评价的基本结果。修正指标是根据财务指标的差异性和互补性,对基本指标的评价结果做出进一步的补充和矫正。各项财务绩效定量评价指标及其权重见表5-1,其中,指标权重实行百分制。

**表 5-1　财务绩效定量评价指标及其权重**

| 评价内容与权数 | | 财务绩效 | | | |
|---|---|---|---|---|---|
| | | 基本指标 | 权数 | 修正指标 | 权数 |
| 盈利能力状况 | 34 | 净资产收益率 | 20 | 销售(营业)利润率 | 10 |
| | | | | 盈余现金保障倍数 | 9 |
| | | 总资产报酬率 | 14 | 成本费用利润率 | 8 |
| | | | | 资本收益率 | 7 |
| 资产质量状况 | 22 | 总资产周转率 | 10 | 不良资产比率 | 9 |
| | | | | 流动资产周转率 | 7 |
| | | 应收账款周转率 | 12 | 资产现金回收率 | 6 |
| 债务风险状况 | 22 | 资产负债率 | 12 | 速动比率 | 6 |
| | | | | 现金流动负债比率 | 6 |
| | | 已获利息倍数 | 10 | 带息负债比率 | 5 |
| | | | | 或有负债比率 | 5 |

续表

| 评价内容与权数 | | 财务绩效 | | | |
|---|---|---|---|---|---|
| | | 基本指标 | 权数 | 修正指标 | 权数 |
| 经营增长状况 | 22 | 销售（营业）增长率 | 12 | 销售（营业）利润增长率 | 10 |
| | | | | 总资产增长率 | 7 |
| | | 资本保值增值率 | 10 | 技术投入比率 | 5 |

### 3）财务绩效定量评价的标准

财务绩效定量评价标准包括国内行业标准和国际行业标准。国内行业标准根据国内企业年度财务和经营管理统计数据，运用数理统计方法，分年度、分行业、分规模统一测算。国际行业标准根据居于行业国际领先地位的大型企业相关财务指标实际值，或者根据同类型企业相关财务指标的先进值，在剔除会计核算差异后统一测算。其中，财务绩效定量评价标准的行业分类，按照国家统一颁布的国民经济行业分类标准结合企业实际情况进行划分。

财务绩效定量评价标准按照不同行业、不同规模及指标类别，划分为优秀（A）、良好（B）、平均（C）、较低（D）、较差（E）五个档次，对应五档评价标准的标准系数分别为 1.0，0.8，0.6，0.4，0.2，较差（E）以下为 0。标准系数是评价标准的水平参数，反映了评价指标相对于评价标准所达到的水平档次。

### 4）财务绩效定量评价的计分方法

#### （1）基本指标计分

财务绩效定量评价基本指标计分是按照功效系数法计分原理，将评价指标实际值对照行业评价标准值，按照规定的计分公式计算各项基本指标得分。

$$基本指标总得分 = \sum 单项基本指标得分$$

$$单项基本指标得分 = 本档基础分 + 调整分$$

$$本档基础分 = 指标权数 \times 本档标准系数$$

$$调整分 = 功效系数 \times （上档基础分 - 本档基础分）$$

$$上档基础分 = 指标权数 \times 上档标准系数$$

$$功效系数 = \frac{实际值 - 本档标准值}{上档标准值 - 本档标准值}$$

本档标准值是指上下两档标准值居于较低等级一档。

其中，标准系数是指标各档评价标准所对应的水平系数。规定优秀值（含）以上为 1，良好值（含）以上为 0.8，平均值（含）以上为 0.6，较低值（含）以上为 0.4，较差值（含）以上为 0.2，较差值以下为 0。

【例 5-1】 A 公司是一家大型家用电器制造企业，2009 年平均净资产为 100 000 万元，当年净利润为 6 000 万元，净资产收益率为 6%。该净资产收益率已达到良好值（4.8%）水平，可以得到基础分；它处于优秀档（9.5%）和良好档（4.8%）之间，需要调整。（注意：优秀档9.5%和良好值4.8%为行业水准,事先已经作为标准值确定。)

本档基础分 = 指标权数 × 本档标准系数 = 20 × 0.8 = 16(分)

本档调整分 = $\dfrac{6\% - 4.8\%}{9.5\% - 4.8\%} \times (20 \times 1 - 20 \times 0.8) = 1.02$(分)

净资产收益率指标得分 = 16 + 1.02 = 17.02(分)

有关参数示意见表5-2。

表 5-2　财务绩效评分示意表

| 绩效值 | 标准系数 | 达标分值 |
| --- | --- | --- |
| 9.5% | 1.0 | 20 |
| 4.8% | 0.8 | 16 |
| 3.5% | 0.6 | 12 |
| 2% | 0.4 | 8 |
| 1% | 0.2 | 4 |

(2)修正指标计分

财务绩效定量评价修正指标的计分是在基本指标计分结果的基础上,运用功效系数法原理,分别计算盈利能力、资产质量、债务风险和经营增长四个部分的综合修正系数,再据此计算出修正后的分数。

具体计算公式如下:

修正后总得分 = $\sum$ 各部分修正后得分

各部分修正后得分 = 各部分基本指标分数 × 该部分综合修正系数

某部分综合修正系数 = $\sum$ 该部分各修正指标加权修正系数

某指标加权修正系数 = $\dfrac{\text{修正指标权数}}{\text{该部分权数}}$ × 该指标单项修正系数

某指标单项修正系数 = 1.0 + (本档标准系数 + 功效系数 × 0.2 - 该部分基本指标分析系数),单项修正系数控制修正幅度为0.7 ~ 1.3

某部分基本指标分析系数 = $\dfrac{\text{该部分基本指标得分}}{\text{该部分权数}}$

### 5)财务绩效定量评价的工作程序

财务绩效定量评价工作具体包括提取评价基础数据、基础数据调整、评价计分、形成评价结果等内容。

①提取评价基础数据。以经社会中介机构或内部审计机构审计并经评价组织机构核实确认的企业年度财务会计报表为基础提取评价基础数据。

②基础数据调整。为客观、公正地评价企业经营绩效,对评价基础数据进行调整。

③评价计分。根据调整后的评价基础数据,对照相关年度的行业评价标准值,利用绩效评价软件或通过手工评价计分。

④形成评价结果。对年度财务绩效评价除计算年度绩效改进度外,需要对定量评价得分进行深入分析,诊断企业经营管理存在的薄弱环节。

### 5.1.3 管理绩效定性评价——综合分析判断法

管理绩效定性评价是指在企业财务绩效定量评价的基础上,通过专家评议的方式,对企业一定期间的经营管理水平进行定性分析与综合评判。

#### 1)管理绩效定性评价的内容

企业管理绩效定性评价从战略管理、发展创新、经营决策、风险控制、基础管理、人力资源、行业影响、社会贡献等八个方面,反映企业在一定经营期间所采取的各项管理措施及其管理成效。

#### 2)管理绩效定性评价的指标

企业管理绩效定性评价指标由战略管理、发展创新、经营决策、风险控制、基础管理、人力资源、行业影响、社会贡献等八个方面指标构成。

①战略管理评价主要反映企业所制订的战略规划的科学性,战略规划是否符合企业实际,员工对战略规划的认知程度,战略规划的保障措施及其执行力,以及战略规划的实施效果等方面的情况,所占权数为18。

②发展创新评价主要反映企业在经营管理创新、工艺革新、技术改造、新产品开发、品牌培育、市场拓展、专利申请及核心技术研发等方面的措施及成效,所占权数为15。

③经营决策评价主要反映企业在决策管理、决策程序、决策方法、决策执行、决策监督、责任追究等方面采取的措施及实施效果,重点反映企业是否存在重大经营决策失误,所占权数为16。

④风险控制评价主要反映企业在财务风险、市场风险、技术风险、管理风险、信用风险和道德风险等方面的管理与控制措施及效果,包括风险控制标准、风险评估程序、风险防范与化解措施等,所占权数为13。

⑤基础管理评价主要反映企业在制度建设、内部控制、重大事项管理、信息化建设、标准化管理等方面的情况,包括财务管理、对外投资、采购与销售、存货管理、质量管理、安全管理、法律事务等,所占权数为14。

⑥人力资源评价主要反映企业人才结构、人才培养、人才引进、人才储备、人事调配、员工绩效管理、分配与激励、企业文化建设、员工工作热情等方面的情况,所占权数为8。

⑦行业影响评价主要反映企业主营业务的市场占有率、对国民经济及区域经济的影响与带动力、主要产品的市场认可程度、是否具有核心竞争能力以及产业引导能力等方面的情况,所占权数为8。

⑧社会贡献评价主要反映企业在资源节约、环境保护、吸纳就业、工资福利、安全生产、上缴税收、商业诚信、和谐社会建设等方面的贡献程度和社会责任的履行情况,所占权数为8。

### 3）管理绩效定性评价的标准

管理绩效定性评价标准分为优（A）、良（B）、中（C）、低（D）、差（E）五个档次。对应五档评价标准的标准系数分别为1.0,0.8,0.6,0.4,0.2,差（E）以下为0。

管理绩效定性评价标准具有行业普遍性和一般性，在进行评价时，应当根据不同行业的经营特点，灵活把握个别指标的标准尺度。对于定性评价标准没有列示，但对被评价企业经营绩效产生重要影响的因素，在评价时也应予以考虑。

### 4）管理绩效定性评价的计分方法

管理绩效定性评价指标的计分一般通过专家评议打分形式完成，聘请的专家不少于7名。评议专家在充分了解企业管理绩效状况的基础上，对照评价参考标准，采取综合分析判断法，对企业管理绩效指标做出分析评议，评判各项指标所处的水平档次，并直接给出评价分数。计分公式为：

$$管理绩效定性评价指标分数 = \sum 单项指标分数$$

$$单项指标分数 = \frac{\sum 每位专家给定的单项指标分数}{专家人数}$$

### 5）管理绩效定性评价的工作程序

管理绩效定性评价工作具体包括收集整理管理绩效评价资料、聘请咨询专家、召开专家评议会、形成定性评价结论等内容。

①收集整理管理绩效评价资料。为了深入了解被评价企业的管理绩效状况，应当通过问卷调查、访谈等方式，充分收集并认真整理管理绩效评价的有关资料。

②聘请咨询专家。根据所评价企业的行业情况，聘请不少于7名的管理绩效评价咨询专家，组成专家咨询组，并将被评价企业的有关资料提前送达咨询专家。

③召开专家评议会。组织咨询专家对企业的管理绩效指标进行评议打分。专家评议会的一般程序包括：阅读相关资料，了解企业管理绩效评价指标的实际情况；听取评价实施机构关于财务绩效定量评价情况的介绍；参照管理绩效定性评价标准，分析企业管理绩效状况；对企业管理绩效定性评价指标实施独立评判打分；对企业管理绩效进行集体评议，并提出咨询意见，形成评议咨询报告；汇总评判打分结果。

④形成定性评价结论。汇总管理绩效定性评价指标得分，形成定性评价结论。

## 5.1.4　综合绩效评价分值的计算

### 1）综合绩效评价的计分方法

在得出财务绩效定量评价分数和管理绩效定性评价分数后，按照规定的权重，即财务绩效定量评价指标权重为70%，管理绩效定性评价指标权重为30%，计算综合绩效评价分数。在得出评价分数以后，应当计算年度之间的绩效改进度，以反映企业年度之间经营绩效的变化状况。对经济效益上升幅度显著、经营规模较大、有重大科技创新的企业,予以适当加分,以充分反映不同企业努力程度和管理难度,激励企业加强科技创新;对被评价企业评价期间发生不良重大事项的,予以扣分。

### 2)综合绩效评价结果

企业综合绩效评价结果以评价类型、评价级别和评价得分表示。具体分级标准见表5-3。

表5-3　综合绩效评价分级标准

| 评价类型 | 评价级别 | 评价得分 |
| --- | --- | --- |
| 优(A) | A++ | 95～100 |
| | A+ | 90～94 |
| | A | 85～89 |
| 良(B) | B+ | 80～84 |
| | B | 75～79 |
| | B- | 70～74 |
| 中(C) | C | 60～69 |
| | C- | 50～59 |
| 低(D) | D | 40～49 |
| 差(E) | E | 39分以下 |

### 3)综合绩效评价报告

企业综合绩效评价报告是根据评价结果编制的反映被评价企业综合绩效状况的文件,由报告正文和附件构成。

企业综合绩效评价报告正文应当包括评价目的、评价依据与评价方法、评价过程、评价结果及评价结论、重要事项说明等内容。企业综合绩效评价报告的正文应当文字简洁、重点突出、层次清晰、易于理解。

企业综合绩效评价报告附件应当包括企业经营绩效分析报告、评价结果计分表、问卷调查结果分析、专家咨询报告、评价基础数据及调整情况。其中,企业经营绩效分析报告是根据综合绩效评价结果对企业经营绩效进行深入分析的文件,应当包括评价对象概述、评价结果与主要绩效、存在的问题与不足、有关管理建议等。

# 5.2 关键绩效指标法

## 5.2.1 关键绩效指标法的含义及优缺点

### 1)关键绩效指标法的含义

关键绩效指标法是指基于企业战略目标,通过建立关键绩效指标(Key Performance Indicator,KPI)体系,将价值创造活动与战略规划目标有效联系,并据此进行绩效管理的方法。关键绩效指标,是对企业绩效产生关键影响力的指标,是通过对企业战略目标、关键成果领域的绩效特征分析,识别和提炼出的最能有效驱动企业价值创造的指标。关键绩效指标法可单独使用,也可与经济增加值法、平衡计分卡等其他方法结合使用。

关键指标评价法是基于以下理念:企业必须明确自己在一定时期的经营战略,明确判断哪些客户、项目、投资或活动超出了组织的战略边界,经理人员应该将精力集中在与公司战略推进有关的项目上,以提高管理效率。选择绩效评价指标的目的只有一个,那就是保证公司内所有人员的视线都盯住企业的战略目标。因此,必须简化评价指标体系,只要选择与战略推进密切相关的指标对相关人员进行评价即可。

企业应用关键绩效指标法,应综合考虑绩效评价期间宏观经济政策、外部市场环境、内部管理需要等因素,构建指标体系。战略目标是确定关键绩效指标体系的基础,关键绩效指标反映战略目标,对战略目标实施效果进行衡量和监控。企业应清晰识别价值创造模式,按照价值创造路径识别出关键驱动因素,科学地选择和设置关键绩效指标。

### 2)关键绩效指标法的优缺点

#### (1)关键绩效指标法的优点

关键绩效指标法的主要优点:一是使企业绩效评价与战略目标密切相关,有利于战略目标的实现;二是通过识别的价值创造模式把握关键价值驱动因素,能够更有效地实现企业价值增值目标;三是评价指标数量相对较少,易于理解和使用,实施成本相对较低,有利于推广实施。

#### (2)关键绩效指标法的缺点

关键绩效指标法的主要缺点:关键绩效指标的选取需要透彻理解企业价值创造模式和战略目标,有效识别核心业务流程和关键价值驱动因素,指标体系设计不当将导致错误的价值导向或管理缺失。

## 5.2.2 关键绩效指标体系的制订程序

企业构建关键绩效指标体系,一般按照以下程序进行:

### 1）制订企业级关键绩效指标

企业应根据战略目标,结合价值创造模式,综合考虑内外部环境等因素,设定企业级关键绩效指标。

### 2）制订所属单位（部门）级关键绩效指标

根据企业级关键绩效指标,结合所属单位(部门)关键业务流程,按照上下结合、分级编制、逐级分解的程序,在沟通反馈的基础上,设定所属单位(部门)级关键绩效指标。

### 3）制订岗位（员工）级关键绩效指标

根据所属单位(部门)级关键绩效指标,结合员工岗位职责和关键工作价值贡献,设定岗位(员工)级关键绩效指标。

## 5.2.3 关键绩效指标的类型

企业的关键绩效指标一般可分为结果类和动因类两类指标。结果类指标是反映企业绩效的价值指标,主要包括投资资本回报率、净资产收益率、经济增加值回报率、息税前利润、自由现金流等综合指标;动因类指标是反映企业价值关键驱动因素的指标,主要包括资本性支出、单位生产成本、产量、销量、客户满意度、员工满意度等单项指标。

### 1）结果类指标

**（1）投资资本回报率**

投资资本回报率是指企业一定会计期间取得的息前税后利润占其所使用的全部投资资本的比例,反映企业在会计期间有效利用投资资本创造回报的能力。一般计算公式如下:

$$投资资本回报率 = \frac{税前利润 \times (1 - 所得税税率) + 利息支出}{投资资本平均余额} \times 100\%$$

$$投资资本平均余额 = \frac{期初投资资本 + 期末投资资本}{2}$$

$$投资资本 = 有息债务 + 所有者(股东)权益$$

**（2）净资产收益率**

净资产收益率(也称权益净利率)是指企业一定会计期间取得的净利润占其所使用的净资产平均数的比例,反映企业全部资产的获利能力。一般计算公式如下:

$$净资产收益率 = \frac{净利润}{平均净资产} \times 100\%$$

**（3）经济增加值回报率**

经济增加值回报率是指企业一定会计期间内经济增加值与平均资本占用的比值。一般计算公式如下:

$$经济增加值回报率 = \frac{经济增加值}{平均资本占有} \times 100\%$$

（4）息税前利润

息税前利润是指企业当年实现税前利润与利息支出的合计数。一般计算公式如下：

$$息税前利润 = 税前利润 + 利息支出$$

（5）自由现金流

自由现金流是指企业一定会计期间经营活动产生的净现金流超过付现资本性支出的金额，反映企业可动用的现金。一般计算公式如下：

$$自由现金流 = 经营活动净现金流 - 付现资本性支出$$

### 2）动因类指标

（1）资本性支出

资本性支出是指企业发生的、其效益涉及两个或两个以上会计年度的各项支出。

（2）单位生产成本

单位生产成本是指生产单位产品而平均耗费的成本。

（3）产量

产量是指企业在一定时期内生产出来的产品的数量。

（4）销量

销量是指企业在一定时期内销售商品的数量。

（5）客户满意度

客户满意度是指客户期望值与客户体验的匹配程度，即客户通过对某项产品或服务的实际感知与其期望值相比较后得出的指数。客户满意度收集渠道主要包括问卷调查、客户投诉、与客户的直接沟通、消费者组织的报告、各种媒体的报告和行业研究的结果等。

（6）员工满意度

员工满意度是指员工对企业的实际感知与其期望值相比较后得出的指数，主要通过问卷调查、访谈调查等方式，从工作环境、工作关系、工作内容、薪酬福利、职业发展等方面进行衡量。

## 5.2.4 关键绩效指标选取的方法

关键绩效指标应含义明确、可度量、与战略目标高度相关。指标的数量不宜过多，每一层级的关键绩效指标一般不超过 10 个。关键绩效指标选取的方法主要有关键成果领域分析法、组织功能分解法和工作流程分解法。

### 1）关键成果领域分析法

关键成果领域分析法是基于对企业价值创造模式的分析，确定企业的关键成果领域，在此基础上进一步识别关键成功要素，确定关键绩效指标的方法。

### 2）组织功能分解法

组织功能分解法是基于组织功能定位，按照各所属单位（部门）对企业总目标所承担的职责，逐级分解和确定关键绩效指标的方法。

### 3)工作流程分解法

工作流程分解法是按照工作流程各环节对企业价值贡献程度,识别出关键业务流程,将企业总目标层层分解至关键业务流程相关所属单位(部门)或岗位(员工),确定关键绩效指标的方法。

## 5.2.5　关键绩效指标的权重及目标值

### 1)关键绩效指标的权重

关键绩效指标的权重分配应以企业战略目标为导向,反映被评价对象对企业价值贡献或支持的程度,以及各指标之间的重要性水平。单项关键绩效指标权重一般设定为5%～30%,对特别重要的指标可适当提高权重。对特别关键、影响企业整体价值的指标可设立"一票否决"制度,即如果某项关键绩效指标未完成,无论其他指标是否完成,均视为未完成绩效目标。

### 2)关键绩效指标目标值

企业确定关键绩效指标目标值,一般参考以下标准:

①依据国家有关部门或权威机构发布的行业标准或参考竞争对手标准。

②参照企业内部标准,包括企业战略目标、年度生产经营计划目标、年度预算目标、历年指标水平等。

③不能按前两项方法确定的,可根据企业历史经验值确定。

关键绩效指标的目标值确定后,应规定因内外部环境发生重大变化、自然灾害等不可抗力因素对绩效完成结果产生重大影响时,对目标值进行调整的办法和程序。一般情况下,由被评价对象或评价主体测算确定影响额度,向相应的绩效管理工作机构提出调整申请,报薪酬与考核委员会或类似机构审批。

【例5-2】　A企业是一家生产销售通信设备的民营高科技公司。公司产品主要涉及通信网络中的交换网络、传输网络、无线及有线固定接入网络、数据通信网络以及无线终端产品,为世界各地通信运营商及专业网络拥有者提供硬件设备、软件、服务和解决方案。2013年,为了提升企业的核心竞争力,持续地取得竞争优势,A企业开始建立"公司级关键绩效指标体系"。企业的主要责任中心有研发系统、营销系统、采购系统、生产系统等。以研发系统、营销系统为例,其KPI如下:

①研发系统的KPI。

指标1:新产品销售额比率增长率和老产品市场增长率。

定义:年度新产品订货额占全部销售订货额比率的增长率,老产品的净增幅。

指标2:人均新产品毛利增长率。

定义:计划期内新产品销售收入减去新产品销售成本后的毛利与研发系统员工平均人数比率的增长率。

指标3:老产品技术化及物料成本降低额。

定义:计划期内,销售的老产品扣除可比采购成本上升(下降)因素后的物料成本降低额。

指标4:运行产品故障数下降率。

定义:计划期内,网上运行产品故障总数的下降率。

②营销系统的KPI。

指标1:销售额增长率。

定义:计划期内,分别按订货口径计算和按销售回款口径计算的销售额增长率。

指标2:出口收入占销售收入比率增长率。

定义:计划期内,出口收入占销售收入比率的增长率。

指标3:人均销售毛利增长率。

定义:计划期内,产品销售收入减去产品销售成本后的毛利与营销系统平均员工人数比率的增长率。

指标4:销售费用率降低率。

定义:计划期内,销售费用支出占销售收入比率的降低率。

指标5:合同错误率降低率。

定义:计划期内,发生错误的合同数占全部合同数比率的降低率。

## 5.3　综合绩效评价方法应用案例

### 5.3.1　案例公司概况

#### 1)案例公司运营分析

我们选取航天信息股份有限公司为案例,该公司主营业务包括三大产业板块:金税及企业市场业务、金融科技及服务业务、物联网技术及应用业务。

（1）金税及企业市场业务

公司一直以来作为国家"金税工程"的主要承担者之一,在我国税务信息化领域处于领先地位,主要承担了"金税工程"增值税防伪税控系统及增值税系统升级版的建设工作。公司开发了多种税务领域的相关产品,包括防伪税控核心业务产品、防伪税控增值产品、普通发票综合管理系统、电子发票系统等约百种系统解决方案及软硬件产品;同时,开展了财税管理软件等企业财税信息化业务、产业化培训、IT服务以及电子商务等企业增值业务。

（2）金融科技及服务业务

公司以金融科技产品、金融支付核心技术及金融POS、金融IC卡等关键产品为基础,主要涉及收单解决方案及运营、自助服务解决方案及运营相关业务。

（3）物联网技术及应用业务

公司主要承担了国家"金卡工程""金盾工程"业务及其他物联网相关业务,包括公安、交通、粮食、电子政务、食药品监管、出入境大通关、跨境电商服务平台等行业解决方案,以及智能IC卡、RFID电子标签及其读写终端、存储服务器等的研发、生产、销售和技术服务。

### 2）案例公司经营模式

目前,公司主要采用"产品+服务"的商业模式,并已逐步过渡到"运营+服务+产品"的商业模式。

产品生产方面,公司在河北涿州、深圳、上海等地建有生产工厂,在全国范围内统一调配管理,辅以科学的生产管理手段,保证产品的质量。

销售服务运营方面,公司拥有覆盖全国的销售服务体系,在全国各省市共设有上百家分、子公司,保障服务的及时性与有效性。

### 3）案例公司行业地位

经过多年的努力,凭借优异的产品、有效的服务、良好的信誉,公司获得了政府、企业等多行业客户的认可,在产品质量、服务水平、技术水平等方面受到了合作客户的一致好评。在服务覆盖面积、产品销量、经营绩效等多个方面居于行业内的领先地位。

## 5.3.2　案例公司经营环境的 SWOT 分析

### 1）优势分析

经过十几年的发展,公司积累了许多优质资源,在企业规模、产业链、无形资产等方面具有很强的竞争优势,核心竞争力主要表现在以下方面:

①拥有覆盖全国的服务销售网络和完善规范的服务体系。公司已建立了一个集用户培训、产品销售、技术支持和售后服务于一体的遍布全国各地市、区、县的服务网络和完善规范的服务体系,拥有销售服务队伍逾万人。在客户关系型市场中,拥有较强的业务拓展能力。

②积累了大量优质的企业客户资源。公司在涉税领域已积累用户超过 800 万户,这给公司信息化业务及相关产业的拓展提供了宝贵的客户基础,是公司今后取得持续发展的客户资源保障。

③拥有较强的科技创新能力以及丰富的国家大型工程实施经验。公司承袭了航天企业"自主创新"的优良传统,信息安全技术水平在国内处于领先水平,科技创新能力不断增强,在基础技术及应用技术研发方面取得了丰硕的成果。目前,公司拥有丰富的大型工程组织经验,已参与了"金税工程"、"金卡工程"、"金盾工程"、数字粮库、电子政务、食药品监管、出入境大通关、跨境电商服务平台等国家大型信息化工程的实施和建设。公司成功入选"国家安全可靠计算机信息系统集成重点企业",将为全面参与国家重大信息工程项目以及开展相关业务起到重要推动作用。

④资质较为齐全。公司具有国家商用密码产品定点开发生产、销售单位等多项顶级资质,获得了《国家安全可靠计算机信息系统集成重点企业证书》,拥有信息产业部计算机信息系统集成一级资质;涉密计算机信息系统集成甲级资质;安防工程甲级资质;人防信息系统建设保密项目设计(施工)资质(甲级);建筑智能化工程专业承包资质;拥有软件开发 CMMI 证书:CMMI Maturity Level 3;拥有国家许可的电子认证 CA 中心;已通过 ISO 9000 质量管理体系认证、ISO 14000 环境体系认证和 ISO 27000 信息安全管理体系认证。

⑤具备较强的规模实力和业务领域优势地位。经过十几年的发展,公司已发展成为拥

有超过18亿元股本,员工超过2.2万人,年收入超过200亿元的大型电子信息类企业,公司规模不断壮大,具有较强的抵御风险能力。公司在相关业务领域优势地位明显,已连续16年获中国电子信息百强企业称号,排名第20位;连续7年入围中国软件业务收入百强行列,排名第10位;在中国软件和信息技术服务综合竞争力百强企业中排名第7位;在北京软件企业实力榜排名第1位。

⑥公司在金税行业得天独厚的行业垄断地位、国家层面强有力的产品推广政策以及宏观经济的持续高增长。

### 2)劣势分析

①公司金税产业在主营业务利润中占比高达45%,非税业务利润贡献率若要超过70%,公司必须在物联网和金融支付两块业务上花大力气。

②公司"三次变更募集资金投向"这一事实在一定程度上反映了董事会决策的随意性以及管理层的执行力问题,同时也暴露了公司的经营边界问题。

### 3)机会分析

公司于2014年制订了"转型升级战略规划"。规划指出,"到2020年,公司将具备千亿元级的关联资源控制能力,实现非税业务利润贡献率超过70%,形成金税产业、金融支付产业、物联网技术及应用产业三大支柱性产业并重的产业格局,国际化经营收入占比达到20%,在国外多个国家或地区建立行业应用案例"。

### 4)危机分析

①公司在"金税产业"一直处于相对垄断地位,但传统基业的优势正在逐步削弱:金税盘产品出现市场竞争、发改委下调专用设备和服务价格,金税业务收入占比与毛利率双双持续下滑。

②政策性垄断地位已被打破。随着行业准入的逐步放宽[税务部门已明确,自2015年1月1日起,企业用户可以自由选择公司金税盘产品或其他厂商提供的税控盘产品,税控盘产品的生产商(北京百望金赋科技有限公司)已在全国范围内与公司形成竞争关系,改变了原有按行业划分的市场格局]以及数据、系统解决方案的标准化,将会有更多厂商进入税务信息化领域参与竞争,公司的相对垄断地位面临挑战,行业竞争格局可能随之发生重大变化。

③产品与服务价格持续下调。增值税防伪税控系统产品和服务的定价权在国家发改委,未来专用设备和服务费继续降价的可能性较大,直接影响公司产品毛利率。

④增值税一般纳税人增速下滑。金税行业的成长性主要取决于增值税一般纳税人企业数量的增长速度以及国税总局对涉税产品的推广力度。一般纳税人规模从2003年防伪税控系统全面推广时的136万户发展到2014年的400万户,年复合增长率为10.3%,与同期人均GDP年复合增长率(9.4%)接近。虽然,一般纳税人认定资格的降低使得更多小规模纳税人升级为一般纳税人,但经济增速下滑将导致新增一般纳税人自然增长率下降以及存量一般纳税人流失。

⑤现有技术被新技术替代的风险。电子信息产业产品形态及商业模式的创新日新月异,在网络化、云技术及大数据应用趋势下,增值税防伪税控系统相关技术存在被新技术替代的风险,从而对公司竞争优势构成严重威胁。

## 5.3.3 案例公司财务综合分析与绩效评价

### 1)杜邦分析体系

表5-4 杜邦指标体系图

| 项目 | 2016年 | 2015年 |
|---|---|---|
| 净资产收益率 | 21.43% | 24.27% |
| 业主权益乘数 | 1.56 | 1.43 |
| 总资产收益率 | 13.70% | 17.03% |
| 总资产周转率 | 1.59 | 1.78 |
| 销售净利率 | 8.62% | 9.56% |
| 营业收入 | 2 561 378 | 2 238 342 |
| 平均资产总额 | 1 612 548 | 1 256 494.5 |
| 净利润 | 2 583 168 | 2 276 268 |
| 总成本 | 2 362 273 | 2 062 315 |
| 营业成本 | 2 123 325 | 1 823 200 |
| 增值税 | 8 515 | 10 049 |
| 期间费用 | 170 262 | 170 358 |
| 资产减值损失 | 3 615 | 12 483 |
| 营业外支出 | 412 | 3 306 |
| 所得税费用 | 56 144 | 42 919 |
| 公允价值变动净损益 | 0 | 0 |
| 投资净收益 | 1 473 | 1 082 |
| 营业外收入 | 20 317 | 36 844 |
| 流动资产 | 1 230 210 | 1 238 196 |
| 非流动资产 | 545 701 | 210 989 |
| 货币资金 | 861 333 | 23 738 |
| 可供出售金融资产 | 910 011 | 4 988 |
| 应收利息 | 2 127 | 2 599 |
| 长期股权投资 | 1 679 | 2 578 |
| 应收账款 | 136 720 | 100 490 |
| 固定资产 | 119 798 | 102 537 |
| 预付账款 | 74 781 | 14 141 |
| 在建工程 | 93 917 | 1 812 |
| 存货 | 99 790 | 47 740 |
| 无形资产 | 76 732 | 28 169 |
| 其他应收款 | 23 190 | 4 913 |
| 开发支出 | 23 044 | 1 513 |
| 应收票据 | 24 574 | 380 362 |
| 其他非流动性资产 | 13 015 | 69 392 |
| 其他流动性资产 | 7 695 | 0 |

由表5-4可知,2015年航天信息股份有限公司的净资产收益率为24.27%,2016年下降到21.43%,下降幅度不算大,观察总资产净利率和业主权益乘数可知,两者均有相应的增减变化,因此可知净资产收益率的变化是由总资产收益率和业主权益乘数两个方面共同影响的结果。其中总资产收益率由17.03%降低到13.70%,业主权益乘数由1.43上升到1.56,总资产收益率的降低导致净资产收益率降低的作用大于业主权益乘数上升导致净资产收益率提高的作用效果。

业主权益乘数上升说明公司的资本结构有所变化,从前文对航天信息股份有限公司的偿债能力分析可以看出,公司2016年偿债能力较好,资本结构的适当调整未给企业带来不可承受的风险。

总资产收益率下降的主要原因在于总资产周转率2016年较2015年略有下降,究其原因在于非流动资产中在建工程、可供出售金融资产、无形资产以及其他非流动性资产的上升。另外销售净利率的略微下降说明净利润的增长幅度小于营业收入的增长幅度,说明虽然销售收入扩大增加了,但在销售成本方面仍需多注意。虽然具体实际中我认为这点差异在合理范围内,但在实际运营时也应该多加管控。

总的来说,航天信息股份有限公司的财务状况正常,表现出稳中求进的发展态势,虽然净资产收益率与2015年相比有所滑落,但笔者认为这与国家政策相关。习近平主席提出的行业反垄断的政策打破了航天信息股份有限公司在金税盘领域的垄断优势,后续百旺金赋的出现抢占了航天信息股份有限公司的部分市场销售份额,净资产收益率有所下降也属于合理范围内。总体而言,公司发展还是乐观的,但需要注意销售成本的控制,适当增加负债增加财务杠杆,寻找市场的突破点,适当关注净利润的增长来源。

表5-5　杜邦分析主要指标计算表

| 年份 | 销售净利率（%） | 总资产周转率 | 业主权益乘数 | 留存收益比率（%） | 可持续增长率（%） | 实际收入增长率(%) |
|---|---|---|---|---|---|---|
| 2015年 | 9.56 | 1.78 | 1.43 | 77.99 | 18.93 | 12.15 |
| 2016年 | 8.62 | 1.59 | 1.56 | 79.10 | 16.95 | 14.43 |

由表5-5可知,航天信息股份有限公司2015年与2016年实际收入增长比例小于可持续增长率,但相对而言,2016年的实际收入增长率更接近于可持续增长率,由此看出企业的经营战略管理与财务战略管理是在前进的,公司发展在逐渐变好。2016年与2015年相比,销售净利率、总资产周转率有所下降,业主权益乘数和留存收益比率有所上升。由此可知,2016年航天信息股份有限公司通过提高杠杆程度、增加留存收益比率来支撑营业收入的增长,故2016年营业收入的增长率主要是由于业主权益乘数和留存收益比率的上升引起的。但从长远角度而言,销售净利率等经营战略指标如果不能有效提高,单靠财务战略来维持并不能无限制地维持企业的增长,所以航天信息股份有限公司需要在市场上寻找新的突破点,关注营业成本的控制,适当注意净利率的增长来源。

### 2）综合绩效评价

我们运用综合绩效评价方法对2016年航天信息股份有限公司的八个基本财务指标和

十四个修正指标进行测算,结果见表5-6—表5-9。

**表 5-6　基本财务评价指标计算表**

| 航天信息股份有限公司 2016 年财务绩效基本指标表 | | 权重 |
|---|---|---|
| 基本指标 | 2016 年 | |
| 净资产收益率 | 21.43% | 20 |
| 总资产报酬率 | 17.23% | 14 |
| 总资产周转率(次) | 1.59 | 10 |
| 应收账款周转率(次) | 19.97 | 12 |
| 资产负债率 | 37.85% | 12 |
| 已获利息倍数(倍) | 349.92 | 10 |
| 销售增长率 | 14.43% | 12 |
| 资本保值增值率 | 115.24% | 10 |

**表 5-7　修正指标计算表**

| 航天信息股份有限公司 2016 年财务绩效修正指标表 | | 权重 |
|---|---|---|
| 销售利润率 | 10.04% | 10 |
| 盈余现金保障倍数 | 1.35 | 9 |
| 成本费用利润率 | 12.03% | 8 |
| 资本收益率 | 137.99% | 7 |
| 不良资产比率 | 0.10% | 9 |
| 流动资产周转率 | 207.53% | 7 |
| 资产现金回收率 | 18.52% | 6 |
| 速动比率 | 230.16% | 7.8 |
| 现金流量负债比率 | 65.11% | 7.8 |
| 带息负债比率 | 31.70% | 6.4 |
| 销售利润增长率 | 162.24% | 13 |
| 总资产增长率 | 1.32% | 9 |

**表 5-8　财务指标修正前分值计算表**

| 航天信息股份有限公司指标得分的计算表 | | | |
|---|---|---|---|
| 类别 | 基本指标 | 单项指标得分 | 分类指标得分 |
| 盈利能力状况 | 净资产收益率 | 20 | 34 |
| | 总资产报酬率 | 14 | |

续表

| 类别 | 基本指标 | 单项指标得分 | 分类指标得分 |
|---|---|---|---|
| 航天信息股份有限公司指标得分的计算表 | | | |
| 资产质量状况 | 总资产周转率（次） | 8.02 | 20.02 |
| | 应收账款周转率（次） | 12 | |
| 债务风险状况 | 资产负债率 | 12 | 22 |
| | 已获利息倍数（倍） | 10 | |
| 经营增长状况 | 销售增长率 | 12 | 22 |
| | 资本保值增值率 | 10 | |
| 基本指标总分 | | | 98.02 |

表 5-9　财务指标修正后分值计算表

| 类别 | 类别修正系数 | 基本指标得分 | 修正后得分 |
|---|---|---|---|
| 航天信息股份有限公司指标得分的计算表 | | | |
| 盈利能力状况 | 0.842 | 34 | 28.628 |
| 资产质量状况 | 1.29 | 20.02 | 25.826 |
| 债务风险状况 | 1.0 | 22 | 22 |
| 经营增长状况 | 0.8 | 22 | 17.6 |
| 基本指标总分 | | | 94.054 |

未修正前基本指标总分为 98.02，评价为优秀。

单项指标修正系数计算：

销售利润率：$1 + 0.4 + \dfrac{0.2 \times (10.04 - 7.5)}{11.7 - 7.5} - 1 = 0.52$

盈余现金保障倍数：$1 + 0.6 + \dfrac{0.2 \times (1.35 - 1.3)}{4.8 - 1.3} - 1 = 0.603$

总资产增长率：$1 + 0.2 + \dfrac{0.2 \times (1.32 - 0.6)}{1.6 - 0.6} - 1 = 0.344$

盈利能力状况类别修正指数 $= 1.2 \times \dfrac{15}{34} + 0.52 \times \dfrac{10}{34} + 0.603 \times \dfrac{9}{34} = 0.842$

资产质量状况类别修正指数 $= 1.2 + 1 - 0.91 = 1.29$

债务风险状况类别修正指数 $= 1.0$

经营增长状况类别修正指数 $= 1.2 \times \dfrac{13}{22} + 0.344 \times \dfrac{9}{22} = 0.8$

　　由于管理绩效定性指标较难获得,因此只计算了财务绩效定量指标(占综合绩效指标的70%)。

　　综上所述,我们可得航天信息股份有限公司的财务绩效管理指标修正后得分为94.054,财务绩效评价为优秀,发展前景可观。

# 第6章

## 面向企业家的绩效评价方法

本章分别以企业内部高级管理人员和普通员工为对象,根据不同评价对象的特点和评价要求,讨论了经济增加值和平衡计分卡,体现了企业家绩效评价的价值创造要求和员工绩效评价的作业驱动要求。

## 6.1 经济增加值的基本理论

由于传统绩效评价方法的局限性,在我国加入 WTO 后,我国国有企业要进入国际市场就需要与国际接轨的绩效评价方法和管理体系。随着国资委对国外先进绩效评价方法的研究和在中央企业试行,2010 年,国资委出台《中央企业负责人经营业绩考核暂行办法》,正式在中央企业全面推行 EVA 考核,以引导企业科学决策、谨慎投资,不断提升价值创造能力。那么,什么是 EVA?

### 6.1.1 经济增加值的概念与特征

#### 1)经济增加值的概念

经济增加值(Economic Value Added, EVA),是指从企业税后净营业利润中扣除股权和债务在内的所有资本成本之后的剩余收益(Residual Income)。它与利润表中的会计利润不同,会计利润是企业在一定时期实现的收入与为实现这些收入所发生的实际耗费相比较而求得的。会计成本只反映使用的企业资源的实际货币支出,由于忽略了权益资本的隐含成本,没有反映企业为使用这些资源付出的总代价。而 EVA 的思想源于经济利润(Economic Profit)基础之上的剩余收益,其中经济利润是指公司从成本补偿角度获得的利润,它不仅要求企业将所有的运营费用计入成本,还要求将全部资本成本计入成本。这种资本成本不但包括向债权人支付的利息这类显而易见的成本,还包括股东投入资本的机会成本。因此,其本质是经济利润,而不是会计利润。

由此可见,EVA 指标的核心理念是资本成本(Capital Cost),资本成本是资金投资项目所要求的收益率。从投资者角度看,资本成本就是机会成本。从企业角度看,资本成本就是使用资金的机会成本,是投资项目所要求的最低收益率。如果企业资本收益率低于投资者要求的收益率,则在资本市场上难以吸引到投资者。

EVA 指标的核心理念反映了现代企业制度所追求的企业目标——股东价值最大化。任何性质的长期资金都有他自己的使用成本即资本成本,因此在计算某个投资项目时,必须将资本成本考虑在内。资本成本隐含的价值理念体现在企业投资、融资、经营等活动的评价标准上:作为企业取舍投资机会的财务基准或贴现率,只有当投资机会的预期收益率超过资本成本,才应进行这项投资;将 EVA 用于企业评估内部正在经营业务单元的资本经营绩效,为业务、资产重组或者继续追加投资提供决策依据时,只有投资收益率高于资本成本时业务单元才有继续经营的经济价值;作为企业根据预期收益风险变化,动态调整资本成本的依据,预期收益稳定的企业可以通过增加低成本的长期债务,减少高成本的股权资本来降低加权资本成本。

所以,EVA 指标可以成为资本市场评价企业是否为股东创造价值、资本是否保值增值的标准。投资收益率高低不是企业经营状况好坏和价值创造能力的评估标准,关键在于是否超过资本成本。

### 2)经济增加值的特征

经济增加值反映了信息时代对财务绩效衡量的新要求,是一种可以在企业内部和外部广泛使用的绩效评价指标。EVA 作为一个全新的绩效评价的指标有其自身的特点:

第一,体现了"股东财富最大化"和企业创造价值的先进管理理念。

EVA 指标最核心的理念是股东投资在会计利润基础上将资本机会成本剔除,从而使 EVA 从股东的角度重新定义了企业利润——经济利润。EVA 先将费用资本化,并在其可预期的有效生命期内分期摊销,并在计算 EVA 时将营业利润和权益资本进行调整以纠正会计惯例造成的失真。这样 EVA 能更准确、全面地反映企业的获利能力。凡是经济利润超过了全部股东的资本成本才能说明经营者为企业创造了价值,为股东创造了财富;反之,经营者则没有为企业创造价值。EVA 真实反映了企业的盈利能力,最直接地与股东财富的创造联系了起来。

第二,将绩效评价与企业决策联系起来。

由于 EVA 指标更加关注企业的长期发展,而不像会计利润那样是一种短视指标,因此,应用该指标能够鼓励经营者进行能为企业带来长期利益的投资决策,如新产品的研发、信息化建设、人力资源的开发等。这样也促使企业经营者不仅要注意所创造的实际收益的大小,还要考虑所运用资产的规模以及使用该资产的成本大小,有助于企业控制财务风险、合理进行资源配置和提高资本的使用效率。同时,EVA 还可以作为一种财务管理模式,用以指导企业管理者做出决策,包括经营预算、资本预算、企业确立目标的分析、收购兼并或出售的决策等。

第三,建立有效的激励系统。

由于 EVA 是站在股东的立场上重新定义企业的利润,因此将管理者的报酬与 EVA 指标挂钩,可以使经营者和股东的利益更好地结合,正确地引导经营者的努力方向,促使经营者充分关注企业的资本增值和长期经济效益,维护股东们的利益,这也正是 EVA 的精髓所在。

第四,引导企业更加关注主业,专注于做大做强主业。

在 EVA 调整项中,有三项鼓励性政策的调整:一是将研发投入视为利润;二是符合国家战略资源要求的风险投入可根据情况视为利润;三是对符合主业的在建工程,可从资本成本中扣除。同时,配有一条限制性政策:非经常性收益要从利润中扣除,第一类是通过变卖优质资产取得的收益,全部扣除;第二类是不符合主业方向的非经常性收益,包括股权收益、产权收益(出售所属上市公司股权)、转让所属非上市公司主业股权、转让固定资产的收益、转让土地的收益,减半扣除。通过以上调整,引导企业关注主业成长,努力做大做强主业,而不去片面地追求规模效益,避免企业盲目扩张,同时鼓励企业增加研发投入,通过科技创新增强企业的竞争力。

第五,EVA 适用于不同风险的企业的比较。

由于资本市场及宏观经济环境的影响,市场上每个企业的债券成本相差不大,而单个企业的股权资本成本却受该企业特定的经营风险和财务风险影响。EVA 与传统绩效指标相比,剔除了股权资本成本,相当于剔除了不同企业之间的经营风险和财务风险差别,便于不同行业、不同资本结构的企业之间的比较。

此外,运用 EVA 还应注意以下几个问题:

首先,存在会计信息失真问题。会计信息失真问题在我国企业中普遍存在,尤其是如今国有企业面临业绩考核的压力,上市公司面临信息公开披露配股、增发新股的绩效要求的时候,企业往往采用调整会计政策、资产重组、债务重整、获得政府税收优惠、利润补贴等手段来粉饰会计报表。由于 EVA 对企业未来成长的估算是建立在既有的产品、技术和市场的基础上的,而资本成本的确定又依赖于历史数据分析,因此会计失真问题是在我国企业运用EVA 时要重点注意并极力避免的。

其次,该方法的可操作性还有待解决。例如,加权平均资本成本还难以精确估计,不同企业着重点不同,难以做出一个适宜所有企业的 EVA 调整表,到目前为止,计算 EVA 可做的调整已达到 200 多种。而对公认财务会计准则的调整也不是一般的外部财务信息使用者可以完成的,这在一定程度上限制了企业的外部信息使用者。这些问题都大大增加了计算的复杂性和难度,妨碍了 EVA 的广泛应用。

最后,EVA 无法解释企业内在的成长性机会。一家企业的股票价格反映的是社会公众对企业的客观评价,反映的是市场对这些成长性机会价值的预期。但是由于在 EVA 计算过程中对会计信息进行了调整,这些调整可能删掉了经营者向市场传递有关企业未来发展机会的相关信息,因此,这些调整虽然使 EVA 更加接近企业真正创造的财富,但同时也降低了EVA 指标与股票市场的相关性。

第六,忽略了非财务信息在企业价值创造中的作用。

EVA 关注企业的有形资产,并以现金流的形式综合与价值创造相关的风险和市场预期,但是在很大程度上忽略了企业产品、客户、员工、科技创新等无形资产、非财务信息在企业价值创造中的巨大作用。

### 3）经济增加值的优缺点

#### （1）经济增加值的优点

经济增加值的主要优点：考虑了所有资本的成本，更真实地反映了企业的价值创造能力；实现了企业利益、经营者利益和员工利益的统一，激励经营者和所有员工为企业创造更多价值；能有效遏制企业盲目扩张规模以追求利润总量和增长率的倾向，引导企业注重长期价值创造。

#### （2）经济增加值的缺点

经济增加值的主要缺点：一是仅对企业当期或未来 1—3 年价值创造情况的衡量和预判，无法衡量企业长远发展战略的价值创造情况；二是计算主要基于财务指标，无法对企业的营运效率与效果进行综合评价；三是不同行业、不同发展阶段、不同规模等的企业，其会计调整项和加权平均资本成本各不相同，计算比较复杂，影响指标的可比性。

## 6.1.2　经济增加值的价值管理体系

EVA 作为一种价值创造方法，它不仅在绩效评价方面有突出的作用，更重要的是它是一套评价、实施相结合的管理体系。这种管理体系的构建让 EVA 比传统指标或其他绩效评价方式更具有灵魂，它不只是一个单独评价指标，它的思想贯穿了企业运营的始终。它使 EVA 从原本的一个短期绩效衡量指标变成长期的考核系统，使效率低下的企业更具有生产活力。这种管理体系才真正是 EVA 精髓的体现，是 EVA 的实质。EVA 价值管理体系主要包括四个方面：业绩考核（Measurement）、管理体系（Management）、激励制度（Motivation）和理念体系（Mindset），如图 6-1 所示。

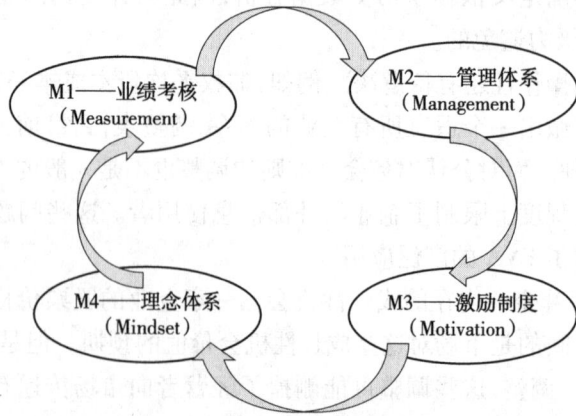

图 6-1　EVA 价值管理体系

### 1）业绩考核

业绩考核是以 EVA 为核心的价值观体系的关键环节。EVA 相较于传统利润评价指标有其独特性，例如对会计利润的调整、对资金成本的考虑等。这些独有特征一方面增加了

EVA的计算难度,使其实际操作比传统的利润评价指标要复杂;另一方面,在考核中更加充分考虑了企业的规模、行业特点、发展阶段和行业对标等因素,并从股东角度出发侧重对经营结果的考核,这样也让企业的业绩考核更为合理。此外,考核结果与激励机制衔接,可以进一步引导经营过程和经营结果更好地实现,保证战略目标的实现和经营管理的良好运行。

### 2) 管理体系

EVA不仅是一个业绩考核指标,在EVA价值管理体系下,管理决策包括战略规划、资源分配、并购或撤资的估价及制订年度计划预算等。采用EVA作为统一的经营绩效指标,让使用者了解到怎么去进行调整,会促进企业形成资本使用纪律,引导其谨慎使用资本,为股东的利益做出正确的决策,如此才能使企业的价值最大化。在企业的经营管理中,EVA的大小成为企业经营者进行决策的标准。他们会在事前通过对投资或并购等财务决策的EVA值来判断是否进行该投资。只有在EVA为正时,经营者们才会进行投资,否则就会放弃。

### 3) 激励制度

传统利润指标的绩效评价方法不能将绩效评价和激励制度有效地结合起来,绩效评价和激励制度是相分离的,两者间缺乏合理的关联性。然而EVA却不同,EVA绩效评价能够为激励提供尺度。这样与EVA业绩考核体系相挂钩的激励制度可以有效地将管理者与员工获得的激励报酬与他们为股东创造的财富紧密相连,从而避免传统激励制度所出现的只关注短期目标的行为,修正了在绩效好时奖励有限、绩效差时惩罚不足的弊端,实现以激励长期价值创造为核心的激励制度,既体现了经营者价值,又保证了股东利益,最终实现股东与经营者的双赢。

因此,一个有效的激励机制能支持企业战略的实施,实现企业的发展目标;可以正确引导企业经营者和员工的行为,合理地协调经营者与股东之间的利益;还能够平衡成本付出和减少人才流失的风险。

### 4) 理念体系

EVA也是一种理念——实施那些真正能为股东创造价值的项目才是有价值的。当成功地将EVA引入企业管理后,管理层就会发现他们的目标与股东价值最大化这个目标趋于一致,企业所有营运部门都能从同一基点出发,大家都会拥有同一个目标,为提升公司的EVA而努力,决策部门和运营部门会积极联系,部门之间不信任和不配合的现象会减少,不论是企业的管理层还是普通员工都会从股东的利益出发来制订和执行经营决策。要想取得丰厚的奖金,就得先创造大量的正的EVA值。因此是否能创造EVA,如何创造正确的EVA,就成为每一个管理者必须思考的问题。同时价值创造这种观念会改变企业的管理文化,使之融入公司的每个员工的思维中,这样有利于促进公司治理机制的完善,它会为企业提供无穷的动力。

### 6.1.3 经济增加值指标体系的制订程序

#### 1)制订企业级经济增加值指标体系

首先应结合行业竞争优势、组织结构、业务特点、会计政策等情况,确定企业级经济增加值指标的计算公式、调整项目、资本成本等,并围绕经济增加值的关键驱动因素,制订企业的经济增加值指标体系。

#### 2)制订所属单位(部门)级经济增加值指标体系

根据企业级经济增加值指标体系,结合所属单位(部门)所处行业、业务特点、资产规模等因素,在充分沟通的基础上,设定所属单位(部门)级经济增加值指标的计算公式、调整项目、资本成本等,并围绕所属单位(部门)经济增加值的关键驱动因素,细化制订所属单位(部门)的经济增加值指标体系。

#### 3)制订高级管理人员的经济增加值指标体系

根据企业级、所属单位(部门)级经济增加值指标体系,结合高级管理人员的岗位职责,制订高级管理人员的经济增加值指标体系。

### 6.1.4 EVA 在我国企业管理中的应用

自从 2010 年国资委发布对中央企业实施《中央企业负责人经营业绩考核暂行方法》以来,中国石油天然气股份有限公司制订了《中国石油天然气股份有限公司高级管理人员 EVA 考核办法(试行)》,该办法实施以来,引起各油田企业的极大重视,也深刻地影响了油田企业的财务行为。但是,EVA 的计算方法和口径的不统一,导致该考核办法在一定程度上影响了实施效果。本项目在对油田企业财务状况进行充分调查的基础上,分析了这些影响因素及其对 EVA 计算产生的影响程度。

#### 1)国资委计算办法与 EVA 理论的差异

思腾思特咨询公司 1992 年提出 EVA 计算方法时要求的调整项目达 160 多项,集中体现了 EVA 理论鼓励创新和关注企业长远发展并把绩效评价与责任人可控性联系起来的思想。而国资委颁布的 EVA 计算方法只要求中央企业调整九项内容,包括利息支出、研究开发费用、教育培训费用、勘探等战略性投资费用、信息化费用、维稳及履行社会责任支出、非经常性收益、无息流动负债、在建工程。而且不涉及对资本成本率的测算,所有企业实施 6% 的资本成本率。中央企业在调整内容上的差异性项目还包括:

(1)不涉及对折旧差异的调整

对于固定资产,传统的会计处理方法是采用直线法或加速折旧法,每年的折旧额列入成本影响当期损益,同时随着折旧的提取,固定资产净值减少。然而折旧存在着主观性问题,企业为避税等问题,会采取一种对自己有益的折旧方法,但这些方法会扭曲经济现实。因此EVA理论要求按照偿债基金摊销法对固定资产折旧进行调整,以合理反映固定资产使用效能和折旧成本的一致性。偿债基金摊销法是财务上一种还本付息的方法。这种方法要求每年等额偿还借贷的资本。但每年归还的本金和利息是逐年不同的。开始年份利息多本金少,之后利息逐年减少,本金增加,直到全部偿还完毕。而国资委颁布的EVA计算方法中不要求对折旧差异进行调整。

(2)营业外收支的选择性调整

为了合理反映经营者的绩效,EVA理论要求对营业外收支进行全面调整,而国资委只要求对非经常性收益项目按照50%来调整,不调整营业外支出项目,这对承担社会责任较多的中央企业来说是不公平的。

(3)研发和勘探的不对等调整

对研发费用和勘探费用,大多数根据谨慎性原则进行会计处理,当作当期费用,冲减当年的利润。而根据EVA的核心理念,在进行会计调整时应将二者采用资本化处理。这是因为研发费用和勘探费用是对未来的投资,费用化处理会造成收益与费用的不匹配,影响当期收益,而经营者往往会为了降低成本、增加利润而减少投入研发的资金。然而,这样的绩效是短期的,并不利于企业的可持续发展,因此,EVA理论要求对研发支出和勘探费用进行全额调整,全部加回到税后净利润中去。然而国资委规定对研发支出(包括新增无形资产)进行全额调整,对勘探费用仅仅按照50%调整。这对于资源企业是不公平的。

(4)不涉及递延所得税的调整

有关递延税款的传统会计处理方法是在损益表中计入应付税款,将应付税款和实际缴纳税款之间的差额——递延税款计入资产负债表中。从经济观点来看,企业从当前利润中扣除的唯一税款应是当前实际缴纳的税款,而不是将来可能(或不可能)缴纳的递延所得税费用。这就使损益表中所得税款项与公司实际支付的现金税额不相等,扭曲了企业的真实经营绩效。因此在计算EVA时,应将递延所得税费用加到本年的税后净营业利润中,如是递延所得税收益则从税后净营业利润中减去。然而国资委颁布的EVA计算方法中不要求对递延所得税进行调整。

(5)不涉及资产减值准备的调整

企业担心现在的决策或事件会导致未来的费用支出,因此设置准备金提取科目,一般计入期间费用。而准备金提取额由主观判断决定,公司可以借此掩盖实际经营绩效;并且提取准备金使会计利润和现金流出出现较大差额,提取准备金年度实际没有现金流出,使当期税后净利润减少。因此EVA理论要求对资产减值准备项目进行调整,因为这些项目是会计核算的权责发生制引起的,由于资产减值不影响投入资本的使用效能,应该加以调整,在税后净营业利润中加上准备金税后增加额。而国资委计算方法中没有涉及对该项目的调整。

(6)不涉及重组费用的调整

传统的财务处理是将重组当作对投资失败带来损失的确认,因此将重组损失一次性在资产负债表中注销,计入当期损益,使重组当期的利润大幅度下降。但重组应当是资本的重新配置,目的在于纠正过去的错误,减少持续发生的损失,从而提高今后的获利能力,是损失最小化的一项决策,应当在税后净营业利润中加回。然而国资委计算方法中没有涉及对该项目的调整。

### 2)央企执行国资委计算方法中的变化

以中国石油天然气股份有限公司为例,为了更好地实施国资委 EVA 考核办法,该公司制定了《中国石油天然气股份有限公司高级管理人员 EVA 考核办法(试行)》,在国资委有关 EVA 计算方法的基础上考虑油田企业的实际情况,追加了一些调整项目,主要包括以下方面:

#### (1)信息化平台建设支出的调整

公司为了推进信息化平台建设,建立数字化油田,在所属油气田企业投资建设 ERP 体系,这是一个关系企业长远发展和提高持续竞争力的投资,不会在当期产生效益,为了不打击经营者推进信息化建设的积极性,为了公司的可持续发展,应该对该项目加以调整,计算EVA 时在税后净利润中加回。

#### (2)追加对培训费用的调整

学习与成长是企业长远发展的根源,也是企业创造价值的根源,美国当代管理会计学家卡普兰创立的平衡计分卡理论认为,企业只有长期坚持对员工的不断培养,使整个团队在学习中不断成长,企业的长远发展和持续增长才有可能实现。公司为了建设一支竞争力强的团队,就必须鼓励经营者关注培训且不影响其经营绩效的计算,需追加对培训费用的调整。

#### (3)追加对安全生产支出的调整

公司为建设国际化跨国公司,在全部所属油田企业推进 HSE 建设,健康、安全和环保成为油田生产的重要标志。从表面上看,这部分投资会直接导致资本成本增加,从而使 EVA减少,但是这部分投入是企业所必需的,是确保大局稳定、安全生产的有力保障。因此,应科学合理地控制这部分项目投入规模,根据轻重缓急,逐步实施。同时从"投资成本一体化"的理念出发,尽可能将该投入纳入生产成本。为了使经营者不因为推进 HSE 而影响绩效,继而打击进行这一工作的积极性,追加对这一项目的调整是十分必要的。

#### (4)追加维稳及履行社会责任支出的调整

为了建立良好的生产经营环境,维持与地方政府及居民的健康关系,维稳及履行社会责任支出往往是必须发生的,虽然该项支出确实对当期 EVA 没有直接贡献,但是它是公司可持续发展的必备要素,应该予以调整,在税后净利润中加回。

### 3)央企实施 EVA 考核中存在的问题

仍然以中国石油天然气股份有限公司为例,根据公司全面推进 EVA 考核的要求,油田企业积极转变思想,将 EVA 思想运用到财务管理实践中,在实践过程中需要从如下几个方面来进行合理优化,进而达到规避问题的目的:

#### (1)列入固定资产的研发支出

油田开发建设中,经常发生一定数额的科学研究费用,这类支出既没有形成专利权也没有形成专有技术,而是随着建设投资的完成转入固定资产,成为固定资产价值的一部分。根据青海油田2012年实际数据测算,建设投资中的科研费用支出占科研费用的20.65%。此部分科研费用在EVA体系中不应该以成本的方式进行简单的计入,而应该并入企业无形资产以及后续的经营增长价值中。

（2）列入生产成本的研发支出

油田企业在油气开采活动中,经常发生科研活动,如压裂液的研究实验等,这些科研支出也没有形成专有技术,而是计入当期生产成本。根据青海油田2012年的统计测算,计入生产成本的科研费用大约占生产成本的2.41%。按照EVA理论,这些科研费用也应该予以调整。

（3）列入其他开采支出的矿区建设费用

矿区建设投资是由于有些油田生活区域不能依靠社会支持而不得已发生的某些社会责任支出,如幼儿园建设与运行支出、矿区道路建设与维护、矿区绿化与环境整治等,这些支出被计入当期生产成本,然而,这些支出对EVA没有直接贡献。如果维护稳定的支出可以加以调整,那么,这些矿区建设和社会责任支出也应该予以调整。根据青海油田的情况,这些矿区建设与社会责任支出占生产成本一定比例。按照EVA理论,这些维稳支出、社会责任支出也应该予以调整。

（4）利息支出调整项目带来的问题

按照公司EVA的计算方法,油田企业EVA计算中,应该将定期利息支出按照实际发生金额予以加回,但是,油田企业的实际利率可能低于资本成本率,这样就使得油田企业由于借入低利息的债务而吃亏,客观上激励经营者高利息负债。根据青海油田2012年实际数据测算,平均利息率达到5.65%,说明这并不是对计算EVA有利的因素。平均实际利率的计算方法为当期利息支出除以平均有息负债,而平均有息负债为年末和年初的总付息资金求平均数得到,总付息资金为短期付息资金与长期付息资金之和。表6-1是2008—2012年青海油田平均利率测算表。

表6-1 2008—2012年青海油田平均利率测算表

| 项目 | 2007 年 | 2008 年 | 2009 年 | 2010 年 | 2011 年 | 2012 年 |
|---|---|---|---|---|---|---|
| 利息支出/（万元） | | 39 534.98 | 21 737.10 | 12 793.55 | 22 770.34 | 37 610.06 |
| 短期负息资金/（万元） | 79 609.54 | 79 609.54 | 79 609.54 | 79 609.54 | 79 609.54 | 79 609.54 |
| 长期负息资金/（万元） | 457 936.00 | 494 395.50 | 487 304.00 | 497 262.50 | 553 588.50 | 618 698.50 |
| 平均负息资金/（万元） | | 555 775.29 | 570 459.29 | 571 892.79 | 605 035.04 | 665 753.04 |
| 平均利率/（%） | | 7.11 | 3.81 | 2.24 | 3.76 | 5.65 |

# 6.2 经济增加值的计算方法

## 6.2.1 经济增加值的计算公式

经济增加值的计算公式为：

经济增加值 = 税后净营业利润 − 平均资本占用 × 加权平均资本成本

其中,税后净营业利润衡量的是企业的经营盈利情况;平均资本占用反映的是企业持续投入的各种债务资本和股权资本;加权平均资本成本反映的是企业各种资本的平均成本率。

## 6.2.2 税后净营业利润的计算

税后净营业利润等于会计上的税后净利润加上利息支出等会计调整项目后得到的税后利润。

计算经济增加值时,需要进行相应的会计项目调整,以消除财务报表中不能准确反映企业价值创造的部分。会计调整项目的选择应遵循价值导向性、重要性、可控性、可操作性与行业可比性等原则,根据企业实际情况确定。常用的调整项目有:

①研究开发费、大型广告费等一次性支出但收益期较长的费用,应予以资本化处理,不计入当期费用。

②反映付息债务成本的利息支出,不作为期间费用扣除,计算税后净营业利润时扣除所得税影响后予以加回。

③营业外收入、营业外支出具有偶发性,将当期发生的营业外收支从税后净营业利润中扣除。

④将当期减值损失扣除所得税影响后予以加回,并在计算资本占用时相应调整资产减值准备发生额。

⑤递延税金不反映实际支付的税款情况,将递延所得税资产及递延所得税负债变动影响的企业所得税从税后净营业利润中扣除,相应调整资本占用。

⑥其他非经常性损益调整项目,如股权转让收益等。

## 6.2.3 平均资本占用的计算

平均资本占用是所有投资者投入企业经营的全部资本,包括债务资本和股权资本。其中债务资本包括融资活动产生的各类有息负债,不包括经营活动产生的无息流动负债。股权资本中包含少数股东权益。资本占用除根据经济业务实质相应调整资产减值损失、递延所得税等,还可根据管理需要调整研发支出、在建工程等项目,引导企业注重长期价值创造。

### 6.2.4 加权平均资本成本的计算

加权平均资本成本是债务资本成本和股权资本成本的加权平均,反映了投资者所要求的必要报酬率。加权平均资本成本的计算公式如下:

$$K_{wacc} = K_d \frac{DC}{TC}(1 - T) + K_s \frac{EC}{TC}$$

其中,$TC$ 代表资本占用;$EC$ 代表股权资本;$DC$ 代表债务资本;$T$ 代表所得税税率;$K_{wacc}$ 代表加权平均资本成本;$K_d$ 代表债务资本成本;$K_s$ 代表股权资本成本。

债务资本成本是企业实际支付给债权人的税前利率,反映的是企业在资本市场中债务融资的成本率。如果企业存在不同利率的融资来源,债务资本成本应使用加权平均值。股权资本成本是在不同风险下,所有者对投资者要求的最低回报率。通常根据资本资产定价模型确定,计算公式为:

$$K_s = R_f + \beta(R_m - R_f)$$

其中,$R_f$ 为无风险收益率;$R_m$ 为市场预期回报率;$R_m-R_f$ 为市场风险溢价;$\beta$ 是企业股票相对于整个市场的风险指数。上市企业的 $\beta$ 值,可采用回归分析法或单独使用最小二乘法等方法测算确定,也可以直接采用证券机构等提供或发布的 $\beta$ 值;非上市企业的 $\beta$ 值,可采用类比法,参考同类上市企业的 $\beta$ 值确定。

企业级加权平均资本成本确定后,应结合行业情况、不同所属单位(部门)的特点,通过计算(能单独计算的)或指定(不能单独计算的)的方式确定所属单位(部门)的资本成本。通常情况下,企业对所属单位(部门)所投入资本即股权资本的成本率是相同的,为简化资本成本的计算,所属单位(部门)的加权平均资本成本一般与企业保持一致。

## 6.3 经济增加值应用案例

本案例以我国上市新能源公司为对象,按照国资委发布的《中央企业高级管理人员经济增加值考核办法》的要求,测算了新能源上市公司经济增加值和经济增加值率等指标,对近几年上市新能源公司财务绩效和价值创造能力进行了分析,讨论了上市新能源公司价值创造能力的主要影响因素,提出了上市新能源公司提高价值创造能力的途径。

### 6.3.1 研究设计

#### 1)样本选取、数据来源与指标计算

#### (1)样本选取

截至 2016 年 6 月 30 日,A 股市场共有 2 881 家上市公司,其中新能源行业上市公司共

有 230 多家,占上市公司总数的 0.8%。A 股市场中新能源板块总市值 3 002.134 7 亿元,其中,协鑫集成以 349.210 9 亿元市值排名新能源行业上市公司市值第一。新能源上市公司资产规模 2.36 亿元;新能源上市公司的平均每股收益为 0.12 元,平均主营业务收入为 0.6 亿元,平均净利润为 312.23 万元,平均总资产为 2.38 亿元。

本书根据《上市公司行业分类指引》的规定,以上海、深圳证券交易所截至 2015 年 12 月 31 日公布的新能源 A 股上市公司数为总体,剔除了 ST、*ST、S*ST、B 股和 2013 年以后上市的公司,最终选择 99 家新能源上市公司作为有效研究样本。

（2）数据来源

新能源上市公司的财务数据来源于 Wind 数据库;其他数据均采用手工方式从中国证监会指定网站公布的新能源上市公司 2013—2015 年财务报告中摘录、汇总、整理而成。

（3）指标计算

书中经济增加值的计算公式及会计调整项目说明是根据《经济增加值考核细则》确定的。由于 EVA 是一个绝对数指标,无法在不同规模企业之间进行比较,为解决这一问题,本书在分析中设置了相对数指标加以补充。单位资本经济增加值也叫经济增加值率,指企业一定时期经济增加值与平均资本总额的比值,该指标可以弥补 EVA 不能进行横向比较的缺陷。

①计算公式。本书指标的计算公式来源于国资委 2009 年发布的文件。

$$经济增加值 = 税后净营业利润 - 资本成本$$
$$= 税后净营业利润 - 调整后资本 \times 平均资本成本率$$
$$税后净营业利润 = 净利润 + （利息支出 + 研究开发费用调整项 - 非经常性收益调整项 \times 50\%）\times （1 - 所得税税率）$$
$$调整后资本 = 平均所有者权益 + 平均负债合计 - 平均无息流动负债 - 平均在建工程$$

$$经济增加值率 = \frac{EVA}{平均资本总额}$$
$$= \frac{EVA}{调整后资本}$$

②计算工具。本书采用 SPSS18.0 软件对相关数据进行处理。

③EVA 指标计算时的会计调整项目说明。利息支出是指企业财务报表中"财务费用"项下的"利息支出"。研究开发费用调整项是指企业财务报表中"管理费用"项下的"研究与开发费"和当期确认为无形资产的研究开发支出。非经常性收益调整项主要包括:变卖主业优质资产收益;减持具有实质控制权的所属上市公司股权取得的收益(不包括在二级市场增持后又减持取得的收益);企业集团(不含投资类企业集团)转让所属主业范围内且资产、收入或者利润占集团总体 10% 以上的非上市公司资产取得的收益。其他非经常性收益:与发展主业无关的资产置换收益、与经常活动无关的补贴收入等。无息流动负债是指企业财务报表中"应付票据""应付账款""预收款项""应交税费""应付利息""其他应付款"和"其他流动负债"项目。在建工程是指企业财务报表中符合主业规定的"在建工程"项目。

④资本成本率的确定。基于新能源企业在我国经济发展当中的重要性和外部效应等特点,新能源上市公司的经营对象具有独特性,根据《经济增加值考核细则》"承担国家政策性

任务较重且资产通用性较差的企业,资本成本率定为4.1%",故本书将资本成本率确定为4.1%。

### 2)分析视角

本书根据新能源上市公司所处的领域及公司间的竞争关系,运用 EVA 指标主要从涉及新能源领域整体、所处新能源行业以及公司个体层面进行全面比较分析:①以2013年、2014年、2015年为比较窗口,对全部样本的 EVA 值和净利润值进行描述性统计,分析新能源上市公司的总体绩效状况;②对全部样本按照行业板块进行描述性统计,分析不同类型新能源上市公司的经营绩效;③对个体样本三年的 EVA 值和净利润值进行描述设计,进行样本个体经营绩效的纵向比较;④计算样本个体三年的经济增加值率,进行样本个体之间经营绩效的横向比较与分析。

## 6.3.2 新能源上市公司 EVA 与净利润的对比分析

①从表6-2可以看出,2013年、2014年、2015年分别有42家、47家、52家新能源上市公司的 EVA 值是正值,分别占总体的55.26%,56.63%,61.90%,EVA 的均值、最大值和最小值明显低于对应的净利润值。与净利润值相比,只有不到一半的公司产生了经济利润,真正增加了股东的财富。EVA 指标显示,我国新能源上市公司的整体经营绩效水平偏低。

**表6-2 新能源上市公司总体 EVA 值和净利润值的描述性统计**

| 项目<br>(样本个数) | | 2013 年<br>(76) | 2014 年<br>(83) | 2015 年<br>(84) |
|---|---|---|---|---|
| 大于零的样本数 | EVA | 42 | 47 | 52 |
| | 净利润 | 75 | 80 | 81 |
| 占总体的比例 | EVA | 55.26% | 56.63% | 61.90% |
| | 净利润 | 98.68% | 96.39% | 96.43% |
| 均值(元) | EVA | 32 486 700 | 10 429 300 | 9 862 800 |
| | 净利润 | 936 852 100 | 324 701 200 | 623 395 100 |
| 标准差(元) | EVA | 824 136 000 | 663 252 000 | 615 943 100 |
| | 净利润 | 128 639 000 | 134 567 000 | 823 156 000 |
| 最大值(元) | EVA | 324 796 323.62 | 323 692 426.35 | 35 326 007.78 |
| | 净利润 | 521 428 159.19 | 561 729 109.66 | 325 235 127.67 |
| 最小值(元) | EVA | −72 693 639.52 | −201 834 762.62 | −101 435 479.68 |
| | 净利润 | −163 246 789.08 | −125 283 789.18 | −93 265 052.96 |

②从 EVA 的均值看,由 2013 年的 32 486 700 元大幅降到 2015 年的 9 862 800 元,降幅达到 30.36%,说明我国新能源上市公司在国际政治、经济环境的影响下,其经营绩效波动较大,缺乏稳定性。

③同时由表6-2 可知,各新能源上市公司经营绩效之间存在显著差异,整体分化较明显。其中 2014 年和 2015 年 EVA 的最大值和最小值都低于 2013 年,表明从 2013 年到 2015 年,新能源上市公司的竞争力有下降趋势。

### 6.3.3　新能源上市公司不同行业 EVA 对比分析

前述分析表明我国新能源上市公司整体绩效不佳,从表6-3 可以看出,新能源上市公司中各子行业之间的经营绩效也具有较显著的差异,总体来说,地热能上市公司的经营绩效较好,优于太阳能、核能和风能上市公司经营绩效。

表6-3　2013—2015 年新能源上市公司行业板块 EVA 值的描述性统计

| 年份 | 项目<br>(样本个数) | 太阳能<br>(25) | 风能<br>(19) | 核能<br>(23) | 地热能<br>(7) |
|---|---|---|---|---|---|
| 2013 | EVA 均值(元) | 13 157 000 | −16 966 000 | 98 540 000 | 64 029 000 |
| | 经济增加值率均值(元) | −0.002 290 3 | −0.008 085 8 | 0.054 326 6 | 0.048 814 3 |
| | 净利润均值(元) | 99 811 000 | 36 828 000 | 137 660 000 | 106 030 000 |
| | EVA>0 的样本数(比例) | 13<br>(52%) | 16<br>(84.21%) | 20<br>(86.96%) | 6<br>(85.71%) |
| | 经济增加值率>0 的样本数(比例) | 13<br>(52%) | 16<br>(84.21%) | 20<br>(86.96%) | 6<br>(85.71%) |
| | 净利润>0 的样本数(比例) | 16 | 14 | 16 | 5 |
| 2014 | EVA 均值(元) | 7 868 800 | 2 374 000.00 | −11 917 000 | 44 542 000 |
| | 经济增加值率均值(元) | −0.002 663 1 | 0.016 561 3 | −0.010 188 5 | 0.057 937 |
| | 净利润均值(元) | 67 016 000 | 36 506 000 | 38 647 000 | 79 340 000 |
| | EVA>0 的样本数(比例) | 23<br>(92%) | 17<br>(89.47%) | 22<br>(95.65%) | 6<br>(85.71%) |
| | 经济增加值率>0 的样本数(比例) | 23<br>(92%) | 17<br>(89.47%) | 22<br>(95.65%) | 6<br>(85.71%) |
| | 净利润>0 的样本数(比例) | 24<br>(96%) | 16<br>(84.21%) | 18<br>(78.26%) | 6<br>(85.71%) |

续表

| 年份 | 项目<br>（样本个数） | 太阳能<br>（25） | 风能<br>（19） | 核能<br>（23） | 地热能<br>（7） |
|---|---|---|---|---|---|
| 2015 | EVA 均值（元） | 10 606 000 | −41 819 000 | −17 360 000 | 51 219 000 |
| | 经济增加值率均值（元） | 0.021 835 5 | −0.052 704 8 | −0.017 971 4 | 0.046 222 4 |
| | 净利润均值（元） | 91 603 000 | −3 819 000 | 30 864 000 | 100 020 000 |
| | EVA>0 的样本数（比例） | 22<br>（88%） | 16<br>（84.21%） | 19<br>（82.61%） | 6<br>（85.71%） |
| | 经济增加值率>0 的样本数（比例） | 22<br>（88%） | 16<br>（84.21%） | 19<br>（82.61%） | 6<br>（85.71%） |
| | 净利润>0 的样本数（比例） | 22（100%） | 9（47.37%） | 23（100%） | 7（100%） |
| | 2013—2015 年 EVA 均值（元） | 10 544 000 | −18 971 000 | 23 087 000 | 52 494 000 |
| | 2013—2015 年经济增加值率均值（元） | 0.005 627 4 | −0.015 348 3 | 0.008 722 2 | 0.051 146 7 |
| | 2013—2015 年净利润均值（元） | 86 143 000 | 21 930 000 | 69 056 000 | 94 354 000 |

①新能源上市公司包括 99 家，在总体中占有很重要的地位。2013—2015 年 EVA 的均值明显小于净利润均值；三年中 EVA 值大于零的公司有 60 家、68 家、53 家，分别占总体的 81.08%、91.89%、71.62%。其中，正泰电器、金风科技、中国核电、海鸥卫浴分别代表太阳能、风能、核能和地热能上市公司的经营绩效连续三年⋯⋯ EVA 值都是正值，说明它们的价值创造能力较强；虽然旷达科技、哈高科和⋯⋯值都是正值，但是它们的 EVA 值却都是负值，表明公司的会计利润⋯⋯绩效。

②从三年经济增加值率的均值看，风电类上市⋯⋯业板块中最差的。2013 年和 2015 年的 EVA 均值都是负值，只有 2014 年的⋯⋯，如果剔除其中的正值数据，则 2014 年的 EVA 均值也是负值。目前，我国风电类上市公司多处于起步发展阶段，受资源有限性以及技术、政策等的制约，其创值能力甚微，但可以预见，随着国家"十三五"规划对战略性新兴产业的政策倾斜，相信风电上市公司在接下来的发展道路上会有新的突破。

③核能与地热能上市公司的经营状况较为相似，2013—2015 年的净利润值都是正值，且 EVA 值大部分也都是正值。由于 2013 年下半年开始，受国际形势和我国关于新能源与可再生能源相关政策环境的影响，盾安环境主营业务经营效益较高，其 2013 年的 EVA 值高达 112 791 678.68 元，致使地热能上市公司三年经济增加值率的均值在行业板块中名列前茅。由 2014 年和 2015 年的 EVA 均值为负值也可以看出，地热能上市公司的获利能力不稳定，成长发展能力有待提升。

表 6-4 2013—2015 年新能源上市公司的 EVA 值和净利润值

| 行业 | 名称 | 2013 年（百万元） | | 2014 年（百万元） | | 2015 年（百万元） | |
|---|---|---|---|---|---|---|---|
| | | 净利润 | EVA | 净利润 | EVA | 净利润 | EVA |
| 太阳能 | 精功科技 | -221.447 837 01 | -21 425 602.04 | 57.110 252 3 | -58 564 966.09 | 14.010 521 52 | -4 739 737.00 |
| | 横店东磁 | 326.351 187 8 | 143 881 714.29 | 434.997 937 36 | -5 668 455.16 | 375.676 333 12 | -60 209 200.99 |
| | 中环股份 | 99.277 062 29 | -25 753 188.12 | 190.080 828 31 | -181 734 862.64 | 296.630 376 67 | 38 469 311.30 |
| | 拓日新能 | 16.670 408 18 | -43 760 645.18 | -3.385 387 58 | -29 099 573.91 | 34.052 359 29 | -27 689 734.94 |
| | 中利科技 | 325.294 522 45 | 216 468 875.27 | 364.616 363 | 286 925 016.77 | 652.838 548 2 | 9 173 516.89 |
| | 协鑫集成 | -4 927.411 807 19 | 21 329 482.59 | 2 469.335 395 87 | 19 466 529.04 | 409.785 419 76 | 27 356 538.29 |
| | 旷达科技 | 186.086 706 32 | -12 787 986.03 | 218.195 115 14 | -15 208 323.80 | 290.054 630 88 | -35 856 641.07 |
| | 爱康科技 | -1.514 939 6 | 28 699 293.64 | 109.489 601 74 | 44 247 020.93 | 139.184 337 84 | -50 231 289.37 |
| | 天龙光电 | -147.847 994 78 | -77 593 939.52 | 6.866 321 98 | 36 544 496.90 | -398.607 500 79 | 99 584 119.64 |
| | 向日葵 | 41.077 164 39 | -10 842 257.07 | 38.910 045 36 | 22 324 287.44 | 106.622 365 59 | 61 570 617.46 |
| | 东旭蓝天 | 167.845 644 83 | 3 332 526.89 | 94.185 252 4 | 5 686 659.94 | 101.886 583 35 | 29 932 335.35 |
| | 珈伟股份 | 22.957 318 3 | 44 874 645.50 | 3.806 727 63 | 93 710 319.31 | 164.990 469 81 | -4 653 485.06 |
| | 中来股份 | 114.921 827 | -66 564 724.89 | 138.619 987 7 | -86 047 658.04 | 131.793 104 68 | -72 550 158.42 |
| 太阳能 | 哈高科 | 58.540 582 0 | -13 311 333.52 | 14.840 308 6 | -45 013 591.31 | 26.154 446 84 | -10 140 044.65 |
| | 航天机电 | 197.540 994 98 | 10 810 354.56 | 72.197 342 52 | 30 464 922.54 | 195.650 868 34 | 159 079 415.49 |
| | 海润光伏 | -318.381 598 91 | 4 678 332.94 | -977.712 577 56 | -50 011 308.71 | 78.324 512 89 | 3 288 945.78 |
| | 中天科技 | 663.603 631 | 5 342 134.21 | 714.277 816 39 | 6 342 134.23 | 1 204.562 429 24 | 12 137 843 296.98 |
| | 亿晶光电 | 69.346 343 0 | 1 289 345.34 | 83.464 672 83 | 6 289 956.78 | 231.452 189 24 | 6 085 078.36 |
| | 综艺股份 | -842.828 835 6 | -65 789 929.45 | 204.998 322 48 | 15 789 939.12 | -122.953 921 97 | -60 789 323.21 |
| | 隆基股份 | 92.984 074 1 | 3 321 362.78 | 319.230 455 88 | 236 468 934.56 | 592.572 287 7 | 6 773 526.78 |
| | 博威合金 | 94.154 990 2 | 6 145 812.67 | 79.741 203 85 | 3 688 935.67 | 78.101 147 08 | 3 489 965.67 |
| | 正泰电器 | 2 001.459 495 75 | 66 237 843 296.89 | 2 323.853 281 92 | 69 345 589 966.98 | 2 195.124 495 51 | 56 789 437 836.78 |
| | 方大集团 | 100.650 541 16 | 6 578 345.63 | 110.183 092 23 | 7 689 356.89 | 103.425 226 88 | 6 678 934.34 |
| | 太阳能 | 28.947 722 3 | -1 123 698.98 | 6.111 012 51 | -215 673.78 | 526.798 146 91 | 6 173 516.89 |
| | 银星能源 | -144.929 559 12 | -11 427 802.12 | 36.706 610 86 | -1 023 678.89 | -125.741 959 79 | -31 787 802.32 |
| 风能 | 甘肃电投 | 373.240 953 57 | -44 132 408.48 | 228.135 364 68 | 5 985 015.98 | 60.535 592 43 | -110 425 469.86 |
| | 鑫茂科技 | 34.071 197 81 | -11 444 495.88 | -185.423 013 76 | 61 165 224.26 | 168.144 819 09 | -54 325 569.52 |

续表

| 行业 | 名称 | 2013 年(百万元) | | 2014 年(百万元) | | 2015 年(百万元) | |
|---|---|---|---|---|---|---|---|
| | | 净利润 | EVA | 净利润 | EVA | 净利润 | EVA |
| 风能 | 银星能源 | −144. 929 559 12 | −1 528 420. 77 | 36. 706 610 86 | −7 642 966. 97 | −125. 741 959 79 | 32 207 544. 49 |
| | 中材科技 | 151. 096 319 55 | 7 989 636. 67 | 228. 045 944 12 | −6 486 924. 63 | 432. 701 318 16 | −34 731 882. 07 |
| | 九鼎新材 | 2. 864 568 38 | −115 673. 78 | 11. 311 209 15 | −40 213 596. 32 | 18. 485 847 04 | −56 013 696. 32 |
| | 金风科技 | 505. 550 532 77 | 6 013 526. 98 | 2 108. 986 497 4 | 52 636 548 928. 78 | 3 246. 829 700 32 | 69 345 589 966. 98 |
| | 大连重工 | 435. 501 912 33 | −5 613 626. 36 | 66. 526 972 06 | −191 427 369. 68 | 16. 958 499 48 | −56 713 696. 16 |
| | 天顺风能 | 203. 305 340 44 | 5 685 016. 78 | 202. 014 823 28 | 4 567 816. 89 | 358. 337 718 88 | −45 232 458. 67 |
| | 天晟新材 | −83. 480 278 89 | −6 356 422. 83 | 29. 502 525 33 | 322 178 182. 36 | 26. 686 433 47 | 302 078 189. 56 |
| | 通裕重工 | 74. 152 042 12 | 127 896 996. 68 | 101. 368 876 55 | 45 247 023. 78 | 139. 856 092 82 | 50 231 289. 37 |
| | 金雷风电 | 60. 970 707 | −120 425 469. 68 | 106. 427 934 07 | 45 897 221. 32 | 190. 842 666 24 | 166 256 803. 37 |
| | 中闽能源 | −771. 940 054 91 | −68 789 029. 34 | −537. 450 756 95 | −7 013 626. 78 | 47. 656 803 49 | −16 842 357. 28 |
| | 长城电器 | 96. 908 374 54 | −23 783 189. 16 | 99. 353 336 78 | −26 753 289. 18 | 57. 391 185 78 | −13 321 323. 52 |
| | 东仪电气 | 49. 550 055 11 | −18 842 362. 36 | 109. 408 049 13 | 6 878 936. 89 | 99. 660 450 13 | −26 783 289. 18 |
| | 湘电股份 | 59. 557 555 38 | 163 368 992. 67 | 56. 205 950 3 | 123 368 392. 09 | 64. 683 546 67 | 223 668 392. 34 |
| | 时代新材 | 131. 425 508 | 45 231 289. 37 | 48. 881 947 46 | 18 962 362. 78 | 268. 571 957 35 | −35 856 641. 07 |
| | 福能股份 | 28. 867 018 39 | 323 278 182. 36 | 1 016. 597 266 57 | 12 037 843 296. 56 | 1 434. 084 240 89 | 63 237 843 296. 78 |
| | 节能风电 | 280. 173 925 | −21 167 326. 67 | 250. 777 320 69 | −21 157 726. 92 | 297. 481 805 43 | −25 158 726. 34 |
| | 吉鑫科技 | 22. 391 672 65 | 321 278 182. 36 | 109. 440 623 76 | 6 878 966. 78 | 149. 622 936 4 | 52 233 289. 36 |
| 核能 | 中核科技 | 69. 838 554 78 | −4 927 800. 89 | 77. 978 822 6 | −1 602 660. 77 | 88. 468 886 47 | −6 556 422. 80 |
| | 吉电股份 | 23. 969 249 15 | 302 076 182. 34 | 79. 835 235 53 | −27 662 454. 32 | 164. 030 519 79 | −16 511 080. 93 |
| | 安泰科技 | 78. 342 787 95 | 148 806 996. 08 | −183. 359 151 72 | 156 154 800. 73 | 116. 257 055 24 | 128 239 540. 17 |
| | 盾安环境 | 242. 962 285 92 | −32 856 642. 15 | 157. 190 160 58 | 69 088 154. 40 | 82. 580 541 19 | −6 278 422. 89 |
| | 沃尔核材 | 103. 702 154 39 | 42 897 321. 32 | 163. 725 503 28 | −54 326 569. 52 | 669. 190 220 9 | 5 242 134. 21 |
| | 西部材料 | 65. 354 633 54 | −4 927 800. 34 | 40. 781 861 4 | −16 842 369. 28 | −201. 354 626 58 | −4 567 816. 89 |
| | 东方锆业 | −99. 379 063 12 | −26 783 289. 18 | 7. 053 363 53 | 42 563 896. 01 | −360. 599 345 07 | −43 132 408. 37 |
| | 海陆重工 | 118. 609 175 98 | 45 231 289. 37 | 80. 325 229 7 | −27 862 461. 32 | 120. 434 449 09 | 43 231 289. 67 |
| | 浙富控股 | 101. 346 675 71 | 42 897 321. 32 | 123. 620 870 92 | 42 231 289. 67 | 99. 534 805 67 | −26 783 289. 18 |
| | 久立特材 | 262. 344 791 29 | −32 968 642. 18 | 224. 238 547 64 | −34 856 642. 15 | 136. 336 883 42 | 52 232 289. 89 |

续表

| 行业 | 名称 | 2013 年(百万元) | | 2014 年(百万元) | | 2015 年(百万元) | |
| --- | --- | --- | --- | --- | --- | --- | --- |
| | | 净利润 | EVA | 净利润 | EVA | 净利润 | EVA |
| 核能 | 天沃科技 | 148. 075 622 13 | −54 325 673. 52 | 65. 983 264 55 | 223 668 392. 34 | 9. 557 648 72 | −40 223 696. 17 |
| | 永兴特钢 | 270. 940 336 82 | −32 168 642. 62 | 313. 885 778 52 | −36 132 408. 68 | 264. 170 213 69 | −36 856 642. 16 |
| | 南风股份 | 54. 123 663 98 | 123 368 392. 09 | 124. 681 862 75 | 43 231 289. 67 | 48. 525 906 79 | 18 966 362. 89 |
| | 科新机电 | −39. 475 592 87 | −12 842 369. 21 | 8. 390 378 41 | 45 563 896. 37 | −48. 936 599 13 | −18 832 369. 28 |
| | 中飞股份 | 40. 261 452 55 | −16 842 369. 28 | 42. 956 401 09 | −18 842 369. 39 | 35. 165 674 18 | −12 842 369. 21 |
| | 上海电力 | 2 095. 842 812 96 | 52 636 548 928. 67 | 2 497. 881 858 85 | 56 636 548 928. 78 | 2 845. 404 015 17 | 62 636 548 928. 89 |
| | 哈空调 | −104. 561 240 71 | −42 897 321. 32 | 24. 174 502 22 | 322 276 182. 34 | 13. 243 784 72 | −40 213 596. 32 |
| | 中国一重 | 155. 502 254 61 | 69 088 154. 40 | 80. 895 884 55 | −27 862 461. 32 | −1 811. 983 722 18 | 68 237 843 296. 89 |
| | 中国核建 | 901. 854 193 2 | 10 037 843 296. 67 | 1 073. 721 166 69 | 12 037 843 296. 56 | 1 268. 549 416 16 | 16 037 843 296. 78 |
| | 中国核电 | 6 090. 176 564 87 | 262 636 548 928. 89 | 6 161. 485 71 | 272 636 548 928. 78 | 8 213. 346 712 84 | 392 636 548 928. 88 |
| | 兰石重装 | 56. 158 204 95 | 133 268 392. 09 | 518. 509 565 56 | −7 213 626. 78 | 757. 858 831 48 | 7 373 516. 78 |
| | 应流股份 | 192. 839 481 7 | 12 810 354. 56 | 125. 185 691 91 | 43 231 289. 67 | 85. 854 966 44 | −30 862 461. 32 |
| | 纽威股份 | 579. 961 602 59 | −7 813 626. 89 | 684. 778 477 12 | 5 642 134. 67 | 419. 759 820 95 | 27 356 538. 29 |
| 地热能 | 烟台冰轮 | 283. 564 115 97 | −21 157 726. 92 | 258. 470 649 34 | −97 223 301. 94 | 387. 321 356 17 | 16 807 307. 65 |
| | 盾安环境 | 242. 962 285 92 | 112 791 678. 68 | 157. 190 160 58 | 72 110 191. 70 | 82. 580 541 19 | −26 592 667. 98 |
| | 海鸥卫浴 | 51. 762 961 53 | 15 676 733. 74 | 46. 874 318 46 | 22 578 527. 65 | 55. 042 983 93 | 123 368 392. 09 |
| | 雷科防务 | 34. 537 070 63 | −26 376 732. 86 | 47. 793 392 75 | −152 761 068. 43 | 180. 224 528 35 | 14 271 128. 58 |
| | 艾迪西 | 15. 820 598 13 | −10 689 399. 34 | 6. 090 390 89 | 11 747 334. 45 | −3. 643 106 72 | −11 226 012. 03 |
| | 双良节能 | 725. 322 890 6 | 68 020 384. 98 | 380. 386 205 21 | 84 456 896. 25 | 398. 583 728 07 | −5 697 540. 75 |
| | 海立股份 | 167. 960 890 6 | 72 322 196. 72 | 165. 658 858 28 | 72 320 992. 26 | 133. 614 295 63 | 57 852 534. 79 |

④从表 6-2 和表 6-3 可以看出,太阳能、风能、核能和地热能上市公司之间的经营绩效差异较大,这与企业的经营类型和国家的政策有较大关系。其中,中利科技和东旭蓝天三年的净利润值和 EVA 值都是正值,而且其创值能力持续增强;而银星能源 2013 和 2015 年的净利润均为负值,此外,2013 年和 2014 年的 EVA 值均为负值,虽有上升的趋势,但目前并未走出发展低谷期。由此可以看出,对于战略性新兴产业来讲,其发展状况在很大程度上受外界环境,尤其是国家的宏观环境和法规政策的影响较大,这也启示我们,要使新兴产业健康持续发展,国家的政策扶持起着至关重要的作用。

### 6.3.4 新能源上市公司不同公司 EVA 对比分析

从表6-4可以看出,根据经济增加值率进行横向比较,我国新能源上市公司中不同子行业公司之间的经营绩效参差不齐,分化明显,而同一子行业内部公司的经营绩效之间也存在较大差异。

①2013年共有13家公司的经济增加值率为正值,仅占总体的17.57%,排名靠前的主要有航天机电、吉电股份、中利科技和协鑫科技等,排在后面的主要有精功科技、中环股份和甘肃电投等;2014年共有16家公司的经济增加值率为正值,占总体的21.62%,排名靠前的主要有中利科技、爱康科技等,排在后面的主要有精功科技、中环股份等;2015年共有13家公司的经济增加值率为正值,仅占总体的17.57%,排名靠前的主要有天龙光电、向日葵和东旭蓝天等,排在后面的主要有横店东磁、中来股份和甘肃电投等。

②2013年排名第一位的海立股份,2014年位列第三位,出现这种现象一方面是由企业自身经营状况造成,另一方面也与国家的政策环境有关,由于2013年下半年到2014年国家出台相关政策,故对其利润产生了一定的影响,从而造成经济增加值率发生下降趋势。由此可知,该公司绩效受不可抗拒风险因素影响较大,抗风险能力也存在隐患,因此该类公司的创值能力具有较大的不稳定性。

③银星能源在2013年位列第71位,经济增加值率为负,而业界预测其2013年度的净利润亏损14 500万~15 000万元,主要原因一是受光伏设备制造产业市场竞争激烈的影响,市场价格大幅下降,销售毛利甚微;二是风电设备制造产业市场需求量下降,销售量剧减;三是参股公司宁夏银星多晶硅有限责任公司大额亏损给公司造成投资损失;四是部分应收款项出现减值迹象计提了坏账准备,由此可知,预测与实际情况是一致的。

④2013年位列第4位的天顺风能,经济增加值率为5 685 016.78,根据业界的预测,2014年公司净利润上升不超过50%,预计2014年1—6月归属于上市公司股东的净利润为10 063.49万~11 069.84万元,同比增长0%~10%,原因是2014年1—6月经营绩效与上年同期相比预计变动不大。而2015年绩效将出现大幅上升,预计2015年度归属于上市公司股东的净利润为27 981.81万~33 228.4万元,同比上升60%~90%,主要是源于公司依托自身品牌优势和管理优势,积极开拓国内外风电市场,产品订单增加明显,经营绩效快速增长。因此该公司的绩效扭转状况也可以作为其他新能源公司学习和借鉴的范式。

⑤从表6-5的排名可知,海立股份等公司的创值能力较强,它们三年的排名都较高;但一个非常明显的问题是这三年当中各个公司之间的差异性非常大,与此同时,每个公司在三年当中的经济增加值率的波动性也非常大。例如中国一重,在2013年排名第二位,而在2014年却直接下降到倒数的地步,排名为第70位。可见新能源上市公司的绩效波动性较大,存在很大的不稳定性,尤其对于刚成立的新公司,需要国家的大力扶持。

⑥哈空调,2013年经济增加值率排名为最后一位,并且在三年中绩效也没有出现明显的改善。业界预测其2013年度归属于上市公司股东的净利润为-9 000万~8 000万元,之所以做出这样的预测,主要是因为公司的营业收入减少、公司产品市场竞争激烈、订货价格下降、人工成本及运输费等期间费用有所增加以及资产减值损失同比大幅增加等。

表6-5　2013—2015年新能源上市公司的经济增加值率及排名

| 排名 | 2013年 | | 2014年 | | 2015年 | |
| --- | --- | --- | --- | --- | --- | --- |
| | 名称 | 经济增加值率 | 名称 | 经济增加值率 | 名称 | 经济增加值率 |
| 1 | 海立股份 | 72 322 196.72 | 珈伟股份 | 93 710 319.31 | 天龙光电 | 99 584 119.64 |
| 2 | 中国一重 | 69 088 154.40 | 双良节能 | 84 456 896.25 | 中利科技 | 9 173 516.89 |
| 3 | 金风科技 | 6 013 526.98 | 海立股份 | 72 320 992.26 | 兰石重装 | 7 373 516.78 |
| 4 | 天顺风能 | 5 685 016.78 | 盾安环境 | 72 110 191.70 | 隆基股份 | 6 773 526.78 |
| 5 | 海润光伏 | 4 678 332.94 | 盾安环境 | 69 088 154.40 | 太阳能 | 6 173 516.89 |
| 6 | 时代新材 | 45 231 289.37 | 鑫茂科技 | 61 165 224.26 | 向日葵 | 61 570 617.46 |
| 70 | 精功科技 | -21 425 602.04 | 中国一重 | -27 862 461.32 | 甘肃电投 | -110 425 469.86 |
| 71 | 银星能源 | -1 528 420.77 | 吉电股份 | -27 662 454.32 | 哈高科 | -10 140 044.65 |
| 72 | 科新机电 | -12 842 369.21 | 大连重工 | -191 427 369.68 | 东仪电气 | -26 783 289.18 |
| 73 | 旷达科技 | -12 787 986.03 | 中飞股份 | -18 842 369.39 | 浙富控股 | -26 783 289.18 |
| 74 | 哈空调 | -42 897 321.32 | 雷科防务 | -152 761 068.43 | 综艺股份 | -60 789 323.21 |

## 6.3.5　案例分析结论

科学、合理地对新能源上市公司绩效进行分析评价，既可以明确新能源企业的当期收益，也有助于提升企业的管理质量和管理水平，促进企业可持续发展。使用强调资金成本意识的EVA指标进行新能源企业绩效分析评价可以修正传统企业绩效评价的片面理解，能够科学评价新能源上市公司的经营绩效，从而更加全面、系统、真实地反映企业运营情况，实现新能源企业增值和社会功能的有效发挥。

同时，基于"中国新能源上市公司整体经营绩效不佳，行业内部之间差距显著，价值创造能力和抗风险能力偏弱，可增长空间较大，科技型、产品深加工型公司的经营绩效优于其他新能源上市公司"的研究结果，也可以初步明确我国新能源上市公司实现企业增值目标的工作重心，即提高新能源上市公司的经营绩效关键在于如何提高资金的使用效率。新能源上市公司在经营扩张的过程中，应该在提高盈利能力的同时努力降低资本成本，充分利用国家各种优惠政策、资金扶持等项目加强技术创新，在做强主业的同时实行适度的多元化经营战略，以提高新能源上市公司的整体经营绩效，增强企业的综合竞争力，在现代新能源产业建设过程中充分发挥龙头带动作用。

# 第 7 章

## 面向企业员工的绩效评价方法

本章以企业内部各部门及员工为对象,以企业战略目标为导向,阐述平衡计分卡的原理,并介绍层次分析法在指标权重测算中的应用,最后以 G 炼油厂为例,对平衡计分卡进行了应用。

## 7.1 平衡计分卡的概念与背景

### 7.1.1 平衡计分卡的概念

企业一定时期的绩效不仅表现为财务和经济指标,还是企业整个规划管理过程的结果,平衡计分卡是对传统的以财务指标为基础的评价体系的改进,是对企业绩效进行综合规划管理和考核评价的系统。

【要点提示】 哈佛大学教授卡普兰和诺顿于 1992 年发表《平衡记分卡——驱动绩效的量度》一文,将平衡记分卡的研究结果在《哈佛商业评论》上进行了总结。后来,平衡计分卡被《哈佛商业评论》评为 75 年来最具影响力的管理工具之一,它打破了传统的单一使用财务指标衡量绩效的方法,在财务指标的基础上加入了未来驱动因素,即客户因素、内部经营管理过程和员工的学习成长,在集团战略规划与执行管理方面发挥了非常重要的作用(卡普兰教授,哈佛商学院教席教授,既是平衡计分卡的创始人,也是作业成本法的创始人)。

平衡计分卡以企业战略为导向,通过财务、客户、内部业务流程和学习与成长四个方面全面管理和评价企业综合绩效。财务、客户、内部业务流程和学习与成长四个视角均由愿景与战略转化而来,每个视角下所列的目的、指标、指标值和措施,则是愿景与战略转化的四个阶段。平衡计分卡模型如图 7-1 所示。

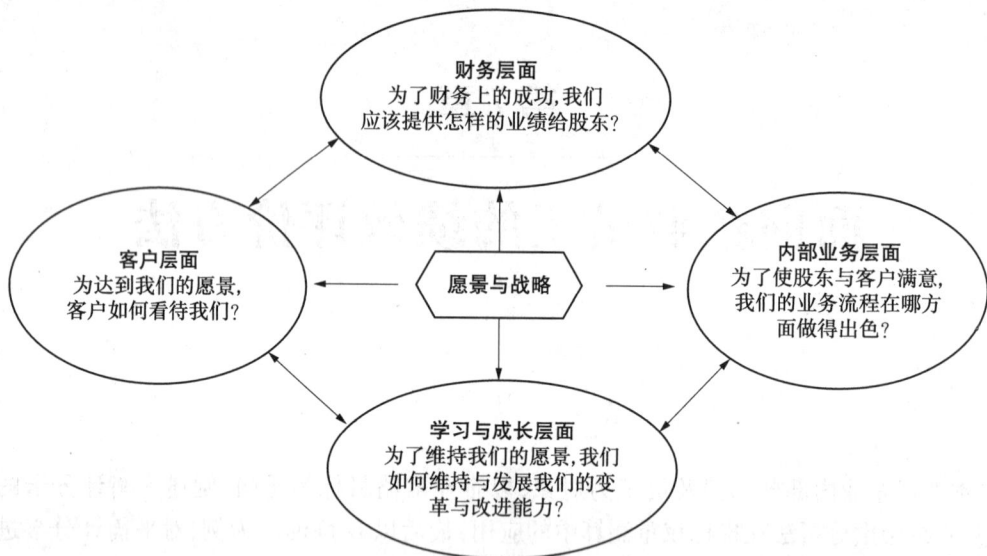

图 7-1　平衡计分卡模型

## 7.1.2　平衡计分卡的特点与优势

### 1) 平衡记分卡的特点

①以企业发展战略为导向,将企业长期战略规划融入考核评价系统,实现短期目标与长期目标相衔接,增进企业长期发展能力。

通过战略转换可以将企业的绩效指标与战略联系起来,即按照目的、指标、指标值和措施四个阶段依次将战略转换为整个组织的年度绩效指标体系或可操作性标准,按照组织层级将整个组织的绩效指标体系最终转换为每个组织成员的绩效指标或日常工作。

②为平衡管理评价,在财务因素之外引入客户、内部业务流程、学习与成长等因素,使财务指标与非财务指标相互补充,达到一定程度的平衡。

财务视角是整个平衡计分卡的出发点和归宿,企业仍以牟取股东利益最大化为出发点,但以满足客户需要(如价格、质量、功能、品牌、服务等)为前提条件,从客户需要出发来优化内部业务流程(如运营流程、客户管理流程、创新流程、行政管理流程等),而内部业务流程的优化则取决于学习与成长方面,也就是人力资源、信息资源和组织资源的状况能否创造出优化的内部业务流程。反过来,企业拥有优良的人力资源、信息资源和组织资源是为了获得优化的内部业务流程,满足客户需要,进而牟取股东利益最大化。平衡计分卡的四个视角连接成一个"闭路循环"。

③实行绩效结果评价与运营过程考核相结合、企业内部评价与外部评价相结合、企业内部各部门之间(财务部门、营销部门与设计部门、生产服务管理部门、人力资源部门)寻求平衡的系统方式。

④构成对企业绩效全面综合的评价系统,如图 7-2 所示。

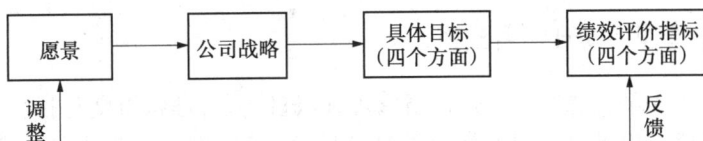

**图7-2　绩效指标与战略**

### 2）平衡记分卡的优势

①战略目标逐层分解并转化为被评价对象的绩效指标和行动方案，使整个组织行动协调一致。

②从财务、客户、内部业务流程、学习与成长四个维度确定绩效指标，使绩效评价更为全面完整。

③将学习与成长作为一个维度，注重员工的发展要求和组织资本、信息资本等无形资产的开发利用，有利于增强企业可持续发展的动力。

## 7.1.3　平衡计分卡在战略管理中的作用

平衡计分卡可以在战略管理中发挥以下作用：

### 1）使目标和战略具体化

平衡计分卡将企业的目标和战略细化为财务、客户、内部业务流程、学习与成长四个方面，形成一系列被管理人员认可的测评指标和目标值，充分地描述了实现企业长期战略目标的推动因素。

### 2）促进沟通和联系

平衡计分卡使企业内部就战略进行上下沟通，并将各部门的目标联系起来。

### 3）辅助业务规划

平衡计分卡使企业能够实现业务规划与财务规划的一体化，将依据平衡计分卡制定的战略目标作为分配资源和确定优先顺序的依据，管理人员将会采用那些能推动实现长远战略目标的新措施，并注意协调。

### 4）增强战略反馈和学习

以平衡计分卡为核心进行管理时，企业能够从四个角度监督短期结果，并根据最近的绩效结果，评价战略实施情况，使企业修正战略，随时反映学习所得。

## 7.1.4　改进价值管理的途径与效果

在企业绩效评价和考核中引入价值管理并不断加以改进，将从根本上改变传统的以利润、产值等财务指标为核心的财务管理体系，促进企业管理升级和战略提升。

### 1) 改进价值管理将提升财务战略

现代企业财务战略管理的核心是价值管理,改进价值管理将重塑包括公司战略制订、组织架构建设和管理流程重组在内的战略性管理体系,通过强化企业的资本成本和价值创造理念,促进企业建立以价值管理为核心的现代企业财务战略,适应市场经济的需要。

### 2) 改进价值管理将改善企业治理机制

改进价值管理有助于企业更加关注股东价值的创造,有利于企业建立良好的治理机制,协调好企业股东、管理层和员工等利益相关者之间的关系,形成严格的资本纪律,避免出现只注重规模扩张、不考虑真正的价值创造,投资规模与投资收益不成正比,导致资本回报率低下,甚至使企业陷入困境。

### 3) 改进价值管理将促进财务目标转换

改进价值管理改变了"会计利润至上"的传统财务目标,使得企业价值最大化成为财务管理各主要职能的统一目标,引导人、财、物等各项经济资源在企业内部进行更有效的配置,有利于使经营者利润与股东利益协调一致,维护股东权益,使企业协调地运行和管理,避免企业财务决策与执行之间发生冲突。

### 4) 改进价值管理将提高管理决策水平

改进价值管理要求企业改变传统的管理方法,将关注焦点集中在战略上,有利于引导企业转变发展方式,增强价值创造理念,提高管理决策水平。比如,将促使企业投资于预期回报率高于资本成本的项目,减少低收益投资;促使企业努力降低产品成本,充分利用经营杠杆,提高销售收入的增长,从而尽可能在保持资本结构不变的前提下提高税后经营利润;促使企业追求最优的资本结构,降低资本成本率,以最低的资本成本筹集企业发展所需资金;促使企业避免资本支出规模过大,积极处置闲置资产,提高资金使用效率,加速资金周转,避免资本沉淀;促使企业提高投资决策质量和效率,自觉调整业务结构,扩大价值创造能力强的业务等。企业通常需要多管齐下,实现价值管理的改进。

#### (1) 企业领导层重视

将绩效评价和价值管理有机整合,引进综合绩效评价方法、平衡计分卡和经济增加值等管理工具,不仅是一种管理评价体系的变化,还是一种改变企业管理理念和行为的手段,涉及企业管理的各个层面和利益调整。企业领导层应当予以高度重视,对以价值管理为核心的评价体系提供强有力的支持,以实现企业管理重心和模式的真正转变。

#### (2) 企业员工全员参与

改进价值管理不应当被理解为是财会部门的事情,它需要企业全体员工的共同参与。领导层在有关价值管理方案决策中,应当充分听取有关专家的意见,积极鼓励中层管理人员和一线员工参与具体方案的设计;在有关价值管理方案实施过程中,应当确保全体员工深刻领会综合绩效评价方法、平衡计分卡和经济增加值等内涵,保持信息沟通渠道的畅通,并能够及时掌握每个员工对企业价值的贡献,以实现价值管理方案在企业内部各个层级上保持一致。

### （3）科学有效组织实施

改进价值管理的实质是对企业生产经营的各个环节进行价值链再造,涉及对企业人、财、物进行重整或者重组,因此科学组织实施十分关键。一是应当根据企业规模、发展阶段、经营实际和行业特点选择合适的参照企业,确定目标值;二是应当循序渐进,科学分解目标值,根据企业发展阶段逐步深入贯彻价值管理理念,既不苛求一步到位,又要坚持不懈,以最终将价值管理变成一种创造价值的企业文化;三是应当改革企业的薪酬制度,以企业长期和持续价值创造作为业绩考核导向,将综合绩效评价指标、平衡计分卡和经济增加值等指标和方法有机结合起来,并与企业管理层和员工薪酬紧密挂钩;四是应当做好价值管理每个环节的组织实施工作,协调好企业经营系统中发展战略、组织结构、绩效计量、流程与职责、技术、专业技能等各个方面之间的关系,促进企业经营的协调、融合和价值提升。

### （4）构建良好的外部环境

从成熟市场经济国家的实践来看,改进和实施有效的价值管理通常还需要有良好的外部环境相配套,如较为发达的资本市场、严格公平的监管政策、发达的中介服务机构、较为完善的市场数据等。我国企业要切实改进价值管理,提高竞争力,还需要不断推进市场化改革,完善市场体系,建立健全现代企业制度,有效提高监管水平,提升投资者权益保护意识与参与决策水平,从而为企业全面推进价值管理、促进企业可持续发展创造良好的外部环境。

综上所述,平衡计分卡已经发展成为集团战略管理的工具,在集团战略规划与执行管理方面发挥着非常重要的作用。它能有效地解决制订战略和实施战略脱节的问题,堵住了"执行漏洞"。它一方面保留了传统衡量绩效的财务指标,并且兼顾了促成财务目标的绩效因素的衡量;另一方面,在支持组织追求绩效之余,也监督组织的行为应兼顾学习与成长,并且通过一连串的互动因果关系,把产出和绩效驱动因素串联起来,以衡量指标与其量度作为桥梁,把组织的使命和策略转变为一套前后连贯的系统绩效评核量度,把复杂而笼统的概念转化为精确的目标,最终使财务与非财务的衡量之间、短期与长期的目标之间、落后的与领先的指标之间以及外部与内部绩效之间得以平衡。

## 7.2　战略地图与平衡记分卡的设计

### 7.2.1　平衡计分卡的应用条件

企业应用平衡计分卡工具方法,应有明确的愿景和战略,平衡计分卡应以战略目标为核心,全面描述、衡量和管理战略目标,将战略目标转化为可操作的行动。平衡计分卡可能涉及组织和流程变革,具有创新精神、变革精神的企业文化有助于成功实施平衡计分卡。企业应对组织结构和职能进行梳理,消除不同组织职能间的壁垒,实现良好的组织协同,既包括企业内部各级单位（部门）之间的横向与纵向协同,也包括与投资者、客户、供应商等外部利益相关者之间的协同。企业应注重员工学习与成长能力的提升,以更好地实现平衡计分卡的财务、客户、内部业务流程目标,使战略目标贯彻到每一名员工的日常工作中。平衡计分卡的实施是一项复杂的系统工程,企业一般需要建立由战略管理、人力资源管理、财务管理和外部专家等组成的团队,为平衡计分卡的实施提供机制保障。企业应建立高效集成的信息系统,实现绩效管理与预算管理、财务管理、生产经营等系统的紧密结合,为平衡计分卡的实施提供信息支持。

## 7.2.2 战略地图与指标设计

### 1)战略地图

企业应用平衡计分卡工具方法,首先应制订战略地图,即基于企业愿景与战略,将战略目标及其因果关系、价值创造路径以图示的形式直观、明确、清晰地呈现。战略地图基于战略主题构建,战略主题反映企业价值创造的关键业务流程,每个战略主题包括相互关联的1~2个组标,战略地图制订后,应以平衡计分卡为核心编制绩效计划。

战略地图,是指为描述企业各维度战略目标之间因果关系而绘制的可视化的战略因果关系图。战略地图通常以财务、客户、内部业务流程、学习与成长四个维度为主要内容,通过分析各维度的相互关系,绘制战略因果关系图。企业可根据自身情况对各维度的名称、内容等进行修改和调整。

企业应用战略地图工具方法,应注意通过战略地图的有关路径设计,有效使用有形资源和无形资源,高效实现价值创造;应通过战略地图实施将战略目标与执行有效绑定;引导各责任中心按照战略目标持续提升绩效,服务企业战略实施。企业应用战略地图工具方法,一般按照战略地图设计和战略地图实施等程序进行。

（1）战略地图设计

企业设计战略地图,一般按照设定战略目标、确定业务改善路径、定位客户价值、确定内部业务流程优化主题、确定学习与成长主题、进行资源配置、绘制战略地图等程序进行。

（2）战略地图实施

战略地图实施,是指企业利用管理会计工具方法,确保企业实现既定战略目标的过程。战略地图实施一般按照战略 KPI 设计、战略 KPI 责任落实、战略执行、执行报告、持续改善、评价激励等程序进行。

### 2)平衡计分卡指标体系的制订程序

平衡计分卡指标体系的构建应围绕战略地图,针对财务、客户、内部业务流程和学习与成长四个维度的战略目标,确定相应的评价指标。

构建平衡计分卡指标体系的一般程序如下:

（1）制订企业级指标体系

根据企业层面的战略地图,为每个战略主题的目标设定指标,每个目标至少应有 1 个指标。

（2）制订所属单位（部门）级指标体系

依据企业级战略地图和指标体系，制订所属单位（部门）的战略地图，确定相应的指标体系，协同各所属单位（部门）的行动与战略目标保持一致。

（3）制订岗位（员工）级指标体系

根据企业、所属单位（部门）级指标体系，按照岗位职责逐级形成岗位（员工）级指标体系。

## 7.2.3　平衡计分卡系统的设计步骤

设计完整的平衡计分卡系统需要大量的调查研究，一般包括以下几个步骤：

### 1）制订战略规划，明确战略目标

### 2）设计核心财务指标，明确直接影响因素

### 3）导入非财务因素，设计相关指标

（1）客户方面

平衡计分卡将企业使命和战略以及核心财务指标拓展为与客户相关的具体要素、目标和指标，企业应以目标客户和目标市场为导向，关注核心客户需求的满足。客户消费一般关注时间、质量、性能、服务和成本五个要素。企业需要为这五个要素确立明确的具体目标，再将这些目标细化为具体指标，如市场份额、老客户挽留率、新客户获得率、客户满意度、客户贡献的利润等。

（2）内部业务流程方面

内部业务流程方面关注的重点是与股东和客户目标密切相关的运营过程，如客户满意度和股东回报率。内部业务流程指标既包括短期的现有业务的改善，又包括长远的产品和服务，涉及创新、经营和服务等过程，体现全程管理与服务的理念。

（3）学习与成长方面

学习与成长目标为其他三个方面的目标提供了基础和动力，其具体指标包括员工的能力、信息系统的能力、授权与相互配合以及激励的效果，体现了全员参与和团队管理的理念。

### 4）分析关键因素，设计绩效指标

设计平衡计分卡系统，在由上而下确立绩效目标的基础上，还要分析绩效驱动因素与业绩考核指标之间的因果关系，并综合考虑绩效驱动因素与业绩考核指标的长期性与短期性、过程结果与过程行为、团队与个人等，分层递进分解，设计相应的业绩考核评价具体指标。

业绩考核评价具体指标可以从以下几个方面进行设计：

①财务角度：可以重点考虑设计股东回报指标、现金流指标、主要顾客收益率指标、利润

预期指标、销售增长率指标等。

②创新与学习角度：可以重点考虑设计新产品占销售的比例指标、雇员调查问卷，以及主要员工保留率和员工能力评估和发展等指标。

③顾客角度：可以重点考虑设计交货时间、顾客满意度、市场份额、新客户开发率等指标。

④内部流程角度：可以重点考虑设计在新工作中与顾客相处的时间、每个雇员的收入、收益率、交货时间、工程完成率等指标。

⑤构建完整的考核评价系统框架。

### 7.2.4 平衡记分卡的标准与权重

对被评价对象进行绩效评价时，一般需合理设计多个评价指标，构成一个有机的指标体系。评价指标体系确定之后，需要对每一个指标赋予一定的权重。权重是一个相对的概念，某一评价指标的权重是指该指标在整体评价指标体系中的相对重要程度。指标权重可以从若干评价指标中分出轻重，并在很大程度上反映企业的考核导向。同一评价指标在对不同类型被评价对象进行评价时可以赋予不同的权重。比如，某集团企业希望所属 A 类企业重点做规模，其可赋予营业收入等规模指标更高的权重；同时希望 B 类企业重点做效益，其可赋予利润总额等效益指标更高的权重。

考核评价实践中应综合运用各种方法科学、合理设置指标权重，通常的做法主要根据指标的重要性以及考核导向进行设置，并根据需要适时进行调整。指标权重的确定可选择运用主观赋权法和客观赋权法，也可综合运用这两种方法。主观赋权法是利用专家或个人的知识与经验来确定指标权重的方法，如德尔菲法、层次分析法等。客观赋权法是从指标的统计性质入手，由调查数据确定指标权重的方法，如主成分分析法、均方差法等。

#### 1）德尔菲法

德尔菲法（也称专家调查法），是指邀请专家对各项指标进行权重设置，将汇总平均后的结果反馈给专家，再次征询意见，经过多次反复，逐步取得比较一致结果的方法。

#### 2）层次分析法

层次分析法，是指将绩效指标分解成多个层次，通过下层元素对于上层元素相对重要性的两两比较，构成两两比较的判断矩阵，求出判断矩阵最大特征值所对应的特征向量作为指标权重值的方法。

#### 3）主成分分析法

主成分分析法是指将多个变量重新组合成一组新的相互无关的综合变量，根据实际需要从中挑选出尽可能多地反映原来变量信息的少数综合变量，进一步求出各变量的方差贡献率，以确定指标权重的方法。

### 4）均方差法

均方差法是指将各项指标定为随机变量,指标在不同方案下的数值为该随机变量的取值,首先求出这些随机变量(各指标)的均方差,然后根据不同随机变量的离散程度确定指标权重的方法。

# 7.3 平衡计分卡应用案例

本案例以中国石油天然气股份有限公司所属 G 炼油厂为对象运用平衡积分卡理论,结合 G 炼油厂战略目标和生产经营实际设计了平衡积分卡的主要指标,并运用层次分析方法进行了权重研究。

## 7.3.1 G 炼油厂绩效评价目标的选择

### 1）平衡计分卡设计的准备工作

平衡计分卡将战略目标细化至具体考核指标,为此在平衡计分卡的设计前期,要充分利用前文所做的分析,明确炼油厂的总体发展定位和发展战略目标,确保平衡计分卡的设计是在战略的引导下完成的。

（1）总体发展定位

依据国家和中石油的部署,结合 G 炼油厂的 SWOT 分析,G 炼油厂总体发展定位为:立足青藏,走精、特、优之路,打造高原精品炼厂,以甲醇为龙头,依托柴达木,做大做强化工。

（2）发展战略目标

质量是产品的核心,认真组织生产做到国标产品的保障,遵照低碳和可持续性原则,完成股份公司的生产任务;解决不能达到长期、满荷优质运行的问题,使原油加工量实现逐步增长,在加工的同时实现各项技术类指标的改良,优于往年的水平;以甲醇产品为龙头,推进高附加产品产量,做好化工,发展甲醇下游化工产品;以人员为炼油厂发展的核心保障,全面优化人力资源结构,稳定员工队伍。

### 2）基于平衡计分的绩效评价目标

在整个竞争市场的背景下,炼油厂是供应链环节上的一个子系统。人员、装置及管理构成炼油厂子系统,炼油厂子系统通过原料输入和产品输出与外部环境发生关系。在炼油厂中,原油和辅助材料、动力输入至生产装置,全员对运行过程进行参与,产品输出至客户完成销售,这一切又都在保障员工的基础上建立,最终反映出盈利能力。

G 炼油厂取得未来行业竞争优势的关键就是依托地域,做精炼油,做好化工,关注人才,提供产品,赢得市场信赖,将具体的战略目标细分为各层面目标。

财务层面:持续提升炼油厂整体盈利水平,依托地域优势,做大做强化工。

客户层面:保证产业链下游的客户消费满意,以达到炼油厂健康持续发展。

内部运营层面:以安全和环保为基准,优化装置加工流程,保证装置长期满荷,优质运行。

学习与成长层面:保证人力资源结构,拥有稳定的人才队伍。

战略地图是通过平衡计分卡四个层面具体目标的因果关系反映其战略目标,描述了炼油厂的价值创造过程。描述了炼油厂如何才能实现战略目标,明晰财务目标和非财务目标的逻辑关系。G 炼油厂战略地图如图7-3所示。

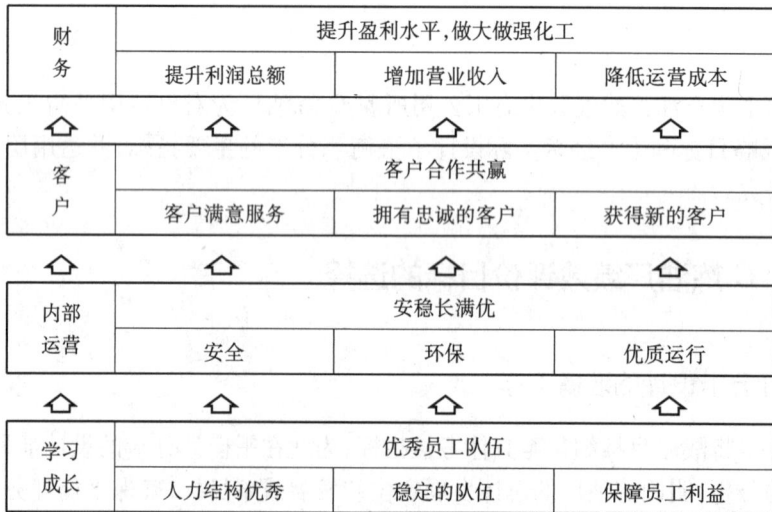

| 财务 | 提升盈利水平,做大做强化工 | | |
| --- | --- | --- | --- |
| | 提升利润总额 | 增加营业收入 | 降低运营成本 |

| 客户 | 客户合作共赢 | | |
| --- | --- | --- | --- |
| | 客户满意服务 | 拥有忠诚的客户 | 获得新的客户 |

| 内部运营 | 安稳长满优 | | |
| --- | --- | --- | --- |
| | 安全 | 环保 | 优质运行 |

| 学习成长 | 优秀员工队伍 | | |
| --- | --- | --- | --- |
| | 人力结构优秀 | 稳定的队伍 | 保障员工利益 |

图7-3 G 炼油厂战略地图

## 7.3.2 G 炼油厂绩效评价指标的选择

依托总体发展定位和战略目标,确定了炼油厂平衡计分卡四个层面的具体目标,根据各层面的细化目标,结合炼油厂的实际情况,构建指标考核层的衡量指标。

### 1)财务层面

财务状况往往反映企业的经营成果,现代管理要求进行财务披露,将战略目标的制订和执行具体到财务目标,一套优秀的战略都是为了实现企业良好的经营,二者之间互相联动,战略目标无疑也是对财务的驱动,最终反馈至企业的员工、股东乃至社会都是对财务成果进行一定的说明,财务上的绩效起到关键作用,而其他层面无论表现得如何优秀,作为层面之间的闭环连接点都是财务最终的落脚点。财务指标作为成果性指标,反映的往往都是一个时点性的指标,并不能深入说明全员在整个企业运作中的贡献度,但是依托平衡计分卡可以使全员在其他层面的贡献都反馈至财务层面。

(1)提升利润总额

财务是传统绩效评价体系的主要构成要素,在平衡计分卡绩效评价体系中要求财务目标明确,必须满足 G 炼油厂的上级股份公司对其的要求。G 炼油厂是青海油田的直属单位,主要负责成品油、甲醇、聚丙烯等化工产品的生产与销售,其财务层面主要目标为保持企业健康持续发展,持续提升公司盈利水平,从利润角度来看,按计划完成以保证企业盈利水平。

$$利润完成率 = \frac{当年利润}{预算利润}$$

（2）增加营业收入

与利润相关的财务指标有收入指标与成本指标,依托战略目标做大做强化工,G 炼油厂收入可以分解为两部分:第一部分是按照预算年度的原油加工量计算出产品量,再按照销售价格预算收入;第二部分是生产的高附加值产品收入按照市场销售确认收入,其中高附加值产品主要包括甲醇、聚丙烯。因此增加营业收入目标主要包括原油加工量和高附加产品加工量,按照油田下达年度指标完成。

$$原油加工完成率 = \frac{原油加工量}{预算原油加工量}$$

$$高附加值产品加工完成率 = \frac{高附加值产品加工量}{预算高附加值产品加工量}$$

注:高附加值产品加工量 = 甲醇加工量 + 聚丙烯加工量

（3）降低运营成本

与利润相关的财务指标有成本指标,目前 G 炼油厂的成本指标主要包括炼油的加工费、甲醇加工成本、聚丙烯加工成本、耗费的直接材料和辅助材料;其费用指标主要包括销售费用、办公费、印刷费、油料费、水电费、技术服务费、通信费、网络维护费、差旅费、其他费用等,为此将成本和费用的节约率作为实现低运营成本的手段。

$$费用节约率 = \frac{2 \times 预算支出 - 费用支出}{预算支出}$$

$$成本降低率 = \frac{2 \times 预算成本 - 实际成本}{预算成本}$$

为此,G 炼油厂财务层面的指标依托战略目标,提升盈利水平,做大做强化工,其指标体系建立见表7-1。

表 7-1　平衡计分卡财务层面绩效评价指标

| A 层 | B 层 | C 层 |
|---|---|---|
| 财务层面 | 提升利润总额 | 利润完成率 |
| | 增加营业收入 | 原油加工完成率 |
| | | 高附加值产品加工完成率 |
| | 降低运营成本 | 费用节约率 |
| | | 成本降低率 |

2）客户层面

无论哪个行业,只有做到充分了解客户,才能在市场竞争中取得优势,占据最有利的市场地位。炼油厂的客户层面主要关系产业链下游的客户消费倾向,以保证相关者利益最大化。对于下游客户,G炼油厂高层管理者应该清楚地认识到自己的客户群体,明晰整个市场状况。近几年,G炼油厂积极推行阳光销售,细分客户,培训销售员工的业务能力和素质,进行市场公开竞价,将被动的销售模式转变为主动出击,从客户获得炼油厂发展的利润,提升炼油厂的整体经营绩效,为此客户对炼油厂的产品和服务满意是提升利润的根本保障,将客户满意作为衡量客户层面的基本指标。石油生产环境的外部因素影响过大,主要包括原油杂质和机械故障等情况,就会出现生产的滞后性和供应的间断性。同时前些年由于受到市场冲击,其销路不畅,导致炼油厂的库存压力过大,险些造成停产。如果停产,产品不能及时供应给客户,必将造成客户的损失,炼油厂的信誉将会受到损失,严重影响企业长期规划。为此,应该充分考量客户对炼油厂的满意度,保障客户需求,持续提升客户的信赖程度,同时,客户之间的互相宣传,能够为炼油厂吸引更多的客户。这些目标组成一个因果关系链条,其分析如图7-4所示。

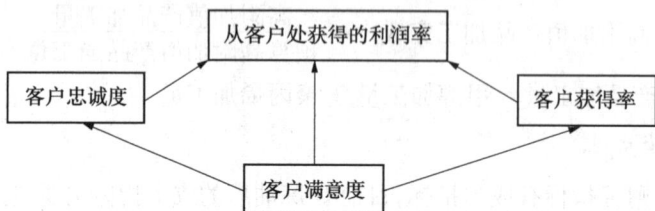

**图7-4　客户层面分析图**

（1）客户满意服务

炼油厂的产品主要包括成品油和一系列高附加值产品,由于生产工艺的技术水平和原材料的优劣程度能够影响其产品的品质,尤其是高附加值产品在市场上的份额获得更是依赖于客户的口碑,如果品质能够满足客户的需求,其产品面临市场的被购买机会就大大增大,这样客户就会给出合理的评价,以促进炼油厂自身不断发展。炼油厂的高层管理者应该关注销售队伍中客户的口碑,年客户满意度调查结果,能够直接体现销售队伍在本年所做的贡献。

（2）拥有忠诚的客户

在一个企业客户管理的体系中,真正带来大额盈利的并不是所有客户,而是"客户金字塔"结构中的上层和中层的客户群体,本书将客户按照其创造收入占总客户创造收入的比例划分为A级（0.5%以上）、B级（0.2%以上）、C级（0.2%以下）客户群。

为了使客户满意应该重点拥有忠诚的客户,与其保持长期合作关系。往往发展一位新客户的难度和所付出的代价都远远高于维持忠诚客户,为此应该重点考核考评期间A级客户群体较上年的占比,以反映考评期间客户对炼油厂的依赖程度,从而持续购买产品,提升整体盈利水平。

$$客户忠诚度 = \frac{考评期间 A 级客户总数}{上年度考评期间 A 级客户总数}$$

（3）获得新的客户

炼油厂可持续发展,不断提高自身能力就必须加大新客户的开发获取,这样才能保证新鲜血液的进入,实现长期可持续发展。客户的进入不可能直接达到 A 级水平,为此通过设定 B 级客户群,作为潜在发展客户,通过考评进一步促进客户数量不断增大。

$$客户获得率 = \frac{考评期间 B 级客户总数}{上年度考评期间 B 级客户总数}$$

为此,G 炼油厂客户层面的指标依托战略目标,保证产业链下游的客户消费满意度,以达到炼油厂健康持续发展。其指标体系建立见表 7-2。

**表 7-2 平衡计分卡客户层面绩效评价指标**

| A 层 | B 层 | C 层 |
|---|---|---|
| 客户层面 | 客户满意服务 | 客户满意度 |
| | 拥有忠诚的客户 | 客户忠诚度 |
| | 获得新的客户 | 客户获得率 |

### 3)内部运营层面

石油产品的开发,本身就是以安全和环保为底线,作为 G 炼油厂其环境友好型和安全持续型的方针是战略指导下的基础目标,要想实现安全环保"零伤害、零污染、零事故"的目标,就必须依托企业内部控制体系,以及中石油所倡导的 HSE 管理体系,通过深入排查安全生产中的隐患因素,分析造成环境污染的关键因素,确保战略目标的实现。企业如果要得到安全环保下的持续生产,其产品提供给客户也必须符合这一要求,产品的质量管理显得尤为重要。员工在炼油厂的大环境中工作,其人身安全得到保障和所受到危害降到最低,才能有利于炼油厂的可持续发展。倡导绿色健康的职工生存环境,在国家层面不断突出这一战略目标,生态文明建设也与时俱进。为此将安全和环境纳入炼油厂的内部运营层面是生产持续性的基础,显得尤为重要。同时,由于石油行业的特殊性,G 炼油厂内部流程主要是指优化装置加工流程,保证装置长期满荷、优质运行,保障产品推向市场,以获得客户,以此为目标设置衡量指标。

### (1)安全保障

生态文明的建设立足于企业,这是国家战略的基本要求,G 炼油厂作为炼化类企业,由于其特殊性,大部分炼化产品和介质具有易燃、易爆的特点,导致其生产过程的安全风险极高,需要有强有力的安全措施。近些年来,炼油厂积极响应中国石油集团 HSE 体系的号召,突出内部审核,对安全的源头进行控制,将安全保障作为内部流程层面的细化指标,以现实炼油厂的可持续发展。

石油产品的质量安全至关重要,直接关系到环境和健康。产品生产完成后,以炼油厂质检科的检测结果为准,确保出厂产品质量全部合格。

$$出厂产品合格率 = \frac{符合产量质量要求的出厂产品量}{出厂总量}$$

G 炼油厂积极推进集团 HSE 体系建设,通过每月的滚动审核,将审核细化至日常,每年集中审核,对重大问题进行梳理,两者相结合做到炼油厂自身内部的自检和自查,将安全隐患的源头排查工作深入全员的思想意识。同时,作为青海油田和中国石油炼化公司的下属企业,集团内部都会对 HSE 体系的建设做到内部审核,提出整改意见,对于提出的立项整改的项目,应该做到重点安全隐患处理,全员努力整改,将安全问题消化于根源,而对于整改的效果直接反映炼油厂在安全方面所做的工作,为此设置隐患项目整改达标率,进一步说明安全问题的严肃性,重点突出对问题整改的实施效果。

$$隐患项目整改达标率 = \frac{已达标整改项目数}{应达标整改项目总数}$$

其中,已达标整改项目指月度和年度审核根据预定整改进度和现期完成情况;应达标整改项目数指根据审核结果,年度内将安全问题立项,同时根据预期进度安排本年度应该达标的项目总数。

同时,作为炼油厂应该对安全问题零容忍,因为一旦出现重大伤亡事故,都将对企业造成严重的声誉影响,从而导致企业在市场上的竞争处于劣势。因此,安全性指标应该为否定性指标,若发生安全事故造成人员伤亡、建筑物受损,安全保障目标下的指标为零值,这样进一步增强炼油厂在生产经营过程中对安全的重视程度,全员能够牢守安全底线,杜绝安全隐患于生产过程。

(2)环境保护

为了促进石油炼制工艺的技术进步和可持续发展,国家于 2015 年 4 月发布了《石油炼制工业污染物排放标准》(GB 31570—2015)。G 炼油厂的日常生产过程中大气是污染物排放的主要门户,废水排放对整个水体的影响极大,废物的处理主要对大地的地下水、土质造成不利。

将生产装置运行消耗的原材料所产生的工艺废气和辅助生产所产生的燃料废气作为重点监控对象,对水资源的消耗,通过装置的运行形成了含硫、含酚、含盐、含油废水,其如果直接排放将造成整个水系的严重污染,严重影响该地区的生态。伴随着水资源的利用,固体沉渣废物主要为污泥、浮渣,催化重整装置的运行产生废硅胶、废活性炭,催化裂化装置产生废分子筛、燃煤锅炉炉渣和煤粉炉的粉煤灰等。其中主要有 COD 值合格率、特征污染因子 pH 值、特征污染物(甲醇、石油类、硫化物、氨气)含量、废气排放指标。

环保事故的监管主要来源于外部,国家对于环保事故分为一般、较大、重大和特大环境污染事故,一旦环保事故发生都将直接或者间接地影响周边居民和炼油厂内部员工的健康,虽然危害较小的事故不能直接作用于被害对象,但不利于国家整体发展、不利于子孙后代的发展,应该关注任何环保因素,杜绝不利于环境保护的因素。同时,青海油田作为上级单位,由于全国对环境保护的力度加大,对 G 炼油厂每年的要求为排放达标做到生产日常无不达标,故环保指标以排放达标率为准,任何较小的污染排放都应得到足够的重视。

(3)优质运行

因为石油化工行业的特殊性,G 炼油厂每年都要进行停工检修工作,主要包括大修和日常维修。大修主要对产品升级而进行的一系列装置改造工程,在这期间就有施工队伍前来竞标,与此同时,G 炼油厂应与优秀施工队伍建立战略合作伙伴关系,在保证安全的前提下确保检修工作按质按量完成,停工检修的效率将影响炼油厂的运行。G 炼油厂目前以"每周车间自查整改一次,每周集中检查一套装置"的方式做到全面自查、重点检查、经验共享、问题共勉。强化基础资料管理、维护保养管理、计划检修管理、腐蚀管理,以保障设备完好率、仪表完好率、泄漏率、控制率。同时,日常维修中出现的严重问题并不是某次的事故,应该是日常检查不细致,积累形成事故,将日常维修中影响装置运行的时间加入考评,有利于加强日常维修力度和提升有效率,保证设备装置优质运行。

$$设备运行率 = \frac{考评期间装置运行时间}{考评期间装置运行时间 + 停工检修时间}$$

为保证装置长期、满荷、优质运行,以获得客户,将生产受控工作真正落到实处,炼油厂目前将操作平稳率从 DCS 系统上采集过来设置到 TM 系统中,结合装置历史运行情况设置操作参数上下限。自动监控超限情况,汇总超限次数,并报警或提示,同时自动统计超限时点,改变过去靠查看历史趋势进行人工手动统计、工作量大、统计不完全等情况。同时,系统上线前炼油厂对平稳率的考核只限于 A 类指标的考核,上线后通过自动采集数据把 B 类、C 类指标也纳入了平稳率的考核,系统依据操作参数平稳率,实现自动考核。可根据运行波动曲线分布,及时缩减上下限带宽,提高操作苛刻度。具体考核根据各装置运行情况,采用 DCS 控制或具有采数功能的常规仪表控制的装置,使用计算机计算平稳率。每日对炼油厂控制点抽查统计操作平稳率,其来源主要是计算机的采集、分析、运行结果。同时,炼油厂对原油的加工主要是进行能源加工转换,根据能量守恒原则,其加工过程存在的损失为加工损失率,反映了在能源通过装置运行和人为操作阶段能源的损失程度,进一步说明了炼油厂原油加工的技术和管理的水平,对炼油厂的经济效益影响很大,其主要加工转换装置有常减压装置、汽油醚化装置、重整装置、加氢裂化装置、催化裂化装置。

$$操作平稳率 = \frac{检查瞬时值合格指标个数}{检查指标个数总和} \times 100\%$$

$$加工有效率 = 1 - 加工损失率$$

为此,依据战略目标以安全和环保为基准,优化装置加工流程,保证装置长期、满荷、优质运行,设置内部运营层面的绩效评价指标见表7-3。

**表7-3　平衡计分卡内部运营层面绩效评价指标**

| A 层 | B 层 | C 层 |
|---|---|---|
| 内部运营 | 安全保障 | 产品合格率 |
| | | 隐患整改项目达标率 |
| | 环境保护 | "三废"排放达标率 |
| | 优质运行 | 设备运行率 |
| | | 操作平稳率 |
| | | 生产负荷 |

### 4)学习与成长层面

企业在运作过程中,所有关键环节的控制都由员工完成,所以员工是企业运行的助推剂,而员工的学习能够提升技能和水平,员工的成长便是企业的成长和发展,平衡计分卡将学习与成长纳入单独层面进行绩效评价,足以说明其重要性。企业长期拥有优秀员工才能不断地促进企业战略目标的实现和经营成果的壮大,而要保证这些就必须依赖其员工队伍长期稳定,老员工的离职和新员工的入职,都反映了企业的文化、制度、发展对员工的吸引力,员工如何认可企业,为了企业不断奋斗,必须要考量的便是企业到底能够为员工保障多少利益,而如何开展学习与成长层面的发展尤为影响一个企业的发展前途,因此 G 炼油厂目前和未来成功的关键因素是学习与成长层面,这是炼油厂持续发展的核心力量。员工的素质和能力在炼油厂能否取得较好的结果是至关重要的。首先应该确保员工的能力,员工的能力得到提升才能促进炼油厂的发展;其次,G 炼油厂位于高原,其员工队伍的稳定是保证企业持续发展的关键因素;最后,拥有一个良好的公司环境,使员工能够得到企业认同感,能够更好地为企业服务。

(1)人力资源结构优秀

G 炼油厂员工总数为 1 466 人,其中男员工 918 人,女员工 548 人,大中专以上学历 917 人;管理人员 185 人(副处级以上 7 人),专业技术人员 259 人,操作与服务人员 1 022 人,高级职称 44 人,中级职称 216 人,初级职称 212 人;高级技师 13 人,技师 52 人,高级工 716 人,中级工 33 人,初级工 31 人。G 炼油厂举办各类培训班,其中包括特种作业培训和岗位需求矩阵培训工作,同时,组织操作人员上岗考试。在炼油厂的工作人员职称主要是炼油厂管理人员和少部分生产人员获取的,其在一定程度上表示炼油厂人员管理水平,而技工主要是炼油厂基层工作人员获取的,主要保障生产流水线的技术操作水平,代表着炼油厂生产基层员工的能力水平。为此,考核炼油厂的员工素质主要是对管理人员和技术人员水平的考核,能够体现炼油厂人力资源的结构,用职称和技工等级占员工总数之比对人力资源结构进行考核。

(2)拥有忠诚的员工

创造一个良好的企业环境和企业文化对员工具有极大的吸引力,任何一个员工做出离职而选择另谋高就,必然有其理由,要么是企业自身的原因,要么是员工不能适应,通常情况下是很难挽回的。可是离职员工大多数并不会以此为荣,是什么原因使员工做出如此决定?同时,G 炼油厂位于高原地区,对员工身体承受能力的要求也是比较高的,拥有稳定的员工队伍对炼油厂的发展变得迫不及待。

$$员工稳定率 = \frac{考评期初员工人数 + 考评期间员工入职人数 - 考评期间员工离职人数}{考评期初员工人数}$$

(3)保障员工的利益

G 炼油厂有基层工会 13 个,由于员工工作岗位在高原,每年会有各类假期,主要包括健康疗养、有毒有害岗位疗养,并支出一定的疗养费用;同时,炼油厂本着关爱员工的原则,认真实施"送温暖"工程,为炼油厂的职工办理家庭救助,发放救助金,困难职工、遗孀等助困金,对炼油厂内新生儿进行慰问,发放独生子女费,根据炼油厂职工子弟的高考结果发放子女慰问金,以促进炼油厂员工工作的积极性。

$$员工保障度 = \frac{本年度员工保障支出}{上年度员工保障支出}$$

为此,依据战略目标保证人力资源结构,提升队伍素质,以人才出位为目标设置学习与成长层面的绩效评价指标,见表7-4。

表7-4 平衡计分卡学习与成长层面绩效评价指标

| A 层 | B 层 | C 层 |
|---|---|---|
| 学习与成长层面 | 人力资源结构优秀 | 人力结构优秀度 |
| | 稳定的队伍 | 员工稳定率 |
| | 保障员工利益 | 员工保障度 |

### 7.3.3 绩效评价权重的确定

#### 1)权重确定方法

依据 G 炼油厂战略目标的制订,将其深入平衡计分卡的各个维度,选取了基于战略目标的各层面指标,突出各个指标对炼油厂的贡献度。所谓权重就是指各个指标的各层上的占比权重,以及各层发展工作在平衡计分卡体积的占比权重,其权重范围为 0% ~ 100%,占比权重越大,反映了炼油厂对该指标越重视,通常所采用的权重分配方法有主观赋值法。就比如 G 炼油厂原有绩效评价体系中的成本任务类占比 80%,考评期间员工的工作态度占比20%,其虽说进行权重赋值,但在企业实际应用的过程中,主要差异还是体现在成本任务类指标的差异,工作态度权重对于整体绩效的影响微乎其微,也是由于态度的考核定量化的分析简单粗糙,为此本书在指标设计时规避了这一点,在权重的分配上应用层次分析法,弱化主观因素对整体绩效评价的影响。

层次分析法是将决策的相关问题和构成要素进行分层处理,将每个层面的权重通过两两比较的方式确定该层的相对重要性,然后进行下一步层面内部指标的分析,比较重要程度,将层面下的内部指标与层面的权重结合,通过科学的逻辑计算确定层面下指标在整个体系的占比。实际中,通过以专家和管理者的主观判断为基础,使指标权重的设计更具有科学性和合理性。

#### 2)层次分析法步骤

步骤1:建立层次结构模型。根据平衡计分卡的四个层面构建主要层次,将战略目标细化至每个层面,依托目标设置的各个指标构成主要层次下的辅助层。

步骤2:根据标度理论,建立两两比较判断矩阵 $A$。$A = (A_{ij})n \times n(i, j = 1, 2, \cdots, n, A_{ij} > 0)$,在决定 $A_{ij}$ 的数值时,为了将两两比较的结果数量化,通常使用 $1 \sim 9$ 比例标度法,见表7-5。

表7-5 层次分析法比例标度法

| 标度 | 含义 |
|---|---|
| 1 | 表示两个因素相比,同样重要 |
| 3 | 表示两个因素相比,一个比另一个稍微重要 |

续表

| 标度 | 含义 |
|------|------|
| 5 | 表示两个因素相比,一个比另一个明显重要 |
| 7 | 表示两个因素相比,一个比另一个强烈重要 |
| 9 | 表示两个因素相比,一个比另一个极端重要 |
| 2,4,6,8 | 分别表示为相邻 $1 \sim 3,3 \sim 5,5 \sim 7,7 \sim 9$ 的中值 |
| 倒数 | 表示与上述数字意义相反的结果 |

步骤3:确定层次指标的权重,计算出矩阵的最大特征值 $\lambda_{max}$,根据 $\lambda_{max}$ 进行归一化处理得到向量 $w$,然后计算出 $B_w = \lambda_{max} \cdot w$,那么得到的 $w$ 便是具体权重。

首先,对因素进行矩阵化处理,公式如下:

$$\bar{a}_{ij} = \frac{a_{ij}}{\sum\limits_{i=j}^{n} a_{ij}} \qquad i,j = 1,2,3,\cdots,n$$

其次,将判断矩阵按行相加,公式如下:

$$\bar{w}_i = \sum\limits_{j=1}^{n} \bar{a}_{ij} \qquad i,j = 1,2,3,\cdots,n$$

再次,将向量归一化处理,公式如下:

$$W = \frac{\bar{w}_1}{\sum\limits_{j=1}^{n} \bar{w}_j} \qquad i,j = 1,2,3,\cdots,n$$

最后,可以求出矩阵最大特征值:

$$\lambda_{max} = \sum\limits_{i=1}^{n} \frac{(Aw)_i}{nw_i} \qquad i,j = 1,2,3,\cdots,n$$

步骤4:层次排序和一致性检验,公式如下:

$$CI = \frac{\lambda_{max} - n}{n - 1}$$

$CI$ 越大一致性越差,根据平均随机一致性指标用 $RI$ 表示,$CI$ 与 $RI$ 之比为矩阵的随机一致性比率,用 $CR$ 表示,即 $CR = \dfrac{CI}{RI}$。若 $CR < 0.1$,我们认为层次分析的结果有满意的结果,否则就要对判断矩阵的取值进行调整,其中平均随机一致性指标 $RI$ 值见表7-6。

表7-6 *RI* 值

| $n$ | 1 | 2 | 3 | 4 | 5 | 6 | 7 |
|-----|---|---|------|------|------|------|------|
| $RI$ | 0 | 0 | 0.52 | 0.89 | 1.12 | 1.26 | 1.36 |

### 3)确定指标权重

本节的研究内容为 A 层平衡计分卡维度指标权重的设计和平衡计分卡下各具体执行层

面指标权重的设计。

A 层(维度)权重计算,把一级指标两两对比形成对比表,进而转置成判断矩阵。A 层指标对比表见表 7-7。

表 7-7　A 层指标对比表

| 项目 | 财务 | 客户 | 内部运营 | 学习与成长 |
|------|------|------|----------|------------|
| 财务 | 1 | 9/5 | 4/3 | 2 |
| 客户 | 5/9 | 1 | 2/3 | 6/5 |
| 内部运营 | 3/4 | 3/2 | 1 | 5/3 |
| 学习与成长 | 1/2 | 5/6 | 3/5 | 1 |

转置为矩阵形式后:

$$S = \begin{bmatrix} 1 & \dfrac{9}{5} & \dfrac{4}{3} & 2 \\ \dfrac{5}{9} & 1 & \dfrac{2}{3} & \dfrac{6}{5} \\ \dfrac{3}{4} & \dfrac{3}{2} & 1 & \dfrac{5}{3} \\ \dfrac{1}{2} & \dfrac{5}{6} & \dfrac{3}{5} & 1 \end{bmatrix}$$

本书利用 Excel 进行层次分析,计算出最大特征根为 $\lambda_{max} = 4.0021$

A 层矩阵中 $n = 4$,计算一致性指标 $CI = 0.000709$

根据平均随机一致性取值表,对应的 $RI = 0.89$,计算 $CR = 0.000797$

$CR$ 的值小于 0.1,说明层次分析排序结果一致性满意程度较高,权重分配合理。计算出的 A 层财务、客户、内部运营、学习与成长的权重为 35.46%,19.56%,28.04%,16.94%。

C 层(指标)权重计算,把一级指标两两对比形成对比表,进而转置成判断矩阵。具体转置矩阵为 $S_1$ 财务层面、$S_2$ 客户层面、$S_3$ 内部运营层面、$S_4$ 学习与成长层面。

$$S_1 = \begin{bmatrix} 1 & \dfrac{5}{4} & \dfrac{3}{2} & \dfrac{6}{5} & \dfrac{5}{4} \\ \dfrac{4}{5} & 1 & \dfrac{2}{3} & \dfrac{6}{5} & \dfrac{5}{4} \\ \dfrac{2}{3} & \dfrac{3}{2} & 1 & \dfrac{5}{4} & \dfrac{3}{2} \\ \dfrac{5}{6} & \dfrac{5}{6} & \dfrac{4}{5} & 1 & \dfrac{8}{7} \\ \dfrac{4}{5} & \dfrac{4}{5} & \dfrac{2}{3} & \dfrac{7}{8} & 1 \end{bmatrix} \qquad S_2 = \begin{bmatrix} 1 & \dfrac{5}{4} & \dfrac{3}{2} \\ \dfrac{4}{5} & 1 & \dfrac{5}{6} \\ \dfrac{2}{3} & \dfrac{6}{5} & 1 \end{bmatrix}$$

$$
S_3 = \begin{bmatrix} 1 & \frac{4}{5} & \frac{2}{3} & \frac{4}{5} & 1 & \frac{2}{3} \\ \frac{5}{4} & 1 & \frac{4}{5} & \frac{6}{5} & \frac{9}{8} & \frac{8}{7} \\ \frac{3}{2} & \frac{5}{4} & 1 & \frac{4}{3} & \frac{5}{4} & \frac{6}{5} \\ \frac{5}{4} & \frac{5}{6} & \frac{3}{4} & 1 & \frac{5}{4} & \frac{4}{5} \\ 1 & \frac{8}{9} & \frac{4}{5} & \frac{4}{5} & 1 & 1 \\ \frac{3}{2} & \frac{7}{8} & \frac{5}{6} & \frac{5}{4} & 1 & 1 \end{bmatrix} \qquad S_4 = \begin{bmatrix} 1 & \frac{2}{3} & \frac{5}{8} \\ \frac{3}{2} & 1 & \frac{3}{4} \\ \frac{5}{8} & \frac{4}{3} & 1 \end{bmatrix}
$$

利用 Excel 来进行层次分析,计算出最大特征根为 $\lambda_{max1} = 5.047\,947$、$\lambda_{max2} = 3.014\,792$、$\lambda_{max3} = 6.023\,881$、$\lambda_{max4} = 3.005\,535$,根据平均随机一致性取值表,计算 $CR_1 = 0.010\,702$,$CR_2 = 0.014\,223$,$CR_3 = 0.003\,791$,$CR_4 = 0.005\,322$,$CR$ 的值小于 0.1,说明层次分析结果满意度较高,权重分配合理。计算出的指标层中财务层面下具体指标的权重为 24.33%,18.92%,22.44%,18.07%,16.25%;客户层面下具体指标的权重为 40.63%,28.78%,30.59%;内部运营层面下具体指标的权重为 13.39%,17.75%,20.58%,15.85%,15.03%,17.40%;学习与成长层面下具体指标的权重为 24.30%,33.83%,41.87%。

依据指标层指标所占平衡计分卡权重等于指标层占层面权重与层面权重占平衡计分卡权重,计算出 G 炼油厂平衡计分卡绩效评价体系权重,见表 7-8。

表 7-8 G 炼油厂平衡计分卡指标权重

| 维度 | 指标(权重) | 权重(%) |
|---|---|---|
| 财务层面 35.46% | 利润完成率(24.33%) | 8.63 |
| | 原油加工完成率(18.92%) | 6.71 |
| | 高附加值产品加工完成率(22.44%) | 7.96 |
| | 费用节约率(18.07%) | 6.41 |
| | 成本降低率(16.25%) | 5.76 |
| 客户层面 19.56% | 客户满意度(40.64%) | 7.95 |
| | 客户忠诚度(28.78%) | 5.63 |
| | 客户获得率(30.59%) | 5.98 |
| 内部运营 28.04% | 产品合格率(13.39%) | 3.75 |
| | 隐患整改项目达标率(17.75%) | 4.98 |
| | "三废"排放达标率(20.58%) | 5.77 |
| | 设备运行率(15.85%) | 4.44 |
| | 操作平稳率(15.03%) | 4.21 |
| | 加工有效率(17.40%) | 4.88 |

| 维度 | 指标(权重) | 权重(%) |
|---|---|---|
| 学习与成长层面<br>16.94% | 人力结构优秀度(24.30%) | 4.12 |
| | 员工稳定率(33.83%) | 5.73 |
| | 员工保障度(41.87%) | 7.09 |

## 7.3.4 G炼油厂平衡记分卡评价结果

当具体指标计算出来时,根据权重确定整个平衡计分卡的综合指数 $Z$,为了方便理解,$Z$ 是将指标层的指标评价结果矩阵与权重系数矩阵的 100 倍相乘所得。

为此,综合评价指数是客观性的数值,直接反映企业的运行状况,不同的企业其 $Z$ 值有不同的分档,炼油厂具体绩效评价等级标准见表 7-9。评价指标 $Z$ 值在 95 分及以上绩效为优秀;85 ~ 95 分绩效为较好;75 ~ 85 分绩效为一般;60 ~ 75 分绩效为较差;小于 60 分绩效为差。平衡记分卡评价结果作为炼油厂整体经营情况的反馈性指标,能够使高层管理者注意到是否需要对战略进行调整,战略的实施过程是否需要改进,从而大幅提升了炼油厂的管理水平。

表 7-9 炼油厂绩效评价等级标准表

| 序号 | 等级 | 评价值范围 |
|---|---|---|
| I | 差 | $0 \leqslant Z < 60$ |
| II | 较差 | $60 \leqslant Z < 75$ |
| III | 一般 | $75 \leqslant Z < 85$ |
| IV | 较好 | $85 \leqslant Z < 95$ |
| V | 优秀 | $Z \geqslant 95$ |

# 第 8 章

# 股权激励的基本理论

股权激励制度是现代企业制度的重要组成部分,是完善公司治理结构的重要环节。

股权激励主要是指上市公司以本公司股票为标的,对其董事、高级管理人员以及其他员工进行的长期性激励。其中,高级管理人员是指对公司决策、经营、管理负有领导职责的人员,包括经理、副经理、财务负责人(或其他履行上述职责的人员)、董事会秘书和公司章程规定的其他人员。

股权激励能够较好地将公司未来价值变化与经理人薪酬结合起来,是面向未来行为的激励,与以往基于会计绩效、关注过去的激励方式有本质的区别。

【要点提示】 股权激励常被认为是支付给高管人员股权,其实股权激励主要是以公司股票为标的,股票可能是直接支付手段,也可能是一种计价基准,而最终给高管的报酬依赖于这种计价方式而已。因此,股权激励方式有多种,不同的企业可以根据自身特点来选择。同学们需要掌握每一种激励方式的特点并能够判断具体的企业类型应适合什么方式。

## 8.1 股权激励理论与研究综述

### 8.1.1 理论基础

#### 1)股权激励的概念及原理

#### (1)股权激励的定义

股权激励是一种标的物为本公司股票,激励对象包括公司董事、监事、高管人员、公司骨干及其他人员的长期性激励机制。通过股权激励,最终达到被激励者勤勉尽责地为公司长远谋发展的目的。这样就可以将管理层自己的利益与企业长远的发展目标紧密联系在一起,使得公司聘用的职业经理人在关心自身收入的同时必须考虑企业的长远发展,从而促使其经营行为长期化。这种激励方式在一定程度上改善了公司治理结构,缓解了委托代理成本,有助于实现企业价值的最大化。

### (2)股权激励的原理

股权激励的方式在一定程度上弥补了传统激励机制的不足。其基本原理是:赋予管理者索取企业利润的权利,此剩余索取权会随着股价的上升给经营者带来增值收益,但经营者也承担着一定的风险。在管理理念上,它通过使管理层持有一定比例的本公司股票,将管理层的利益与股东利益捆绑在一起,有效抑制了经营者的短期行为,使其在经营过程中更加注重公司的长期价值;在激励与约束方法上,股权激励在所有者与经营者之间建立了利益分享机制,具体包括对公司所有权、经营收益和企业价值的分享,从而使所有者、经营者与企业之间产生共同的利益;从管理的角度来看,它使经营者自身进行内在激励,依靠他们的自律行为进行约束,而不再单纯地依靠制度性环境进行约束,有效减少了监督成本,激励对象的工作积极性大幅提高,最大限度地激发了人力资本的潜在价值。

## 2)股权激励主要模式

### (1)股票期权

股票期权也称认股权证,是一种约定激励对象可以在规定的有效期内以双方事先确定的价格购买本公司一定数量流通股的权利,激励对象也可以放弃行使该权利。股票期权限制了行权的期限和数量,同时也需要激励对象自己承担为获得激励股份所需的代价。现阶段国内的企业在实践中大多采用的是虚拟股票和股票期权的方式,公司将期权授予激励对象,激励对象行权即可获得公司的股票。

### (2)业绩股票

业绩股票也称绩效股权,是指公司在年初根据历史水平以及公司未来正常发展趋势制订相应的绩效指标作为考核期内的考核标准,并据此判断考核期考核对象是否达到公司的绩效要求进而决定是否授予其相应数量的股权的一种模式。但是这些业绩股票并不是在当年全部发放给激励对象的,而是在经过规定的考察期限后才予以兑现。激励对象的经营成果如果在规定的考察期限内未达到公司的绩效目标或者做出损害公司和股东利益的行为,公司可以撤销其相应的业绩股票。

### (3)限制性股票

限制性股票的机制是将一定的限制条件嵌入股权激励计划之中,使激励对象在获取以及转让股份时会受到一定的限制,只有其符合相应的条件时才可以解除该限制。这种限制主要包括两个方面:一方面对激励对象的服务期限进行限制,在规定的服务期限未满之前,激励对象无权抛售该限制性股票;另一方面由公司绩效目标来进行限制,如果没有完成预设目标,激励对象不得出售其所获取的股票,甚至公司有权收回这部分股票。

### (4)股票增值权

股票增值权主要有两类模式:第一种是购入模式,即激励对象以事先约定的价格(每股净资产)购买公司授予的股份,在期末仍然以该指标对应的价格将股份出售给企业。第二种是虚拟型模式,主要是在第一种模式的基础之上,将授予的股份名义化,激励对象所得到的收益只需参考其持有股份的名义数量以及每股净资产的净增长量即可。

### 3）股权激励理论基础

#### （1）激励理论

激励理论基础是人的自身需求，研究如何通过使用激励手段满足人的需求，激发人的积极主动性，使其充分发挥自身的聪明才智，从而创造最大价值。激励力度越大，激励对象工作越有动力，完成目标的意愿越强烈；相反，激励力度越小，激励对象感觉动力不足，从而降低工作质量。马斯洛需求层次论是早期激励理论中最具代表性的。马斯洛认为人的需求层次是一个从低级向高级递进的金字塔模型，从下到上共分为五个层次，第一级生理需求，第二级安全需求，第三级情感与归属需求，第四级尊重需求，最后是自我实现的需求。需求层次论认为，当较低一级的需求得到满足后，高一级的需求随后出现，而且要想更高层次的需求产生激励作用，必须先满足了需求主体的当前需求。人的需求受到很多因素的影响，始终处于变化状态，同一时间内不同的人有不同的需求，不同时间内同一人的需求也会发生变化。因此，企业应当设计多样化的激励约束机制，以满足人的不同层次的需要，从而达到应有的效果。

#### （2）委托代理理论

委托代理理论是股权激励制度运行的一项重要的理论机制。在现代企业的组织形式中，经营权与所有权的分离是现代公司组织结构的一种重要的形式。这种形式从一方面可以为企业提供一种更有效率的组织架构，同时从另一方面该种形式也带来了一定的委托代理的问题。在该种背景下，委托代理的理论体系逐渐成形。国内外，学者针对委托代理理论进行了深入的研究和探索。在近年来的研究中，Chen et al 在 2012 年就股权激励与委托代理的关系进行了研究，最终得出委托代理问题是企业实行股权激励的一项重要的诱因。Jensen 和 Mecklinng 最早在 20 世纪 70 年代就对该理论展开了研究，并将股权激励作为一种可行性解决方案做了深入的探讨。在国内，吕长江、张海平在 2011 年对在国内的环境与制度背景下国内公司为何要进行股权激励进行了详细的分析。他们得出结论，上市公司实施股权激励的主要动机是人力资本的需求，但同时他们也提到了代理问题的严重性也是我国企业选择股权激励重要的动因之一。

#### （3）人力资本理论

人力资本理论起源于 20 世纪 60 年代。人力资本来源于每个劳动者本身，是依附于特定主体（如劳动者）身上的知识、信息、技能和社会关系等因素的总和，代表人的能力和素质。企业的价值不仅来源于物质资产的价值也同时来源于人力资源的经营创造的价值。人力资本需要物质资本作为载体去创造价值，而物质资本需要人力资本去运转产生价值，只有二者能够合理有效地协调组织，企业价值才能保持健康稳定的增长。

#### （4）契约理论

契约理论作为现代企业组织机制中一项关键理论最早是在 1937 年由科斯提出的。该理论对股权激励来说也是关键的基础理论之一，对于股权激励在国内外的理论与实践都具有重要的意义。

它的主要逻辑是认为企业是一系列附有一定条件的契约的集合。企业在经营过程中，所有者会以契约的形式与管理者之间形成委托代理关系,这种关系会造成一定的代理问题,那就是管理者为了追求自身利益最大化与从自身利益角度出发的企业的所有者之间就会产生冲突。因此,企业的所有者与经营者就会以签订契约的形式来明确双方的权利与义务,借此缓解代理问题带来的双方的利益冲突。

## 8.1.2 国外研究综述

从目前的情况来看,股权激励在西方资本主义国家的发展已经很成熟了。股权激励最早在美国产生,西方的大部分发达资本主义国家在 19 世纪 70 年代就实行了股权激励,到目前为止,有 90% 以上的美国上市企业实施股权激励。

### 1)股权激励的理论研究

Jensen 和 Meckling 认为,要想增加公司的财富,使企业长远地发展,就要把股份分给企业管理者,只有这样,才能有效地避免产生道德危机。

Holmstrom 认为,要使经理人全心全意地为公司服务,实现股东价值最大化目标,公司的经营绩效就必须被股东清楚地掌握,股东必须根据经营绩效是否得到了有效的提升,作为惩罚或奖励经营者的依据。

Fama 认为,要想联系起股东和经营人之间的利益,最好的解决办法就是把股权适当地分给经营人,从而不仅能和现代企业的两权相分离适应,同时还缓解了两权分离的矛盾。

Halla 和 Murphy 认为,重新对行权价格进行定价,股权激励的种类、早期策略、股权的有效期、期权的定价模式、行权价都会影响其激励的最终效果。

### 2)股权激励与上市公司绩效关系的研究

Lamia Chourou 等研究加拿大 196 家上市公司 2001—2004 年的数据时,得出结论,股权激励的确对公司绩效有影响,然而,明显的差别并没有出现在股票价格、股利政策的波动上。在他们看来,让高级管理层为公司创造财富,使公司价值上升,实施股权激励是最好的途径。

Murphy 在对 2003—2008 年的所有企业调研后得出结论,股权激励被高新技术企业广泛地运用,与此同时,大部分企业都以长远的发展作为激励,他挑选了 79 个企业进行研究,发现没实施股权激励的企业绩效远不如实施了股权激励的企业,实施股权激励的企业,绩效也得到不同程度的提高。

Eliezer 和 Shivdasani 在对 1 500 家上市公司 2006—2010 年的数据研究后,总结出以下结论,公司高管层在股权激励实施以后,公司的价值也得到提高,两者之间存在正相关关系。

Christoph Kaserer 和 Benjamin Moldenhauer 选取了德国的汽车制造企业作为研究对象,并最终得出结论,股权激励促进了公司的产品销售,利润大大提高,股票的价格也呈上升趋势。

Coles 构造结构模型,用 Holmstrom 委托—代理的模型,从内生性这个角度深入分析探究发现,高管层持有股票的数量和企业的价值之间不存在正相关关系。

Oyera 和 Schaefer 研究了对普通员工实施股权激励的公司后,最终总结出如果在普通员工中实行股权激励政策,公司的绩效并没有得到改善,情况不乐观的时候,还在无形中增加了公司的成本,两者间的关系呈现负相关趋势。

### 8.1.3　国内研究综述

#### 1)股权激励的理论研究

吕长江等人认为,股权激励的动机是希望能缓解委托—代理问题产生的矛盾。另外一个动机是希望留住公司中的高级人才。

侯静怡在道德风险的根基上,指出了股权激励如何激励公司的高级管理人员。

魏贤运认为,股权激励有助于公司绩效的提升,而且,它在上市公司中扮演着积极的角色,拥有积极的治理效应。

张丽萍从经营权利观、最优契约观的角度得出结论,管理层的报酬总额在股权激励实行后,仍旧处于较高的水平,它的实施大大提高了上市公司的绩效。

#### 2)股权激励与上市公司绩效关系的研究

在借鉴了西方国家的研究分析方法以后,中国学者把股权激励和公司绩效之间的关系大致分成了以下两种类别:

(1)正相关性

齐晓宁和武妍眹选取了2011年55家上市公司作为样本,在对线性回归模型多变量的分析后,得出了结论:股权激励和公司的绩效之间有正相关的关系。

周仁俊和高开娟挑选了2007—2011年的上市公司作为样本进行研究,认为正相关的关系是存在于公司管理层持股和企业绩效之间的,股权激励的效果是受股东对管理层的影响的。

阮素梅和杨善林用了不同的统计方法,多元线性回归的模型,针对454家上市公司进行研究,得出股权激励会显著提高公司绩效,可是,激励模式并没有显著影响公司的绩效。

陈健对2006—2012年发布的323个股权激励的草案进行研究,把股价在公告日前后的1天、3天、5天的变化统计出来,涨幅和跌幅大致分布在4% ~6%,上涨的家数超出60%。可是,从均值角度出发,股价的反应较积极,都以上涨为主。在股权激励形式不同的情况下看股价的变化,股票期权的平均涨幅高于股票激励方式涨幅,股票激励方式的市场反应没有股票期权反应好。

许汝俊以2008—2011年的上市公司为例,进行实证研究,分析出股权激励与公司绩效间的关系。解释变量是管理层激励权益占比及激励总权益占比。被解释变量设为托宾 $Q$值。控制变量则是股权集中度、CEO和董事长兼任情况、公司的规模、资本结构、独董占比、公司可持续发展能力、股权分布情况、董事会的规模。最终得出,股权激励与公司绩效之间存在着强相关关系。公司高管被授予的股票权益越大,其在工作中的表现就越出色,公司的价值也越大。

（2）不相关或负相关性

魏刚分析了1999年上市公司的年报数据，结果是高管的薪酬与企业的绩效没有线性相关的关系，彼此也没有区间效应。

袁国良、王怀芬和刘明在选取样本的时候，挑选了1995—1997年120家上市企业做回归分析，与其他学者得出的结论一样，高管持股的比例和公司的绩效没有相关关系。

顾斌和黄烨研究上市公司中高管层股权激励的效应，被行业影响过的考核指标已经被排除，他们指出，明显的长期激励效应并不存在，在不同的行业中，会出现不一样的激励效果。

杨军统计了2005年和2006年A股上市企业，这些企业在上海证券交易所上市，得出结论为：公司的大股东的持股比例与公司利益间的关系呈三次曲线倒U形。

盘永明、耿效飞、胥红以2008年实施股权激励的公司为例，在研究后得出结论，公司的绩效在实行股权激励后并没有实现明显的提升。

蒲小辉构建多元的函数模型，在分析研究以后，得到一个相似的结果，二者间存在弱相关关系。

关名坤和潘亮选取的样本是总共66家不同行业的企业，把管理层的持股按区间划分，分别是0%～5%、5%～10%以及大于10%，进行实证研究，模型则为非线性模型，最后结论是，股票期权的激励和公司之间的绩效并不存在相关性，而且，研究发现，倘若持续增加高管层的持股份数，企业的绩效和高管层的持股数之间的关系则为负相关关系。

史金苹、刘吉丽和王莹把因变量设为当年的净资产收益率，控制变量则为股权的集中度、营业收入增长率、公司总规模、资产负债率、总资产周转率，选择了43家在2011年A股中小板市场上第一批采用股权激励方案的上市公司作为样本，最后的结论为：股权激励并没有起到激励作用。

（3）文献述评

综合国内和国外的研究现状不难看出，国外在股权激励研究上开始的时间比我国早得多，运用于实际的案例也比我国的多，国外的企业积累了大量的经验。同时，国外的学者大都通过实证研究的途径对股权激励的案例进行分析，但国内的学者多是对规范性的探讨，得出的结论也是不相同的，有的学者认为股权激励和企业绩效存在着正相关关系，有的学者认为股权激励并不能提高企业的绩效。尽管存在着较大的差异，但大多数的学者还是认为股权激励是可以提高企业绩效的。个别学者认为股权激励对提高企业绩效的效果不明显多是因为存在公司治理障碍和资本市场的限制。我国对于股权激励的研究还处在初始阶段，不像国外有很完善的法律和政策支持。况且我国的国情、市场环境和公司治理结构方面与西方国家有着很大的不同，我们只能借鉴国外的研究成果，而不能直接照搬。伴随着我国相关政策和法律法规的出台，资本市场制度进一步完善，企业管理能力的进一步提升，我们应该结合我国特有的国情，探索出一条具有我国特色的股权激励道路。

# 8.2 股权激励方式

在我国,现阶段公司采用的股权激励方式主要有股票期权、限制性股票、股票增值权、虚拟股票、业绩股票等。公司应以股权激励机制为导向,根据实施股权激励的目的,结合本行业及本公司的特点确定股权激励方式。

## 8.2.1 股票期权

股票期权是指公司授予激励对象在未来一定期限内以预先确定的价格(行权价)和条件购买公司一定数量股票的权利。激励对象有权行使这种权利,也可以放弃这种权利,但不得用于转让、质押或者偿还债务。

股票期权的最终价值体现在行权时的价差上,该权利的执行就是一种激励,是否起到完全的激励效果,则应由相关持有者是否通过努力提升公司股票价格而决定——因为如果股票未来的市价低于行权价,期权将毫无价值。

作为上市公司激励机制的股票期权不同于一般期权。其具体表现为:作为上市公司激励机制的股票期权是单一的买入期权,不可转让交易——原因是激励对象特定且具有严格的行权条件。

【要点提示】 股票期权是当今国际上最流行的激励类型,其特点是高风险高回报,适合处于成长初期或扩张期的企业,如网络、高科技等风险较高的公司,同时也适合资金紧缺型企业,可以再次融资。成长初期或扩张期,企业资金需求量大,采用股票期权模式,是以股票的升值收益作为激励成本,有利于减轻企业的现金压力。

例如,腾讯公司为有功于公司长期发展且绩效表现持续优秀的骨干员工提供公司股票期权,旨在让员工能分享公司绩效增长,使员工个人利益与公司发展的长远利益紧密结合在一起。

## 8.2.2 限制性股票

限制性股票是指公司为了实现某一特定目标,无偿将一定数量的股票赠与或者以较低的价格授予激励对象。只有实现预定目标(如股票价格达到一定水平),激励对象才可将限制性股票抛售并从中获利;预定目标没有实现,公司有权将免费赠与的限制性股票收回或者按照原来较低的授予价格回购。

我国上市公司授予激励对象限制性股票,应当在股票激励计划中规定激励对象获授股票的绩效条件和禁售期限。

【要点提示】

①限制性股票与股票期权的本质区别在于股票期权是未来收益的权利,而限制性股票

是已现实持有的、归属受到限制的收益。前者所起的主要作用是留住人,而后者往往可以激励人和吸收人。

②限制性股票适用于成熟型企业或者对资金投入要求不是非常高的企业。该模式是企业无偿将股票给予经营者,无法或很少从经营者中筹集资金。

需要特别注意的是在禁售期限内,激励对象无权支配这些股票。如果在期限内持有人离开公司,限制性股票将被收回。在限制期限内,拥有限制性股票的激励对象可以和其他股东一样获得股息,并拥有表决权。

例如,万科企业股份有限公司关于 2007 年度限制性股票激励计划终止实施的公告公布:公司首期(2006—2008 年)限制性股票激励计划("首期激励计划")于 2006 年 5 月 30 日经公司 2005 年度股东大会审议通过后开始实施,并按照三个不同年度,分三个独立计划运作。其中,2006 年度激励计划已于 2008 年 9 月 11 日完成实施。2008 年度激励计划由于业绩考核指标未能达成,已于公司 2008 年度股东大会后终止实施。2007 年度激励计划达成了业绩考核指标条件,对应限制性股票能否归属激励对象取决于相关股价考核指标能否达成。2009 年万科 A 股每日收盘价的向后复权年均价已经确定,低于 2007 年同口径股价,2007 年度激励计划的股价考核条件未能达成,该年度激励计划确认终止实施。

### 8.2.3　股票增值权

股票增值权是指公司授予激励对象在未来一定时期和约定条件下,获得规定数量的股票价格上升所带来收益的权利。

被授权人在约定条件下行权,上市公司按照行权日与授权日二级市场股票差价乘以授权股票数量,发放给被授权人现金。

股票增值权的行权期一般会超过激励对象任期,有助于约束激励对象的短期行为。

我国境外上市公司多使用股票增值权,激励对象在行权时直接获得当时股价与行权价的价差。拥有股票增值权的所有者不拥有这些股票的所有权,也不能享有分红。

【要点提示】 股票增值权适用于现金流充裕且发展稳定的公司。股票增值权激励对象的收益由公司用现金进行支付,其实质是公司奖金的延期支付。

例如,中国石化于 2000 年年底建立长期激励机制,实行股票增值权计划,滚动授予,定时行权。规定自授予之日起的第三年、第四年和第五年,行权的比例累计分别不得超过授予该被授予人的总股票增值权的 30%,70% 和 100%。中国石化通过实施上述激励政策,在一定程度上调动了各级员工的积极性。

### 8.2.4　虚拟股票

虚拟股票是指公司授予激励对象一种虚拟的股票,激励对象可以根据被授予虚拟股票的数量参与公司的分红并享受股价升值收益,但没有所有权和表决权,也不能转让和出售,且在离开公司时自动失效。

虚拟股票和股票期权有类似特征和操作方法,但虚拟股票不是实质性的股票认购权,本质上是将奖金延期支付,其资金来源于公司的奖励基金。

与股票期权相比,虚拟股票的激励作用受证券市场的有效性影响较小,因为激励对象总是可以在公司效益好时获得分红。有些非上市公司也可以选择虚拟股票方式(即假定公司净资产折成若干数量股份)进行股权激励。之后,如果公司上市或上市股东允许,可以转为真正的股权。

例如,上海贝岭是我国上市公司中最早推行股票激励的公司。该公司于1999年上半年开始在企业内部试行"虚拟股票赠与和持有"激励计划,计划的授予对象现阶段主要为公司的高级管理人员与技术骨干。该计划的总体构思是将每年的员工奖励基金转换为公司的虚拟股票并由授予对象持有,在规定的期限后,按照公司的真实股票市场价格以现金形式分期兑现。

【要点提示】 虚拟股票本质上是将奖金延期支付,其资金来源于公司的奖励基金。激励对象总是可以在公司效益好时获得分红。

### 8.2.5 业绩股票

业绩股票是指年初确定一个合理的绩效目标和一个科学的绩效评估体系,如果激励对象经过努力后实现了该目标,则公司授予其一定数量的股票或提取一定比例的奖励基金购买股票后授予。

业绩股票的流通变现通常有时间和数量限制。激励对象在以后的若干年内经业绩考核通过后可以获准兑现规定比例的业绩股票;激励对象未能通过业绩考核或出现有损公司的行为、非正常离职等情况时,其未兑现部分的业绩股票将予以取消。

业绩股票激励模式比较规范,可以将激励对象的绩效与报酬紧密地联系在一起,只要股东大会审议通过就可以执行,适合于绩效稳定并持续增长、现金流充裕的企业。在股票期权的应用受到较大限制的情况下,也适用于高科技公司,但激励效果可能受影响,或者在激励效果不受影响的情况下,激励成本相对较高。

例如,泰达股份1998年度股东大会批准公司建立股权激励机制,并正式推出了《激励机制实施细则》。根据该实施细则,泰达股份将在每年度财务报告公布后,根据年度业绩考核结果对有关人员实施奖罚。当考核合格时,公司将提取年度净利润的2%作为对公司董事会成员、高层管理人员及有重大贡献的业务骨干的激励基金,基金只能用于为激励对象购买泰达股份的流通股并做相应冻结;达不到考核标准的要给予相应的处罚,并要求受罚人员在6个月之内以现金清偿处罚资金。奖惩由公司监事、财务顾问、法律顾问组成的激励管理委员会负责。

下面进一步归纳不同股权激励方式的特点:

①股票期权。适用的企业类型是处于成长初期或扩张期的企业,如网络、高科技等风险较高的公司。其特点是单一的买入期权,是未来收益的权利,不可转让交易,风险较高。

②限制性股票。适用的企业类型是成熟型企业或者对资金投入要求不是非常高的企业。其特点是现实持有的、归属受到限制的收益,有绩效条件、禁售期限、限制期限。

③股票增值权。适用的企业类型是现金流充裕发展稳定的境外上市公司。其特点是行

权期一般超过激励对象任期,有助于约束激励对象短期行为。

④虚拟股票。适用的企业类型是非上市公司或上市公司。其特点是本质上是将奖金延期支付,激励对象总是可以在公司效益好时获得分红。

⑤业绩股票。适用的企业类型是绩效稳定并持续增长、现金流充裕的企业,在股票期权的应用受到较大限制的情况下,也可适用于高科技公司。其特点是激励对象在以后的若干年内经业绩考核通过后可以获准兑现规定比例的业绩股票,否则未兑现部分的业绩股票将予以取消。

【要点提示】

需要注意的是,股票期权、限制性股票适用于采用权益结算的股份支付方式,虚拟股票和股票增值权适用于采用现金结算的股份支付方式。

而对于业绩股票,个人认为需视具体的行权方式来确定,根据定义业绩股票可以通过一定数量股票或提取奖励基金购买股票后授予,因此若根据是否实现绩效支付一定数量股票,则为权益结算;若提取奖励基金的模式回购不既定数量的股票,应属于现金结算。

有三点可以支持将业绩股票纳入现金结算。一是业绩股票适合于绩效稳定并持续增长、现金流充裕的企业。二是《企业会计准则讲解》中明确提道:"对于授予后立即可行权的现金结算的股份支付(例如授予虚拟股票或业绩股票的股份支付),企业应当在授予日按照企业承担负债的公允价值计入相关资产成本或费用,同时计入负债"。三是根据《企业会计准则第37号——金融工具列报》中的权益工具和金融负债的区分流程图来解释,图8-1是会计准则原图。

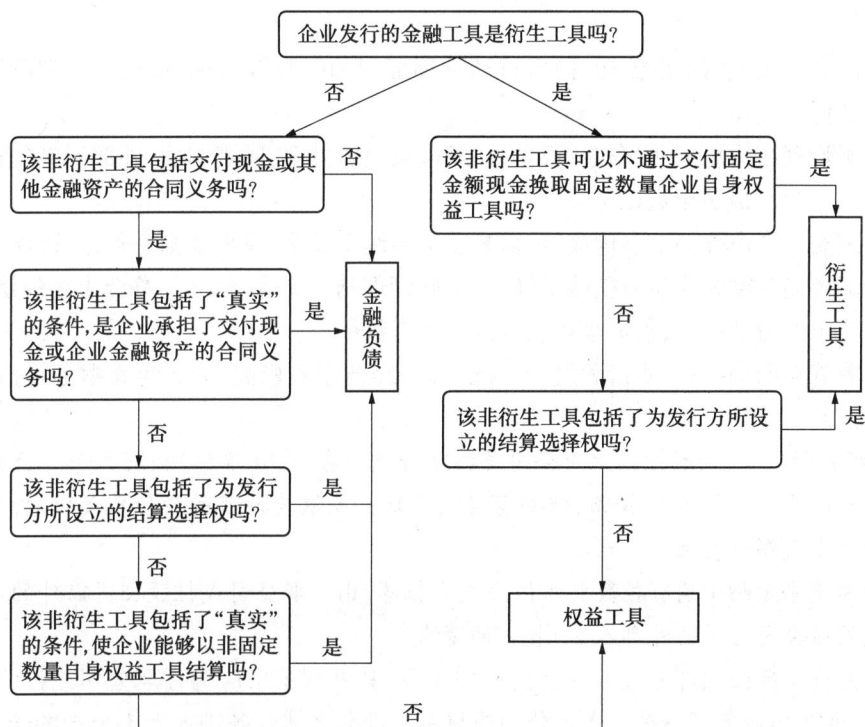

**图8-1 会计准则**

# 8.3　实施股权激励的条件

## 8.3.1　一般上市公司

公司实施股权激励应当符合一定的条件。对于一般的上市公司,证券监管部门规定,存在下列情形之一的,不得实行股权激励计划:

①最近一个会计年度财务会计报告被注册会计师出具否定意见或者无法表示意见的审计报告。

【要点提示】　审计报告的类型:无保留意见、保留意见、否定意见、无法(拒绝)表示意见。其中,无保留意见代表公司财务报告透明度、可信度等是最高的,保留意见次之,否定意见和无法表示意见证明审计师不认可此项财务报告的披露内容。

②最近一年内因重大违法违规行为被中国证监会予以行政处罚。

③经认定的其他情形。

## 8.3.2　国有控股境内上市公司

对于国有控股境内上市公司,国有资产管理部门和财政部门规定,实施股权激励,还应具备下列条件:

①公司治理结构规范,股东会、董事会、经理层组织健全、职责明确,外部董事(含独立董事,下同)占董事会成员半数以上。

②薪酬委员会由外部董事构成,且薪酬委员会制度健全、议事规则完善、运行规范。

③内部控制制度和业绩考核体系健全,基础管理制度规范,建立了符合市场经济和现代企业制度要求的劳动用工、薪酬福利制度及业绩考核体系。

④发展战略明确,资产质量和财务状况良好,经营绩效稳健,近 3 年无财务违法违规行为和不良记录。

【要点提示】　①国有控股上市公司是指政府或国有企业(单位)拥有 50% 以上股本,以及持有股份的比例虽然不足 50%,但拥有实际控制权或依其持有的股份已足以对股东大会的决议产生重大影响的上市公司。

②外部董事是指由国有控股股东依法提名推荐,由任职公司或控股公司以外的人员(非本公司或控股公司员工的外部人员)担任的董事。

主体业务全部或大部分进入上市公司的企业,其外部董事应为任职公司或控股公司以外的人员;非主体业务部分进入上市公司或只有一部分主体业务进入上市公司的子公司,以及二级以下的上市公司,其外部董事应为任职公司以外的人员。

外部董事不在公司担任除董事和董事会专门委员会有关职务外的其他职务,不负责执行层的事务,与其担任董事的公司不存在可能影响其公正履行外部董事职务的关系。

外部董事含独立董事。独立董事与所受聘的公司及其主要股东没有任何经济上的利益关系且不在上市公司担任除独立董事外的其他任何职务。

### 8.3.3 国有控股境外上市公司

对于国有控股境外上市公司,国有资产管理部门和财政部门规定,实施股权激励,应当具备下列条件:

①公司治理结构规范,股东会、董事会、监事会、经理层各负其责、协调运转、有效制衡,董事会中有3名以上独立董事,并能有效履行职责。

②公司发展战略目标和实施计划明确,持续发展能力良好。

③公司业绩考核体系健全,基础管理制度规范,进行了劳动、用工、薪酬制度改革。

为了确保国有控股上市公司股权激励规范实施,国有资产管理部门和财政部门在提出上述规定的基础上,进一步要求优化董事会结构,健全通过股东大会选举和更换董事的制度,按专业化、职业化、市场化的原则确定董事会成员人选,逐步减少国有控股股东的负责人、高级管理人员及其他人员担任上市公司董事的数量,增加董事会中由国有资产出资人代表提名的、由公司控股股东以外人员任职的外部董事或独立董事的数量,督促董事提高履职能力,恪守职业操守,使董事会真正成为各类股东利益的代表和重大决策的主体,董事会选聘、考核、激励高级管理人员的职能必须到位。

【例8-1】 某境内上市公司2009年9月拟对公司高管人员和技术人员实施股权激励。该公司国家控股比例为45%,但公司的主要决策由当地国有资产管理部门控制。公司2007年被注册会计师出具了保留意见的审计报告。董事会成员共10人,其中,外部董事3人(均来自控股公司),独立董事3人,薪酬委员会3人中1人为公司副总经理(执行董事)。控股公司的主要业务都集中于上市公司。激励方案规定,公司将从税后利润中提取奖励基金,并用于回购股票,如果3年内公司净资产收益率都达到10%以上,公司将向上述激励对象授予回购的股票。

要求:试分析该公司是否符合实施股权激励方案的条件以及股权激励方案的种类。

【分析与提示】 首先可以看出,该公司不属于境外公司,而且该公司国有控股比例虽不足50%,但实质上是国有控股,因此公司实施股权激励方案在符合一般上市公司要求的基础上,还必须符合国有境内上市公司的相关规定。

按照一般公司的规定,2007年该公司被审计师出具保留意见审计报告,由于不属于最近一个会计年度,而且也并非否定意见和无法表示意见,并不影响公司实施股权激励。初步判断,董事会中外部董事比重是60%,但由于该控股公司主要业务都集中于上市公司,由此可知控股股东委派的董事不属于外部董事,故该公司违反了国有境内公司实施股权激励方案的规定:外部董事占董事会成员半数以上。此外,该公司薪酬委员会中有1名非外部董事,也不符合所有薪酬委员会成员都必须是外部董事的规定。

公司采用的是业绩股票的激励模式,在符合一定绩效的条件下授予公司股票。

# 8.4 股权激励对企业绩效影响的实证分析

股权激励的存在是为了更好地提升企业的绩效,提高公司的价值,有助于上市公司实现可持续发展。因此,探究股权激励与公司绩效的关系是本书的重点。

## 8.4.1 研究假设

现如今,现代企业的委托代理问题是公司治理中一个亟待解决的问题。股权激励的出现很好地解决了这一问题。股权激励可以督促管理者更好地实行权利,有效进行公司治理,并为此努力提升绩效。实行股权激励,高管如果掌握的股权越多,会发现公司绩效越好,自己得到的收益越多,那么,会为此更积极地工作,实现这一循环,公司的绩效会更凸显。因此,提出假设:股权激励强度对公司绩效有正向影响。

### 1)样本的选择

因为中国开始实行了股权分置,自此以后,证券市场的束缚减少,中国的资本市场焕发生机。处于这样的大环境下,我国的股权激励制度才得以有效实行。因此本书选取网易财经财报与 Wind 数据库中 2010—2016 年的公司作为研究样本,它们的特点是全部属于中国上市公司,且处于 A 股市场,并且已经实行了股权激励机制。这三点是选择样本的出发点。当然为了保证此次研究的客观性和严谨科学性,本书也删去了一些样本,如下:

①删除了金融类上市公司,因为其业务内容会使财务指标严重有异于其他公司。

②删除了带 ST, PT 的上市公司,原因是这类公司整体处于亏损状态,出现财务异常,这类公司的财务指标并不存在可靠性。

③剔除了一些缺少的数值以及一些异常情况的数值。

④剔除了一些虽然未通过股权激励但实际上却已经实行股权激励的,但最终并未完全完成股权激励的样本。

经过了层层筛选,原本有 220 个样本,筛选至 195 个有效样本。研究样本的数据都来源于网易财经财报和 Wind 数据库。同时,本书研究时借助的工具有 Excel 和 Stata。

### 2)变量的选取

#### (1)因变量的选取

本书翻阅了国内外实证研究的诸多研究方案,有不同的选择来衡量公司的绩效。但笔者考虑到我国社会主义市场经济的大环境,我国股票的价值并不能完全反映企业价值,因此本书不打算运用托宾 $Q$ 值作为衡量指标,而打算采用财务指标:净资产收益率(ROE)。由于净资产收益率比较容易查找,并且能在一定程度上反映公司的财务情况,更能体现杜邦分析法,既能反映盈利能力,还能反映周转能力以及偿债能力,是一个综合性指标。

（2）自变量的选取

通过翻阅文献，笔者发现很多研究中会运用管理层持股这一数据来作为因变量，但是，笔者认为由于管理层持股的制度在国内的实施情况大相径庭，比如一些公司的管理层股份并不来源于股权激励，也有掺杂着其他用途（工资报酬），而且，不仅是管理层拥有股权，也存在着一些核心技术人员拥有股权。所以选择管理层持股并不合适。因此，本书决定用股权激励股份占总股本的比例——激励比例（MSR）来衡量股权激励的强度。

（3）控制变量的选取

本书选用了以下控制变量：

①资产规模（SIZE）。由于资产规模较大的企业总体对抗市场风险或者非市场风险的能力较大，公司的现金流也十分充裕，更容易提升企业自身价值。所以，本书使用资产规模作为控制变量，在实际数值分子中，本书采用总账面价值的自然对数来衡量这一指标。

②资产负债率（LEV）。一个公司的偿债能力影响公司绩效的提升，也会间接影响现金流的充裕，因此本书采用资产负债率这一指标作为控制变量。

③净利润增长率（GRO）。GRO能反映企业持续发展能力，也是企业市场竞争力的综合衡量指标，因此，它们本身的净利润增长率可以明显衡量其市场潜力。当然，净利润增长率好的企业，股票价格上升较快，那么获得股权激励的公司职员获利较大，公司的经营绩效也会更好。这样会严重影响本书研究的客观性，所以，要将净利润增长率加以控制。

④高管薪酬（EP）。因为效率工资理论的存在，持有较高薪酬的人员为了不因经营不当而被解雇，会更努力地经营来提高绩效。所以为了剔除对股权激励的影响，把高管薪酬作为控制变量。在本书研究中，采用排名前三位的高管薪酬总额的自然对数来衡量这一指标。

⑤股权集中度（OC）。如果股权集中度很高，大多股份掌握在一人手中，那么大股东很可能只考虑自身利益而忽略了公司利益。因此，本书把股权集中度作为控制变量，同时本书用公司前五位大股东的持股比例的平方和来衡量股权集中度。

⑥董事长与总经理兼任（CUM）。倘若董事长和总经理兼任，则经营者手中的权力会过重，一人专权，对运营决策并不友善，会影响公司的绩效，因此把这一情况作为虚拟变量。如果董事长和经理兼任时，本书会取1，如果呈现不兼任情况时，那么取0。

## 8.4.2　描述性统计和相关性分析

在经过以上因变量和自变量以及控制变量的选取后，根据提出的假设：股权激励对公司绩效有正向的影响，建立了以下回归模型8-1：

$$R = \beta_0 + \beta_1 MSR + \beta_2 OC + \beta_3 GRO + \beta_4 SIZE + \beta_5 EP + \beta_6 LEV +$$
$$\beta_7 CUM + industry + \varepsilon \tag{8-1}$$

在这个模型中，因变量R表明了该企业的效益水平，我们分别使用了净资产收益率ROE带入了模型进行了实证分析。在这个公式中，自变量是股权激励比例MSR，把股权集中度OC、净利润增长率GRO、资产规模SIZE、高管薪酬EP、资产负债率LEV和董事长与总经理兼任变量CUM作为控制变量进行回归计算，同时，我们采用了行业虚拟变量industry，作为虚拟变量目的是有效准确地删除因为行业不同而造成的对公司绩效的影响，而最后的$\varepsilon$则代表误差项。

通过 Excel 分析,本书对上述变量进行了描述性统计,见表 8-1,我们分析了各个变量的观察值(Obs)、均值(Mean)、标准差(Std,Dev)、最大值(Max)以及最小值(Min)。

表 8-1　主要变量描述性统计表

| Variable(变量) | Obs(观察值) | Mean(均值) | Std,Dev(标准差) | Min(最小值) | Max(最大值) |
|---|---|---|---|---|---|
| ROE(净资产收益率) | 195 | 14.366 306 67 | 1.039 671 464 | 12.203 1 | 17.782 8 |
| MSR(股权激励强度) | 195 | 0.027 557 402 | 0.007 090 007 | 0.015 035 268 | 0.039 732 63 |
| OC(股权集中度) | 195 | 0.250 211 049 | 0.250 211 049 | 0.250 211 049 | 0.250 211 049 |
| GRO(净利润增长率) | 195 | 0.016 630 256 | 0.058 943 906 | −0.263 2 | 0.410 4 |
| LEV(资产负债率) | 195 | 0.486 015 897 | 0.170 382 587 | 0.055 | 0.885 9 |
| SIZE(资产规模) | 195 | 23.097 463 08 | 1.898 463 42 | 18.683 8 | 28.508 7 |
| EP(高管薪酬) | 195 | 14.559 362 03 | 0.983 883 162 | 12.889 148 42 | 16.169 151 98 |

数据来源:网易财经财报,Wind 数据库

从表 8-1 可以看出,净资产收益率最大值为 17.782 8,最小值为 12.203 1。最小值和最大值之间的差距并不大,但是样本的个体效益有差距。股权激励强度表明,均值是 0.027 557 402,由此可以发现,普遍股权激励的强度低。由最小值和最大值之间相差约 2.4 个百分比,可以看出差距比较大。但从标准差中又可以兼得,股权激励强度的波动是稳定的。从股权集中度的最大值和最小值差距可以看出,上市公司的公司治理的结构大相径庭,说明我国公司治理制度尚不完善。从净利润增长率标准差 0.058 943 906 可以看出,个体之间的差异较小,但是从平均值 1.6% 中可以看出,上市公司的盈利的趋势存在,但比较小。从资产规模自然对数中,可以探究发现最大值与最小值差距还是比较大的,同时需要考虑这是取对数的情况。从高管薪酬探究表明,我国上市公司的高管薪酬都比较高,并且通过标准差 0.983 883 162 反映,其变化有很大的波动和起伏。

同时,本书也计算了所建的模型中诸多变量的系数,来研究变量是否存在多重的共线性,见表 8-2。

表 8-2　变量的相关性检验

| Variable(变量) | ROE(净资产收益率) | MSR(股权激励强度) | OC(股权集中度) | GRO(净利润增长率) | LEV(资产负债率) | SIZE(资产规模) | EP(高管薪酬) |
|---|---|---|---|---|---|---|---|
| ROE(净资产收益率) | 1 | | | | | | |
| MSR(股权激励强度) | 0.01 | 1 | | | | | |
| OC(股权集中度) | 0.059 | 0.049 | 1 | | | | |
| GRO(净利润增长率) | 0.048 | −0.07 | −0.051 | 1 | | | |

| Variable（变量） | ROE（净资产收益率） | MSR（股权激励强度） | OC（股权集中度） | GRO（净利润增长率） | LEV（资产负债率） | SIZE（资产规模） | EP（高管薪酬） |
|---|---|---|---|---|---|---|---|
| LEV（资产负债率） | 0.215*** | 0.063 | −0.035 | −0.269*** | 1 | | |
| SIZE（资产规模） | 0.879*** | 0.024 | 0.042 | −0.015 | 0.279*** | 1 | |
| EP（高管薪酬） | 0.003 | −0.151** | −0.057 | 0.108 | −0.172** | −0.054 | 1 |

注："＊""＊＊""＊＊＊"分别表示在10%,5%,1%的置信水平（双侧）上显著相关

数据来源：网易财经财报,Wind数据库

由表8-2变量的相关性检验可发现,股权激励强度（MSR）和净资产收益率（ROE）相关性为0.01,相关性不显著。在其他变量的相关性中可以发现,股权激励强度（MSR）和股权集中度（OC）、净利润增长率（GRO）的相关系数比较低,不显著相关。股权激励强度（MSR）和资产负债率（LEV）的相关系数为0.215***,在1%的置信水平上相关。净资产收益率（ROE）与高管薪酬（EP）系数为0.003,不显著相关。公司资产规模（SIZE）和净资产收益率（ROE）的系数为0.879***,在1%的置信水平上相关,虽然值略大,但鉴于整体的水平,多重线性并不存在于本模型中。

## 8.4.3　统计检验与结果分析

本书进行实证分析选取的样本来源于网易财经财报、Wind数据库,并从中找取在2010—2016年国内A股上市的企业,我们以实行了股权激励的企业作为样本池。根据模型,进行多元化回归分析,把因变量ROE带入模型中,可以实证,企业的效益和股权激励强度是否为正相关,见表8-3。

表8-3　实证分析

| VARIABLES | ROE |
|---|---|
| MSR（股权激励强度） | −0.178 (0.972) |
| OC（股权集中度） | 0.195 (0.427) |
| GRO（净利润增长率） | 0.947 (0.142) |
| LEV（资产负债率） | −0.047 0 (0.838) |
| SIZE（资产规模） | 0.484*** (0.000) |
| EP（高管薪酬） | 0.046 0 (0.223) |

续表

| VARIABLES | ROE |
|---|---|
| CUM(董事长与总经理兼任) | -0.108<br>(0.674) |
| _cons | 2.491***<br>(0.001) |
| Observation | 195 |
| R-squared | 0.779 |
| r2 a | 0.771 |
| F | 94.23 |
| p-values | In parentheses |

注: $* p < 0.1, * * p < 0.05, * * * p < 0.01$

数据来源:网易财经财报,WIND 数据库

根据表 8-3 的实证分析可以看出,股权激励强度(MSR)与因变量净资产收益率(ROE)的系数为-0.178,呈现负相关关系。而且其 R-squared 为 0.779,此模型与实际拟合度很高,与实际相符。证明此模型的建立合理有效。从表中可以表明,实证结果与我们提出的假设并不一致,即股权激励强度与财务指标负相关,也就是说,股权激励强度与公司绩效呈负相关关系。同时,观察表中控制变量,可以发现股权集中度(OC)与净资产收益率(ROE)系数为 0.195,存在一定程度的正相关关系。

净利润增长率(GRO)与净资产收益率(ROE)的系数为 0.947,显示出显著的正相关关系。换句话说,盈利趋势越好的公司绩效成长也越快。

资产负债率(LEV)与净资产收益率(ROE)的系数为-0.047 0,对净资产收益率(ROE)呈现不显著的负相关关系。

公司资产规模(SIZE)以及高管薪酬(EP)和公司绩效水平也存在显著的相关关系,从中,我们可以探究出公司的资产规模越大,高管的薪酬水平越高,公司的绩效会更好。而变量董事长与总经理兼任(CUM)与公司绩效之间系为-0.108,同样并不呈现显著的相关关系。

## 8.4.4 研究结论及应用

### 1)研究结论

本书通过对样本的选择,自变量、因变量、控制变量的选择分析,建立了一个模型进行多元回归,并通过一些研究包括描述性统计、相关性分析以及最后回归分析,查看股权激励与上市公司绩效的关系的拟合程度,去检验本书提出的假设。但通过研究,笔者发现,本书提出的假设不成立,即股权激励与公司绩效呈负相关关系。

### 2)应用范例

为了更好地检验模型与本书的分析,本书查找了样本池以外的一家实施股权激励上市公司的数据。该上市公司是荣盛发展,其激励比例(MSR)、股权集中度(OC)、净利润增长率(GRO)、资产负债率(LEV)、资产规模(SIZE)、高管薪酬(EP)、董事长与总经理兼任(CUM)的数值分别为 0.024 73,0.475 11,2.497 72,0.688 05,23.889 57,13.412 51,0。将几个变量的数值代入模型中:

$$R = \beta_0 + \beta_1 \text{MSR} + \beta_2 \text{OC} + \beta_3 \text{GRO} + \beta_4 \text{SIZE} + \beta_5 \text{EP} + \beta_6 \text{LEV} + \beta_7 \text{CUM} + \text{industry} + \varepsilon$$

系数采用的是上述实证得出的数值,得出的结果为 14.600 771 79,与行业均值以及实际情况都相近。因此,通过范例检验,笔者发现,该模型实际有效。

# 第 9 章

# 股权激励计划的设计与应用

拟订股权激励计划是公司实施股权激励的基础。以实施股票期权激励为例,相关计划通常包括:①激励计划的目的;②激励对象的确定依据和范围;③标的股票的来源和数量;④股票期权分配情况;⑤激励计划的有效期、授权日、可行权日、标的股票的禁售期;⑥股票期权的行权价格及其确定方法;⑦股票期权的获授条件和行权条件;⑧股权激励计划的调整方法和程序;⑨公司授予股票期权及激励对象行权的程序;⑩公司与激励对象各自的权利和义务;⑪激励计划对公司发生控制权变更、合并、分立,以及激励对象发生职务变更、离职和死亡等重要事项的处理;⑫激励计划的变更、终止等。

以下选择其主要内容予以详细说明。股权激励计划五要素见表9-1。

**表9-1　股权激励计划五要素**

| 要素 | 内容 |
|------|------|
| 定人 | 确定激励对象 |
| 定价 | 确定激励价格 |
| 定量 | 确定激励额度 |
| 定时 | 确定授予行权时间 |
| 定条件 | 确定实施条件 |

## 9.1　股权激励计划的设计

### 9.1.1　激励对象的确定

**1)激励对象的确定依据**

企业应当根据相关依据确定激励对象。确定激励对象的依据,主要包括三个方面:

①法律等依据,即按《中华人民共和国公司法》、《中华人民共和国证券法》、国家有关部门发布的与股权激励相关的规范性文件以及公司本身章程。

②职务依据,即按当事人在公司任职情况、对公司经营绩效贡献大小以及公司实际情况等。

③考核依据,即必须经公司相关的业绩考核办法考核合格。

### 2)激励对象的范围

根据证券监管部门的规定,股权激励计划的激励对象可以包括上市公司的董事、监事、高级管理人员、核心技术(业务)人员,以及公司认为应当激励的其他员工,但不应包括独立董事。因为独立董事作为股东尤其是中小股东利益的代表,其职责在于监督管理层的规范经营,从股权激励的本义上讲,不应作为激励对象。

下列人员不得成为激励对象:①最近3年内被证券交易所公开谴责或宣布为不适当人选的;②最近3年内因重大违法违规行为被中国证监会予以行政处罚的;③具有《中华人民共和国公司法》规定的不得担任公司董事、监事、高级管理人员情形的。

特殊情形:

①除以上要求外,国有控股上市公司的监事以及由上市公司控股公司以外的人员担任的外部董事,暂不纳入股权激励计划。

②国有控股上市公司的母公司的负责人在上市公司担任职务的,可参加股权激励计划,但只能参与一家上市公司的股权激励计划。

③在股权授予日,任何持有国有控股上市公司5%以上有表决权股份的人员,未经股东大会批准,不得参加股权激励计划。

【例9-1】 某国有控股上市公司预计于2010年年底实施股权激励计划,初步确定的股权激励对象包括:张某,公司总经理;赵某,公司监事会主席;夏某,公司外部董事;李某,公司独立董事;王某,公司核心技术人员;刘某,上市公司母公司负责人,同时兼任上市公司董事长;潘某,持有上市公司15%股权。

要求:

①判断并说明可以确定能够成为股权激励对象的有哪些。

②判断并说明有可能成为股权激励对象的有哪些。

③判断并说明不允许作为股权激励对象的有哪些。

【分析与提示】

①可以确定成为股权激励对象的有公司总经理张某、公司核心技术人员王某。总经理是高级管理人员,核心技术人员是公司最重要的人力资源,公司高级管理人员和核心技术人员都是股权激励的对象。

②有可能成为股权激励对象的有公司外部董事夏某和上市公司母公司负责人同时兼任上市公司董事长的刘某。本题中并没有说明夏某是控股公司的人还是控股公司之外的人。如果他在控股公司任职,可以作为激励对象;如果他是控股公司的外部董事,则不允许作为激励对象。刘某是控股公司负责人,同时在上市公司担任职务,只能够在一家公司参与股权激励计划,本题中无法确定刘某是否已在其他公司参与股权激励计划,因此无法准确判断刘

某是否符合股权激励方案确定激励对象的要求。

此外，潘某持有股权比例过高，而持有5%以上有表决权股份的人员，未经股东大会批准，不得参与股权激励计划。因此，潘某也属于可能成为激励对象的人选，只不过必须经股东大会批准。

③不允许作为股权激励对象的有公司监事会主席赵某、公司独立董事李某和持有上市公司15%股权的潘某。由于公司是国有控股公司，按规定监事不应作为股权激励对象；独立董事代表中小股东起监督和保护作用，不应参与股权激励。

下面总结一下股权激励对象的范围：

①公司董事，不包括独立董事；国有控股公司不包括控股公司以外人员担任的外部董事。

②公司监事，最近3年内被公开谴责、公开处罚、违反《中华人民共和国公司法》规定的人不能成为激励对象；对国有控股上市公司的监事暂不纳入。

③公司高级管理人员，通常不违反相关法规禁止参加的，都属于允许的激励对象。

④公司核心技术（业务）人员，允许参加，根据公司技术重要性来确定。

⑤公司其他员工，一般较少。

### 9.1.2 标的股票的来源和数量

#### 1）一般上市公司

一般上市公司主要采用两种方式解决股权激励股票的来源，即向激励对象发行股份和回购公司的股份。

【要点提示】 上市公司可以回购不超过公司已发行股份总额5%的股份用于奖励公司员工。实际操作中，上市公司可以实行一次批准所需标的股票总额度，以后随着公司向激励对象授予或激励对象行权而实行分次发行的做法。即一次批准，分次发行。

#### 2）国有控股上市公司

对于国有控股上市公司，实施股权激励的标的股票来源不得是由单一国有股股东支付或擅自无偿量化国有股权。

①"不得由单一国有股股东支付"，其实质含义是股权激励不能由国资委一人买单。这一规定的目的是使过去饱受非议的国有资产被吞噬问题得到有效控制和解决。即标的股票应由全体股东公平支付，国有股权是有价值的，不得将国有股权无偿作为标的股票。举例来说，如果政府或国有企业（单位）持有国有控股上市公司60%的股份，在支付用于股权激励的股票时，只能支付相对应的60%，其余40%的激励股票，应由其他持股40%的股东支付。

②"不得无偿量化国有股权"，国有股权是有价的，如果用激励的方式无偿支付给公司高管等，就等同于国有资产流失。具体而言，股权激励，激励的是国有控股上市公司高管等为公司增量资产而非存量资产所做的贡献。

### 3）标的股票的数量

股权激励标的股票数量是股权激励计划中特别需要均衡考虑的因素。若数量过多,对股本影响过大,可能导致股东权益摊薄;若数量过少,可能难以起到激励作用。

对于一般上市公司,全部有效的股权激励计划所涉及的标的股权总量累计不得超过股本总额的10%,其中个人获授部分不得超过股本总额的1%,超过1%的需要获得股东大会的特别批准。

对于国有控股上市公司在股权激励计划有效期内授予的股权总量,除应遵循一般上市公司的规定外,还应注意首次股权授予数量等方面的限制。

国有控股上市公司首次股权授予数量应控制在上市公司发行总股本的1%以内。国有控股境外上市公司在股权激励计划有效期内任何12个月期间授予任一人员的股权(包括已行使和未行使的股权)超过上市公司发行总股本的1%的,上市公司不得再授予其股权。

国有控股境内上市公司的高管人员,股权授予的具体数量应从严把握。在股权激励计划有效期内,实施股权激励的高管人员预期的中长期激励收入应控制在薪酬总水平的30%以内。国有控股境外上市公司,这个限制比例为40%。

【例9-2】　某国有控股上市公司拟实施股权激励方案,该公司公开市场总股本为10亿股。具体的股权激励方案包括:第一,从公开市场回购公司股票共6 000万股并分批发放给高管团队。第二,公司控股股东决定如果公司高管能够实现股权激励方案中的绩效条件,则控股股东将转让500万股股票给高管团队。公司已经在以前年度首次向高管团队提供了总量达5 000万股的股票。公司董事长宋某在两次获得股权激励后将累计持有2 000万股的公司股票。

要求:分析该公司的股权激励方案是否符合相关规定并解释理由。

【分析与提示】　该公司拟用于股权激励的股票,回购总数额达到6 000万股,超过了回购股票总额不得高于股本总额5%的限制性条款;国有控股公司控股股东不得单方面转让股票,实施股权激励;公司高管团队两次累计获得股票数目达到1.1亿股,超过总股本的10%,因此不符合相关规定;而董事长宋某持股比例达到了2%,超出了个人持股比例不得高于股本总额1%的规定。

以下是对定量的总结:

总量定量时,所有企业:上市公司全部有效的股权激励计划所涉及的标的股票总数累计不得超过公司股本总额的10%;国有控股公司:上市公司首次实施股权激励计划授予的股权数量原则上应控制在上市公司股本总额的1%以内。

个体定量时,所有企业:上市公司任何一名激励对象获授的本公司股权累计不得超过公司股本总额的1%;国有控股公司:在股权激励计划有效期内,实施股权激励的高管人员预期的中长期激励收入应控制在薪酬总水平的30%以内。国有控股境外上市公司应控制在40%以内。

## 9.1.3　激励计划的时间要素

激励计划的时间要素包括有效期、授权日、可行权日、标的股票的禁售期等。

### 1）股权激励计划的有效期

对于国有控股上市公司，股权激励计划有效期自公司股东大会通过股权激励计划之日起计算，期限一般不超过 10 年。

在股权激励计划有效期内，应当采取分次实施的方式，每期股权授予方案的间隔期应在一个完整的会计年度以上，国有控股境外上市公司原则上每两年授予一次。

### 2）股票期权行权时间限制

采用股票期权激励方式的，应当设置行权限制期和行权有效期，并按设定的时间表分批行权。

①行权限制期为自股权授予日（授权日）起至股权生效日（可行权日）止的期限。行权限制期原则上不得少于两年，在限制期内不可以行权。

②行权有效期为自股权生效日起至股权失效日止的期限。行权有效期由上市公司根据实际确定，但不得少于 3 年。在行权有效期内原则上采取匀速分批行权办法。超过行权有效期的，其权利自动失效，并不可追溯行使。

股票期权行权限制时间总结：授予日即股东大会通过计划的日子，到行权日的限制期一般不低于 2 年，行权日到失效日的有效期一般不低于 3 年，而授予日到失效日的有效期一般不超过 10 年。

授权日是指上市公司向激励对象授予股票期权的日期，通常在股权激励计划报中国证监会备案且无异议、公司股东大会审议批准后 30 日内由董事会确定。如果为国有控股境外上市公司，还要求报国务院国资委审核批准。

需要注意的是，授权日应为交易日，且不能是以下日期：

A. 定期报告公布前 30 日。

B. 重大交易或重大事项决定过程中至该事项公告后两个交易日。

C. 其他可能影响股价的重大事件发生之日起至该事项公告后两个交易日。

可行权日是指激励对象可以开始行权的日期。其中，行权是指激励对象根据股票期权激励计划，在规定的期间内以预先确定的价格和条件购买上市公司股份的行为。可行权日应是交易日。

例如，某国有控股上市公司股权激励计划约定，激励对象可以自授权日起两年后开始行权，可行权日必须为交易日，且在行权有效期内。激励对象应当在上市公司定期报告公布后第二个交易日至下一次定期报告公布前 10 个交易日内行权，但不得在下列期间内行权：

A. 重大交易或重大事项决定过程中至该事项公告后两个交易日。

B. 可能影响股价的重大事件发生之日起至该事项公告后两个交易日。

其中，行权有效期为可行权日至股权失效日之间。该公司首期计划股票期权行权有效期为 3 年，超过这个期限的，权利自动失效，且不可追溯行使。

### 3）限制性股票的禁售和转让时间限制

在股权激励计划有效期内，每期授予的限制性股票，其禁售期不得少于两年。

禁售期满,根据股权激励计划和绩效目标完成情况确定激励对象可解锁(转让、出售)的股票数量。解锁期不得低于 3 年,在解锁期内原则上采取匀速解锁办法。

股权激励对象转让、出售其通过股权激励计划所得股权的,应当符合国家法律、行政法规等相关规定。比如,高管人员在离职后半年内不得转让其所持有的本公司股份。

限制性股票行权期限时间总结:实施日到授予日之间的等待期是股东大会通过计划的 30 日内,授予日到解锁日的禁售期一般不低于 2 年,解锁日到失效日的解锁期一般不低于 3 年,而自实施日到失效日的有效期一般不超过 10 年。

### 9.1.4 股权授予价格的确定

上市公司在授予激励对象股票期权时,应当根据公平市场价原则确定授予价格(即行权价格)或确定方法。

当确定股票授予价格时,授予价格不应低于下列价格中较高者:①股权激励计划草案摘要公布前一个交易日的公司标的股票收盘价;②股权激励计划草案摘要公布前 30 个交易日内的公司标的股票平均收盘价。

国有控股上市公司首次公开发行股票时拟实施的股权激励计划,其股权的授予价格在上市公司首次公开发行上市满 30 个交易日以后,依据以上原则规定的市场价格确定。

【要点提示】 股权授予价格规定的主要目的是杜绝低价牟利行为。

某股份公司股票期权的行权价格和行权价格的确定方法的说明。

#### 1)行权价格

股票期权的行权价格为 10.80 元。

#### 2)行权价格的确定方法

行权价格取下述两个价格中的较高者上浮 8%,即 [10.00 元 × (1 + 8%)] = 10.80 元
①股票期权激励计划草案摘要公布前一个交易日的股票收盘价(10.00 元)。
②股票期权激励计划草案摘要公布前 30 个交易日内的股票平均收盘价(9.25 元)。

2007 年,17 家推出股权激励计划的上市公司中,仅有万科的股权激励方案与公司股票价格挂钩。除泸州老窖在法定价格基础上上浮了 15% 外,大多数公司自行确定行权价格时往往偏低,甚至出现了股票授予价格较市场价格大打折扣的情况。

又如:2006 年 7 月,某上市公司曾首次在市场上公开提出股权激励方案:管理层希望获得 2 400 万股期权奖励,行权价格按照公司董事会二次会议决议公告前一个交易日(2006 年 6 月 1 日)公司股票收盘价 11.11 元/股的 115%,即 12.78 元/股确定。

2010 年 1 月 23 日,该公司提出了新一轮的股权激励方案。与最初的股权激励方案相比,公司管理层对第二次股权激励方案做了 16 项修订,不仅在期权数量、期权分配方面做了改动,而且对期权行权时间、行权方式均做了限制,唯一不变的就是行权价格,也是最为关键的一项内容,此次方案中的期权行权价格依然按照 12.78 元/股进行。公司此番新一轮的股权激励方案是在 2010 年 1 月 23 日公布的,较为合理的行权价格应该参照 2010 年 1 月 23 日

之前 30 日内公司股价均值 37.88 元/股确定,这是现行计划的行权价格的近 3 倍。因此,此次新修订的股权激励方案的核心焦点将集中在行权价格的确定上。如果按照 3 年前的行权价格,管理层将获得巨大收益;如果按照现行市场价格,预期收益将发生近 3 倍的变化。

## 9.1.5 激励计划的调整程序

### 1)股票期权数量的调整方法

若在行权前公司有资本公积金转增股本、派送股票红利、股票拆细或缩股等事项,应对股票期权数量进行相应的调整。调整方法如下:

(1)资本公积金转增股本、派送股票红利、股票拆细

$$Q = Q_0 \times (1 + n)$$

其中,$Q_0$ 为调整前的股票期权数量;$n$ 为每股的资本公积金转增股本、派送股票红利、股票拆细的比率(即每股股票经转增、送股或拆细后增加的股票数量);$Q$ 为调整后的股票期权数量。

(2)缩股

$$Q = Q_0 \times n$$

其中,$Q_0$ 为调整前的股票期权数量;$n$ 为缩股比例(即 1 股股票缩为 $n$ 股股票);$Q$ 为调整后的股票期权数量。

(3)配股和增发

$$Q = Q_0 \times (1 + n)$$

其中,$Q_0$ 为调整前的股票期权数量;$n$ 为增发或配股的比率(即增发或配股的股数与增发或配股前公司总股本的比);$Q$ 为调整后的股票期权数量。

### 2)行权价格的调整方法

若在行权前公司有派息、资本公积金转增股本、派送股票红利、股票拆细或缩股等事项,应对行权价格进行相应的调整。

下列价格调整方法供参考:

(1)资本公积金转增股本、派送股票红利、股票拆细

$$P = \frac{P_0}{(1 + n)}$$

其中,$P_0$ 为调整前的授予价格;$n$ 为每股的资本公积金转增股本、派送股票红利、股票拆细的比率(即每股股票经转增、送股或拆细后增加的股票数量);$P$ 为调整后的授予价格。

(2)缩股

$$P = \frac{P_0}{n}$$

其中,$P_0$ 为调整前的授予价格;$n$ 为缩股比例(即 1 股公司股票缩为 $n$ 股股票);$P$ 为调整后

的授予价格。

（3）派息

$$P = P_0 - V$$

其中，$P_0$ 为调整前的行权价格；$V$ 为每股的派息额；$P$ 为调整后的行权价格。

（4）配股和增发

$$P = \frac{P_0 \times (P_1 + P_2 \times n)}{P_1 \times (1 + n)}$$

其中，$P_0$ 为调整前的授予价格；$P_1$ 为股权登记日当日收盘价；$P_2$ 为配股价格；$n$ 为配股的比例（即配股的股数与配股前公司总股本的比例）；$P$ 为调整后的授予价格。

由于配股并非所有投资者都会接受，假设有比例为 $m$ 的投资者放弃配股，则上述公式可以进一步调整为：

$$P = \frac{P_0 \times [P_1 + P_2 \times (1 - m) \times n]}{(1 + n) \times P_1}$$

该公式可以看作对原有价格 $P_0$ 的调整。调整的依据就是如果配股的价格低于公司市价，则配股具有稀释性，从而使价格得到调整。如果配股价格等于公司市价，则配股或增发不具有影响，行权价格仍然为 $P_0$，可以将 $[P_1 + P_2 \times (1 - f) \times P'] \div [(1 + P') \times P_1]$ 理解为对原价格调整的比例。

【例9-3】　2009 年 4 月 7 日，A 公司董事会通过了《股票期权激励计划》，根据该激励计划，以公司股本总额 10 000 万股为基准，公司首次股票期权的数量为 888 万份，对应的标的股票为 888 万股，行权价格为 10.8 元/股。

根据 2009 年 7 月 11 日《关于 2008 年度权益分派实施公告》，公司以 2009 年 7 月 16 日为股权登记日，向全体股东每 10 股派发现金人民币 0.5 元（含税）；同时，以资本公积金向全体股东每 10 股转增 2 股。

2009 年 9 月 18 日，公司第六届董事会第 9 次会议审议通过了《关于根据激励计划调整股票期权数量及行权价格的议案》。2009 年 7 月 16 日，公司实施了权益分派，向全体股东每10 股转增 2 股，并每 10 股派息 0.5 元（含税）。

要求：计算调整后的期权数量与行权价格。

【分析与提示】

调整后的股票期权的数量 = 888 × 1.2 = 1 065.6（万份）

$$调整后的行权价格 = \frac{10.8 - \dfrac{0.5}{10}}{1.2} = 8.96（元/股）$$

### 3）股票期权激励计划调整的程序

通常情况下，上市公司股东大会授权董事会根据上述列明的原因调整股票期权数量、行权价格，或者根据有关原因调整激励对象。董事会做出调整后，要及时公告并通知激励对象。

在其他情况下，董事会根据情况变化对股权激励计划中的股票期权数量、行权价格或其他条款进行调整的，应报经股东大会审议批准。

【例9-4】 某公司2009年度股东大会审议通过了《2009年度利润分配方案》。利润分派方案为：以公司现有股本总额197 676 000股为基数，向全体股东每10股转增1股，送红股2股，派现金1元，并已于2010年6月1日实施完毕。调整前股票期权数量共计9 812 380份，首次股票期权的行权价格为7.39元/股。

要求：计算调整后的股票期权数量和行权价格。

**【分析与提示】**

（1）股票期权数量的调整

资本公积金转增股本、派送股票红利、股票拆细时，$Q = Q_0 \times (1 + n)$

根据上述公式计算得出：

调整后的股票期权的数量 = 9 812 380 × (1 + 0.3) = 12 756 094（份）

（2）行权价格的调整

资本公积金转增股本、派送股票红利、股票拆细时，$P = P_0 \div (1 + n)$

派息时，$P = P_0 - V$

根据上述公式计算得出：

$$调整后的股票期权的行权价格 = \frac{7.39 - 0.1}{1 + 0.3} = 5.61（元/股）$$

【例9-5】 甲拥有某上市公司股票期权20万股，行权价格为10元/股，该公司实施资本公积转增股本，方案为每10股转增10股。

要求：计算调整后的行权价格。

**【分析与提示】**

$P = 10 \div (1 + 100\%) = 5（元／股）$

## 9.1.6　股权授予及行权程序

### 1）公司授予股票期权的程序

通常情况下，上市公司应按如下程序授予激励对象股票期权：

①董事会薪酬与考核委员会负责拟订股权激励计划草案，并提交董事会审议。

②董事会审议通过股票期权激励计划草案，独立董事就股权激励计划是否有利于公司的持续发展，是否损害公司及全体股东利益发表独立意见。

③监事会核实激励对象名单。

④董事会审议通过股票期权激励计划草案后的2个交易日内，公告董事会决议、股票期权激励计划草案摘要、独立董事意见。

⑤公司聘请律师对股票期权激励计划出具法律意见书。

⑥股票期权激励计划有关申请材料报中国证监会备案，并同时抄报证券交易所和当地证监局。

⑦在中国证监会对股票期权激励计划备案申请材料无异议后，公司发出召开股东大会的通知，并同时公告法律意见书。

⑧独立董事就股票期权激励计划向所有股东征集委托投票权。

⑨股东大会审议股票期权激励计划,监事会就激励对象名单核实情况在股东大会上进行说明。

⑩股东大会审议批准股票期权激励计划后股票期权激励计划即可以实施,董事会根据股东大会的授权办理具体的股票期权授予、行权等事宜。

⑪董事会可以根据股东大会审议批准的股票期权计划,决定一次性授出或分次授出股票期权,但累计授出的股票期权涉及的标的股票总额不得超过股票期权计划所涉及的标的股票总额。

⑫追加授予期权的激励对象和授予数量经董事会批准通过(如果追加授予期权的激励对象为公司董事或高级管理人员,则由董事会做出决议后由股东大会审议批准),但累计授出的股票期权涉及的标的股票总额不得超过股票期权计划所涉及的标的股票总额。

上市公司为国有控股的,股权激励计划申报和审批还应遵循一些特别要求。

### 2)激励对象行权的程序

激励对象行权,通常应遵循如下程序:

①激励对象向董事会提交"股票期权行权申请书",提出行权申请。

②董事会对申请人的行权资格与行权条件进行审查确认。

③激励对象股票期权的行权申请经董事会确认后,公司向证券交易所提出行权申请,经证券交易所确认后,由证券登记结算机构办理登记结算事宜,已行权的股票期权应及时注销,如图9-1所示。

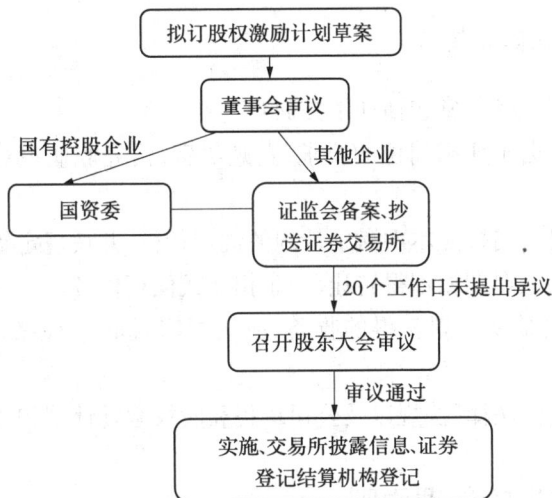

图9-1 股权激励程序示意图

## 9.1.7 公司与激励对象的权利和义务

### 1)公司的权利和义务

就股票期权激励而言,公司的权利和义务通常包括以下方面:

①公司有权要求激励对象按其所聘岗位的要求为公司工作,若激励对象不能胜任所聘工作岗位或者考核不合格,经公司董事会批准,可以根据本激励计划取消激励对象尚未行权的股票期权或将其已获授权但尚未行权的期权转授予其他激励对象(如果转授予期权的激励对象为公司董事或高级管理人员,则由董事会做出决议后由股东大会审议批准)。

②若激励对象因触犯法律、违反职业道德、泄露公司商业机密、失职或渎职等严重损害公司利益或声誉,经公司董事会批准,可以根据本激励计划取消激励对象尚未行权的股票期权或将其已获授权但尚未行权的期权转授予其他激励对象(如果转授予期权的激励对象为公司董事或高级管理人员,则由董事会做出决议后由股东大会审议批准)。

③公司根据国家税收法规的规定,代扣代缴激励对象应缴纳的个人所得税及其他税费。

④公司不得为激励对象依股票期权激励计划获取有关股票期权提供贷款以及其他任何形式的财务资助,包括为其贷款提供担保。

⑤公司根据股票期权激励计划,中国证监会、证券交易所、登记结算公司等的有关规定,积极配合满足行权条件的激励对象按规定行权,但出于中国证监会、证券交易所、登记结算公司的原因造成激励对象未能按自身意愿行权并给激励对象造成损失的,公司不承担责任。

⑥公司在定期报告中披露报告期内股权激励计划的实施情况,包括:报告期内激励对象的范围,报告期内授出、行使和失效的权益总额,至报告期末累计已授出但尚未行使的权益总额,报告期内授予价格与行权价格历次调整的情况以及经调整后的最新授予价格与行权价格,董事、监事、高级管理人员各自的姓名、职务以及在报告期内历次获授和行使权益的情况,因激励对象行权所引起的股本变动情况,股权激励的会计处理方法。

### 2)激励对象的权利和义务

激励对象的权利和义务通常包括如下方面:

①激励对象应当按公司所聘岗的要求,勤勉尽责,恪守职业道德,为公司的发展做出应有的贡献。

②激励对象有权且应当按照本次激励计划的规定行权,并按规定锁定股份。

③激励对象获授的股票期权不得转让、用于担保或偿还债务。

④激励对象因本次激励计划获得的收益,应按国家税收法规缴纳个人所得税及其他税费。

⑤激励对象应当遵守法律、法规以及公司章程和股权激励计划相关条款的规定。

## 9.1.8　特殊事项的处理原则

公司发生实际控制权变更、合并或分立,激励对象发生职务变更、离职或死亡等特殊事项,对股权激励计划有重要影响。此种情况下,通常采用如下方式处理:

### 1)公司发生实际控制权变更、合并或分立

①公司出于任何原因导致其实际控制人发生变化,激励对象获授的股票期权继续有效。

②公司合并时,激励计划继续实施,股票期权数量和行权价格根据公司合并时股票的转

换比例调整,标的股票变更为合并后公司的股票。如上海航空被东方航空合并后,所有上海航空的股票都按比例转换为东方航空的股票。

例如,W 公司共实施 500 万份期权的股权激励,行权价格为 6 元/股;W 公司被 A 公司吸收合并,1 股 W 公司股票换取 2 股 A 公司股票。此时,W 公司高管继续享有股权激励,其数量调整为 1 000(500×2)万份,行权价格调整为 3 元/股。

③公司分立时,激励计划继续实施,标的股票变更为分立后公司的股票,股票期权数量按原有标的股票数量占公司股票总数的比例确定,行权价格做如下调整:新行权价格 = 原行权价格 ×(新公司股价 ÷ 原公司股价)。

例如,甲公司实施股权激励计划期间公司分立,从原公司中剥离一分公司,形成独立法人实体的股份制公司乙公司。已知实施分立前股权激励计划行权价格为 12 元/股;甲公司分割前股价为 20 元;分割后甲公司股价为 15 元,乙公司股价为 5 元。则新的行权价格为:

甲公司新行权价 = 12 ×(15 ÷ 20)= 9

乙公司新行权价 = 12 ×(5 ÷ 20)= 3

#### 2)激励对象发生职务变更、离职或死亡

①激励对象职务发生变更,且已经从公司或公司的子公司离职,与公司或公司的子公司彻底解除劳动合同的,经公司董事会批准,可以取消激励对象尚未行权的股票期权或者将该激励对象已获授权尚未行权的期权转授予其他激励对象(如果转授予期权的激励对象为公司董事、监事或高级管理人员,则由董事会做出决议后由股东大会审议批准)。

激励对象职务发生变更,但仍为公司的董事(独立董事除外)、监事、高级管理人员或核心经营管理人员、业务人员,或者被公司委派到公司的子公司任职,原则上已获授的股票期权不做变更,但是董事会可以根据实际情况对激励对象已获授权尚未行权的期权进行调整。

激励对象成为独立董事或其他不能持有公司股票或股票期权的人员的,经公司董事会批准,可以取消激励对象尚未行权的股票期权或者将该激励对象已获授权尚未行权的期权转授予其他激励对象(如果转授予期权的激励对象为公司董事、监事或高级管理人员,则由董事会做出决议后再由股东大会审议批准)。

②激励对象因触犯法律、违反职业道德、泄露公司机密、失职或渎职等严重损害公司利益或声誉而被公司解聘的,经公司董事会批准,可以取消激励对象尚未行权的股票期权或者将该激励对象已获授权尚未行权的期权转授予其他激励对象(如果转授予期权的激励对象为公司董事、监事或高级管理人员,则由董事会做出决议后由股东大会审议批准)。如果董事会决定取消其尚未行权的股票期权,则该部分期权自激励对象离职之日起无效。

③激励对象因工伤而丧失劳动能力的,其所获授的股票期权不做变更,仍可按规定行权。

④激励对象出于辞职或其他原因被公司免职而离职的,经公司董事会批准,可以取消激励对象尚未行权的股票期权或者将该激励对象已获授权尚未行权的期权转授予其他激励对象(如果转授予期权的激励对象为公司董事、监事或高级管理人员,则由董事会做出决议后由股东大会审议批准)。如果董事会决定取消其尚未行权的股票期权,则该部分期权自激励

对象离职之日起无效。

⑤激励对象死亡的,自其死亡之日起,所有未行权的股票期权即被取消。但激励对象因工死亡的,公司应当根据激励对象被取消的股票期权价值对激励对象进行合理补偿,并根据法律规定由其继承人继承。

# 9.2　股权激励计划的审批与实施

## 9.2.1　股权激励计划的申报和批准

按照公司法人治理结构要求,上市公司的股权激励计划草案由董事会下设的薪酬和考核委员会拟订,之后提交董事会和股东大会审议批准。

对于国有控股上市公司,还有几点需要注意:

首先,上市公司国有控股股东在上市公司董事会审议其股权激励计划之前,应与国有资产监管机构进行沟通协调,并应在上市公司股东大会审议股权激励计划之前,将上市公司董事会审议通过的股权激励计划及相应的管理考核办法等材料报国有资产监管机构审核(控股股东为集团公司的由集团公司申报),经审核同意后提请股东大会审议。

国有控股股东申报的股权激励报告,应包括以下内容:

①上市公司简要情况,包括公司薪酬管理制度、薪酬水平等情况。

②股权激励计划和股权激励管理办法等应由股东大会审议的事项及其相关说明。

③选择的期权定价模型及股票期权的公平市场价值的测算、限制性股票的预期收益等情况的说明。

④上市公司业绩考核评价制度及发展战略和实施计划的说明等。业绩考核评价制度应当包括岗位职责核定、业绩考核评价指标和标准、年度及任期业绩考核目标、考核评价程序以及根据业绩考核评价办法对高管人员股权的授予和行权的相关规定。

其次,国有控股股东应将上市公司按股权激励计划实施的分期股权激励方案,事前报履行国有资产出资人职责的机构或部门备案。

最后,国有控股股东在下列情况下应重新履行申报审核程序:

①上市公司终止股权激励计划并实施新计划或变更股权激励计划相关事项的。

②上市公司出于发行新股、转增股本、合并、分立、回购等原因导致总股本发生变动或出于其他原因需要调整股权激励对象范围、授予数量等股权激励计划主要内容的。

## 9.2.2　股权激励计划的实施

业绩考核评价是实施股权激励的基础。因此,上市公司在实施股权激励计划过程中,应当重视和加强对公司和员工绩效的考核评价,完善制度,严格执行。

对于实施股权激励计划的国有控股上市公司,应当按照上市公司股权激励管理办法和业绩考核评价办法确定对激励对象股权的授予、行权或解禁。

对已经授予的股票期权,在行权时可根据年度业绩考核情况进行动态调整。

对已经授予的限制性股票,在解禁时可根据年度业绩考核情况确定可解禁的股票数量,在设定的解禁期内未能解禁的,上市公司应收回或以激励对象购买时的价格回购已授予的限制性股票。

### 1)完善业绩考核评价体系

国有控股上市公司实施股票期权激励,应建立完善的业绩考核体系和考核办法。

业绩考核指标应包含反映股东回报和公司价值创造等的综合性指标,如净资产收益率、经济增加值、每股收益等;反映公司盈利能力及市场价值等的成长性指标,如净利润增长率、主营业务收入增长率、公司总市值增长率等;反映企业收益质量的指标,如主营业务利润占利润总额比重、现金营运指数等。相关业绩考核指标的计算应符合现行会计准则等相关要求。

【要点提示】 现金营运指数是反映企业现金回收质量、衡量风险的指标,指反映企业经营活动现金流量与企业经营所得现金(经营现金毛流量)的比值。理想的现金营运指数应为1。

经营所得现金等于经营净收益加上各项折旧、减值准备等非付现费用,经营现金流量等于经营所得现金减去应收账款、存货等经营性营运资产净增加。

国有控股上市公司实施股权激励,其授予和行使(指股票期权和股票增值权的行权或限制性股票的解锁,下同)环节均需设置应达到的绩效目标。绩效目标的设定应具有前瞻性和挑战性,并切实以业绩考核指标完成情况作为股权激励实施的条件。具体包括以下内容:

第一,上市公司授予激励对象股权时的绩效目标水平,应不低于公司近3年平均绩效水平及同行业(或选取的同行业境内、外对标企业,行业参照证券监管部门的行业分类标准确定,下同)平均绩效(或对标企业50分位值)水平。

第二,上市公司激励对象行使权利时的绩效目标水平,应结合上市公司所处行业的周期性,在授予时绩效水平的基础上有所提高,并不得低于公司同行业平均绩效(或对标企业75分位值)水平。凡低于同行业平均绩效(或对标企业75分位值)水平的,不得行使。

国有控股上市公司应当完善股权激励对象业绩考核体系,切实将股权的授予、行使与激励对象业绩考核结果紧密挂钩,并根据业绩考核结果分档确定不同的股权行使比例。

对科技类国有控股上市公司实施股权激励的绩效指标,可以根据企业的特点及成长性,分别确定授予和行权的绩效指标。

对国有经济占控制地位的关系国民经济命脉和国家安全的行业以及依法实行专营专卖的行业,相关企业的绩效指标,应通过设定经营难度系数等方式,剔除价格调整、宏观调控等政策因素对绩效的影响。

股权激励方案的绩效指标,授予和行权条件要按照公司的整体指标来制定,包括反映股东回报和公司价值创造等的综合性指标,如净资产收益率、经济增加值、每股收益等;反映公司盈利能力及市场价值等的成长性指标,如净利润增长率、主营业务收入增长率、公司总市值增长率等;反映企业收益质量的指标,如主营业务利润占利润总额比重、现金营运指数等。

### 2) 合理控制激励收益水平

国有控股上市公司应当按公司股价与其经营绩效相关联、激励对象股权激励收益增长与公司经营绩效增长相匹配的原则,实行股权激励收益兑现与业绩考核指标完成情况挂钩的办法。即在达到实施股权激励业绩考核目标要求的基础上,以期初计划核定的股权激励预期收益为基础,按照股权行使时间限制表,综合上市公司绩效和股票价格增长情况,对股权激励收益增幅进行合理调控。具体办法如下:

第一,对股权激励收益在期初计划核定收益水平以内且达到考核标准的,可按计划予以行权。

第二,对行权有效期内股票价格偏高,致使股票期权(或股票增值权)的实际行权收益超出计划核定的预期收益水平的上市公司,根据业绩考核指标完成情况和股票价格增长情况合理控制股权激励实际收益水平,即在行权有效期内,激励对象股权激励收益占本期股票期权(或股票增值权)授予时薪酬总水平(含行权激励收益,下同)的最高比重,境内上市公司及境外 H 股公司原则上不得超过 40%,境外红筹公司原则上不得超过 50%。股权激励实际收益超出上述比重的,尚未行权的股票期权(或股票增值权)不再行使。

第三,上述条款应在上市公司股权激励管理办法或股权授予协议上予以载明。随着资本市场的逐步完善以及上市公司市场化程度和竞争性的不断提高,将逐步取消股权激励收益水平限制。

### 3) 完善限制性股票授予方式

当前,国有控股上市公司主要应从以下方面完善限制性股票授予方式。

第一,以严格的业绩考核作为实施限制性股票激励计划的前提条件。上市公司授予限制性股票时的绩效目标应不低于下列绩效水平的最高者:公司前 3 年平均绩效水平;公司上一年度实际绩效水平;公司同行业平均绩效(或对标企业 50 分位值)水平。

第二,强化对限制性股票激励对象的约束。限制性股票激励的重点应限于对公司未来发展有直接影响的高级管理人员。限制性股票的来源及价格的确定应符合证券监管部门的相关规定,且股权激励对象个人出资水平不得低于按证券监管规定确定的限制性股票价格的 50%。

第三,限制性股票收益(不含个人出资部分的收益)的增长幅度不得高于绩效指标的增长幅度(以绩效目标为基础)。

### 4) 严格股权激励对象范围

上市公司股权激励的重点应是对公司经营绩效和未来发展有直接影响的高级管理人员和核心技术骨干,不得随意扩大范围。未在上市公司任职、不属于上市公司的人员(包括控股股东公司的员工)不得参与上市公司股权激励计划。境内、境外上市公司监事不得成为股权激励的对象。

股权激励对象正常调动、退休、死亡、丧失民事行为能力时,授予的股权当年已达到可行使时间限制和业绩考核条件的,可行使的部分可在离职之日起的半年内行使,尚未达到可行使时间限制和业绩考核条件的不再行使。股权激励对象辞职、被解雇时,尚未行使的股权不再行使。

#### 5）建立社会监督和专家评审机制

上市公司董事会审议通过的股权激励计划草案除按证券监管部门的要求予以公告外,还应同时在国有资产监管机构网站上予以公告,接受社会公众的监督和评议。同时,国有资产监管机构将组织有关专家对上市公司股权激励方案进行评审。社会公众的监督、评议意见与专家的评审意见,将作为国有资产监管机构审核股权激励计划的重要依据。

上市公司聘请中介机构对拟订股权激励计划提供咨询的,该中介机构应对股权激励计划的规范性、合规性、是否有利于上市公司的持续发展以及对股东利益的影响发表专业意见。

【要点提示】　以上对国有控股上市公司股权激励的规定主要是由国务院国资委做出的,目的是从严监管部分国有控股上市公司在股权激励方案设计和实际运行过程中存在的实施条件过宽、业绩考核不严、预期收益失控等问题。这些规定是按照审慎、从严的原则制订的,既考虑了调动上市公司高管人员的积极性,又考虑了股权激励实施的科学规范性,旨在加强对国有控股上市公司股权激励计划的监督,促使国有控股上市公司股权激励试点规范有序实施。规定的颁布将使国有控股上市公司实施股权激励面临更高的门槛,股权激励收益将与绩效指标增长挂钩浮动,并设置了最高上限。

如规定的一项重要内容,就是引入了期权授予和行权的绩效约束条件,使上市公司实施股权激励绩效目标的设定具有前瞻性和挑战性:规定授予激励对象股权时的绩效目标水平不低于公司近3年平均绩效水平及同行业平均绩效水平。激励对象行使权利时的绩效目标水平要在授予时绩效水平的基础上有所提高。

再如,针对预期收益失控问题,规定对行权有效期内股票价格偏高致使股票期权的实际行权收益超出计划核定的预期收益水平的上市公司,要对实际收益水平进行合理调控。股权激励实际收益超出相应比重的(境内上市公司激励对象股权激励收益占股票期权授予时薪酬总水平的最高比重为40%),尚未行权的股票期权不再行使。

对于限制性股票激励,补充通知规定,预期收益的增长幅度不得高于绩效指标的增长幅度。

除对股权激励方案事前规范外,国资委还将在事中建立社会监督和专家评审工作机制。社会公众的监督、评议意见与专家的评审意见,将作为国有资产监管机构审核股权激励计划的重要依据。

### 9.2.3　股权激励计划的终止

股权激励计划由股东大会审议批准后,应当依法组织实施,但在遇到某些情况时,则应予以终止。股权激励计划的终止,应当由股东大会审议批准。

通常情况下,上市公司发生以下情形之一时,应当终止实施股权激励计划,激励对象根

据股权激励计划已获授予但尚未行使的期权应当终止行使并被注销,未获准行权的期权作废:

①最近一个会计年度财务报告被注册会计师出具否定意见或者无法表示意见的审计报告。

②最近一年内因重大违法违规行为被中国证监会予以行政处罚。

③公司经营亏损导致无限制停牌、取消上市资格、破产或解散。

④公司回购注册股份、不满足上市条件、公司下市。

⑤中国证监会认定的其他情形。对于激励对象而言,如果在股票期限激励计划实施过程中,出现如下情形之一的,其已授但尚未行使的期权也应当终止行使:A. 最近 3 年内被证券交易所公开谴责或宣布为不适当人选的;B. 最近 3 年内因重大违法违规行为被中国证监会予以行政处罚的;C. 按《中华人民共和国公司法》规定,不得担任公司董事、高级管理人员情形的。

国有控股上市公司股权激励计划的中止以及终止授予激励对象股权,需要遵循相关特定要求。上市公司发生以下情形之一时,国有控股股东可以依法行使股东权利,要求其中止实施股权激励计划,且自发生之日起一年内不得向激励对象授予新的股权,激励对象也不得根据股权激励计划行使权利或获得收益:

①企业年度业绩考核达不到股权激励计划规定的业绩考核标准。

②国有资产监督管理机构或部门、监事会或审计部门对上市公司绩效或年度财务会计报告提出重大异议。

③发生重大违规行为,受到证券监管及其他有关部门处罚。

对于激励对象,有以下情形之一的,上市公司国有控股股东应依法提出终止授予新的股权并取消其行权资格:

①违反国家有关法律法规、上市公司章程规定的。

②任职期间,由于受贿索贿、贪污盗窃、泄露上市公司经营和技术秘密、实施关联交易损害上市公司利益、声誉和对上市公司形象有重大负面影响等违法违纪行为,给上市公司造成损失的。

# 9.3　股权激励计划的应用案例

本案例以广东岭南园林股份有限公司(以下简称"L 园林公司")为对象,讨论了股权激励方案设计的背景和实施状况,进一步对该公司股权激励方案进行了评价。

## 9.3.1　L 园林公司概况

L 园林公司为中国实力最强的园林企业之一,创立于 1998 年,拥有国家城市园林绿化一级资质及风景园林工程设计甲级资质,注册资本 8 572 万元。L 园林公司现已发展成为集景观规划设计、园林工程施工、市政绿化养护及苗木产销等为一体的大型园林企业,稳居所在省份前三名。公司具备突出的大型园林工程施工能力、景观规划设计实力和跨区域经营能力。2010 年完成产值逾 6 亿元。2014 年 2 月 19 日,岭南园林在深圳股票交易所中小板上市。

## 9.3.2 L 园林公司股权激励实施背景

### 1)激励模式有待改变

近几年由于 L 园林公司业务逐步扩大,品牌逐步获得市场认可,许多应聘者希望进入 L 园林公司工作。而目前的园林绿化行业,面对激烈的竞争,让行业中的公司不得不依靠高薪抢夺人才。L 园林公司经过多年的努力,在业界已经有一定的知名度,所以无论是同行业从本公司聘请或是员工主动跳槽都比较多。目前公司流失的人员主要是各类骨干设计人员、优秀市场人员,甚至包括中高层的管理人员。当前公司人员流失的主要原因是同行的高新招揽及本公司员工因待遇相对不高而跳槽。企业的竞争归根结底是人才的竞争,人才的流失将使公司在竞争中处于不利地位,不利于公司长远发展。

2013 年公司中层以上管理人员及其他骨干人员有 19 人离职,占中高层管理人员及骨干人员的 18.3%;2014 年公司中层以上管理人员及其他骨干人员离职 15 人,离职率为 14.6%,见表 9-2 和表 9-3。

表 9-2　2013 年 L 园林公司关键人员离职情况

| | 人数 | 离职人数 |
|---|---|---|
| 高级管理人员 | 10 | 1 |
| 中层管理人员 | 70 | 14 |
| 其他骨干人员 | 22 | 4 |

表 9-3　2014 年 L 园林公司关键人员离职情况

| | 人数 | 离职人数 |
|---|---|---|
| 高级管理人员 | 10 | 0 |
| 中层管理人员 | 70 | 9 |
| 其他骨干人员 | 24 | 6 |

L 园林公司目前的激励制度,中高层管理人员以及其他骨干人员的薪酬主要来自固定工资、绩效工资、年终奖金,其中固定工资激励性较弱甚至不具备激励性。那么,激励主要取决于绩效工资和年终奖金,而绩效工资和年终奖金根据企业的绩效以及个人绩效决定,且在执行过程中往往随意性较大,通常造成的结果是激励并没达到绩效完成情况所应得的薪酬,这就造成激励不足的问题。

另外,L 园林公司中层以上管理人员的年人均薪酬距行业内的平均水平尚有差距,与行业内较高的激励水平差距显著。在这种激励水平下,容易造成人才流失,也很难激发公司员工的工作积极性。

在当前的薪酬制度下,管理人员获取主要激励来自与绩效挂钩的绩效工资、奖金。L 园林公司虽然有既定的经营目标,但并未设计与经营目标相关的激励政策,现行的绩效工资、奖金取决于本期实现的绩效。这样的激励方式不利于实现企业制订的经营目标。如果要促进甚至保障企业经营目标的实现,则现行的激励模式必须改变,使之与公司的经营目标相匹配,这样才能促进公司的发展,有利于增加公司的市场竞争力。

从 L 园林公司的总体发展战略来看,公司计划努力保持全国园林绿化行业领先企业的行业地位,以园林工程施工作为核心业务,并重点发展景观设计业务、绿色养护业务。但在现行的激励机制下 L 园林公司薪酬政策并不支持企业的长期发展。因此,现行的激励方式只具有短期效果,从长远来看不利于公司经营战略的实现。

### 2)公司绩效有待进一步提高

企业实施股权激励的最主要目的就是提高绩效。由表9-4、表9-5 和表9-6 可以看出,虽然 L 园林公司 2012—2014 年营业收入和归属上市公司股东的扣除非经常性损益的净利润呈现较快速增长,但是与同行内具有领先地位的公司相比较,L 园林公司市场份额及创造利润方面仍然有较大差距。

表9-4  L 园林公司近 3 年主要经营绩效

单位:万元

| 项目 | 2012 年 | 2013 年 | 2014 年 |
|---|---|---|---|
| 营业收入 | 70 281.45 | 80 539.10 | 108 819.29 |
| 净利润 | 8 197.28 | 9 586.22 | 11 736.94 |

表9-5  2014 年 L 园林公司营业收入与同行业公司比较

| 序号 | 单位 | 营业收入(亿元) |
|---|---|---|
| 1 | | 50.07 |
| 2 | | 46.80 |
| 3 | | 30.69 |
| 4 | | 30.36 |
| 5 | | 21.10 |
| 6 | | 20.03 |
| 7 | | 18.96 |
| 8 | | 16.26 |
| 9 | | 13.58 |
| 10 | | 13.26 |
| 11 | L 园林公司 | 10.88 |

表9-6　2014年L园林公司净利润与同行业公司比较

| 序号 | 单位 | 净利润(亿元) |
|---|---|---|
| 1 | | 6.43 |
| 2 | | 4.48 |
| 3 | | 3.82 |
| 4 | | 2.63 |
| 5 | | 2.44 |
| 6 | | 2.16 |
| 7 | | 1.81 |
| 8 | | 1.41 |
| 9 | | 1.18 |
| 10 | L园林公司 | 1.17 |

从公司成长方面来看,2012—2014年L园林公司营业收入增长率(表9-7)、净利润增长率(表9-8)与行业平均水平尚有差距。

表9-7　L园林公司营业收入增长率分析

| 项目 | 2012年 | 2013年 | 2014年 |
|---|---|---|---|
| 营业收入增长率 | 10.16% | 14.6% | 35.11% |
| 行业平均水平 | 27.81% | 25.54% | 34.15% |

表9-8　L园林公司净利润增长率分析

| 项目 | 2012年 | 2013年 | 2014年 |
|---|---|---|---|
| 净利润增长率 | 14.57% | 16.94% | 22.44% |
| 行业平均水平 | 26.34% | 34.32% | 30.21% |

从L园林公司盈利能力来看,公司2012—2014年的加权资产收益率逐年降低(表9-9),且趋势明显,虽然在2012年、2013年高于行业平均水平,但在2014年已经低于行业平均水平。

表9-9　L园林公司盈利能力分析

| 项目 | 2012年 | 2013年 | 2014年 |
|---|---|---|---|
| 加权净资产收益率 | 28.63% | 25.25% | 17.74 |
| 行业平均水平 | 21.81 | 20.1% | 19% |

### 9.3.3 L园林公司股权激励方案与实施现状

2015年1月9日,L园林公司召开的第二届董事会第十四次会议审议通过了《关于〈公司股票期权激励计划(草案)〉及其摘要的议案》《关于〈公司股票期权激励计划实施考核管理办法〉的议案》《关于提请股东大会授权董事会办理公司股票期权激励计划有关事宜的议案》。中国证监会对公司报送的草案确认无异议及进行了备案。

2015年3月30日,公司采取现场投票、网络投票与委托独立董事征集投票权相结合的方式召开2014年度股东大会并以特别决议审议通过了《关于〈公司股票期权激励计划(草案)〉及其摘要的议案》《关于〈公司股票期权激励计划实施考核管理办法〉的议案》《关于提请股东大会授权董事会办理公司股票期权激励计划有关事宜的议案》。

2015年6月10日,公司召开的第二届董事会第二十次会议审议通过了《关于调整股票期权激励计划授予对象、授予数量及行权价格的议案》及《关于向股票期权激励对象授予股票期权的议案》,确定公司股票期权激励计划首次授予日为2015年6月10日(星期三),并向调整后的115名激励对象授予1 044万份股票期权。公司独立董事、律师对该事项发表了确认意见。

L园林公司在本次股票期权激励计划首期授予过程中,由于一名员工放弃其获授的全部股票期权,因此,根据公司股票期权激励计划的相关规定,公司对本次股票期权激励计划的对象及数量进行了相应的调整,具体为:首次授予股票期权激励对象人数由115人调整为114人,首次授予股票期权总数由1 044万份调整为1 038万份;本次股权激励计划授予股票期权总数由1 159万份调整为1 153万份,其中预留股票期权仍为115万份。

#### 1)股权激励方案内容与特征

从L园林公司股权激励方案可以看出,本次股权激励对象广泛,截至2014年12月31日,L园林公司共有员工885人,其中管理人员82人。股权激励对象占总人数的12.2%,几乎包括全部管理人员。

L园林公司本次股权激励力度适中,共计发行股票期权1 053万份,用于激励的股票占授予日已发行股本总数的2.68%。

L园林公司本次股权激励采用单一的激励模式,即股票期权激励。用于股权激励的股票期权分两次授予激励对象,首次授予激励对象1 038万份股票期权,预留股票期权115万份。该股票期权的行权方式分3个行权期分别行权,见表9-10。

表9-10 L园林公司股权激励方案简表

| 项目 | 内容 |
| --- | --- |
| 激励模式 | 股票期权 |
| 激励对象 | 董事、中高层管理人员及核心骨干人员和公司董事会认为需要进行激励的相关员工(包括子公司管理层和骨干员工),共计114名 |
| 激励数量 | 1 153万份,首次授予1 038万份,预留期权115万份 |

续表

| 项目 | 内容 |
| --- | --- |
| 股票来源 | 定向发行股票 |
| 等待期 | 12个月 |
| 可行权日 | 授予的股票期权自授权日起满12个月后可以开始行权,激励对象应按本计划规定的安排分期行权 |
| 禁售期 | ①激励对象为公司董事和高级管理人员的,其在任职期间每年转让的股份不得超过其所持有本公司股份总数的25%;在离职后半年内,不得转让其所持有的本公司股份,离职6个月后的12个月内通过证券交易所挂牌出售本公司股票数量占其所持有本公司股票总数的比例不超过50% |
| 禁售期 | ②激励对象为公司董事和高级管理人员的,将其持有的本公司股票在买入后6个月内卖出,或者在卖出后6个月内又买入,由此所得收益归本公司所有,本公司董事会将收回其所得收益<br>③在本激励计划的有效期内,如果《中华人民共和国公司法》《中华人民共和国证券法》等相关法律、法规、规范性文件和《公司章程》中对公司董事和高级管理人员持有股份转让的有关规定发生了变化,则这部分激励对象转让其所持有的公司股票应当在转让时符合修改后的《中华人民共和国公司法》《中华人民共和国证券法》等相关法律、法规、规范性文件和《公司章程》的规定 |
| 行权价格 | 13.33元/股 |

### 2）股权激励实施现状

2016年5月23日,因5名激励对象离职,公司注销其所持有的已获授但尚未行权的股票期权36万份,L园林公司首次股票期权激励对象总人数由114名调整至109名,首次授予股票期权总数由1 038万份调整至1 002万份。同时根据2015年度个人业绩考核结果,L园林公司对109名激励对象第一期可行权的期权数量进行调整,公司股票期权激励计划首次授予的第一个行权期可行权的激励对象为66名(43名激励对象第一个行权期个人行权条件未满足),可行权数量为144.156万份。公司对已获授但尚未获准行权的共计192.444万份(离职对象的36万份,未达到个人行权条件的156.444万份)股票期权进行注销。因2015年度利润分配方案实施完毕,行权价格由13.33元/股调整为13.30元/股。

2016年5月23日,公司召开的第二届董事会第二十九次会议审议通过了《关于向激励对象授予股权激励计划预留股票期权的议案》,确定2016年5月23日为预留股票期权的授予日,共向30名激励对象授予公司股权激励计划中的预留股票期权115万份,行权价格为35.19元/股,并于2016年6月6日完成了授予登记工作。

2016年12月22日,首次授予股票期权的6名激励对象离职,不再具备成为激励对象的条件,L园林公司已注销其所持有的已获授但尚未行权的股票期权43.400万份(上述6名激励对象获授股票期权共62.000万份,在第一个行权期内根据2015年度个人业绩考核结果行权5.208万份及注销13.392万份)。公司首次授予股票期权激励对象人数由109名调整至103名,已授予未行权的期权总数由701.4万份(截至2016年12月26日,第一个行权期可行权股票期权 144.156 万份已行权完毕)调整为 658 万份,行权价格为 13.30 元/股。

2016 年 12 月 22 日,预留授予股票期权的 3 名激励对象离职,不再具备成为激励对象的条件,L 园林公司已注销其所持有的已获授但尚未行权的预留授予股票期权 9 万份。L 园林公司预留授予股票期权激励对象总人数由 30 名调整至 27 名,已授予未行权的预留股票期权总数由 115 万份调整至 106 万份,行权价格为 35.19 元/股。

2017 年 5 月 15 日,因首次授予股票期权的 2 名激励对象离职,不再具备成为激励对象的条件,公司已注销其所持有的已获授但尚未行权的股票期权 7 万份,公司首次股票期权激励对象总人数由 103 名调整至 101 名,公司已授予未行权的期权总数由 658 万份调整为 651 万份。

公司对 101 名激励对象第二期可行权的期权数量进行调整,公司本次股票期权激励计划首次授予的第二个行权期可行权的激励对象为 91 名(10 名激励对象第二个行权期行权条件未满足),可行权数量为 221.084 万份。公司已对已获授但尚未获准行权的共计 64.916 万份(离职对象的 7 万份,未达到个人行权条件的 57.916 万份)股票期权进行注销。根据公司 2016 年度利润分配方案,公司董事会对首次授予股票期权的行权价格进行调整,行权价格由 13.30 元/股调整为 13.175 元/股。

2017 年 5 月 15 日,因预留授予股票期权的 3 名激励对象离职,不再具备成为激励对象的条件,公司已注销其所持有的已获授但尚未行权的股票期权 10 万份,公司预留股票期权激励对象总人数由 27 名调整至 24 名,公司已授予未行权的预留期权总数由 106 万份调整为 96 万份。

根据《岭南园林股份有限公司股票期权激励计划实施考核管理办法》及 2016 年度个人业绩考核结果,公司对 24 名预留激励对象第一期可行权的期权数量进行调整,公司本次股票期权激励计划预留授予部分的第一个行权期可行权的激励对象为 21 名(3 名预留授予激励对象第一个行权期行权条件未满足),可行权数量为 43.56 万份。

公司已对已获授但尚未获准行权的共计 14.44 万份(离职对象的 10 万份,未达到个人行权条件的 4.44 万份)股票期权进行注销。根据公司 2016 年度利润分配方案,公司董事会对预留授予股票期权的行权价格进行调整,行权价格由 35.19 元/股调整为 35.065 元/股。

### 9.3.4 L 园林股权激励的绩效目标分析

合理确定股权激励目标,是股权激励方案能否产生良好效果、提升公司绩效的关键因素。股权激励目标过高难以达到,则可能导致管理层操纵财务报表行为;目标过低容易完成,则会降低股权激励的效果。目前我国上市公司股权激励通常以绩效目标作为主要行权条件。

表 9-11　L 园林公司首次授予期权行权绩效条件

| 行权期 | 业绩考核目标 |
| --- | --- |
| 第一个行权期 | 以 2014 年度扣除非经常性损益后的净利润为基数,公司 2015 年度扣除非经常性损益后的净利润较 2014 年增长 40% |
| 第二个行权期 | 以 2014 年度扣除非经常性损益后的净利润为基数,公司 2016 年度扣除非经常性损益后的净利润较 2014 年增长 93% |

| 行权期 | 业绩考核目标 |
| --- | --- |
| 第三个行权期 | 以 2014 年度扣除非经常性损益后的净利润为基数,公司 2017 年度扣除非经常性损益后的净利润较 2014 年增长 160% |

表 9-12 L 园林公司预留期权行权绩效条件

| 行权期 | 业绩考核目标 |
| --- | --- |
| 第一个行权期 | 以 2014 年度扣除非经常性损益后的净利润为基数,公司 2016 年度扣除非经常性损益后的净利润较 2014 年增长 93% |
| 第二个行权期 | 以 2014 年度扣除非经常性损益后的净利润为基数,公司 2017 年度扣除非经常性损益后的净利润较 2014 年增长 160% |

由 L 园林公司股权激励行权条件可以看出,L 园林公司股权激励的目标为:公司 2015 年度扣除非经常性损益后的净利润较 2014 年增长 40%,公司 2016 年度扣除非经常性损益后的净利润较 2014 年增长 93%,公司 2017 年度扣除非经常性损益后的净利润较 2014 年增长 160%。即 2015—2017 年扣除非经常性损益后的净利润增长率分别为 40%,37.86%,34.72%,见表 9-11 和表 9-12。

为评价 L 园林公司,本书选取行业内前 5 大上市公司及 L 园林公司 2008—2014 年扣除非经常性损益后的净利润增长率进行比较分析,见表 9-13。

表 9-13 2008—2014 年净利润增长率

| 公司 | 2008 | 2009 | 2010 | 2011 | 2012 | 2013 | 2014 |
| --- | --- | --- | --- | --- | --- | --- | --- |
| 公司 1 | 54.42% | 41.44% | 208.13% | 74.31% | 53.01% | 29.52% | -27.17% |
| 公司 2 | 144.67% | 96.25% | 65.28% | 126.07% | 52.78% | 7.08% | 5.51% |
| 公司 3 | 266.17% | 9.52% | -8.57% | 245.47% | 42.85% | 26.92% | 30.52% |
| 公司 4 | 53.42% | 41.25% | 114.98% | 70.49% | 6.22% | 31.18% | 10.34% |
| 公司 5 | 38.87% | 111.2% | 64.76% | -39.31% | -65.14% | 83.47% | 209.17% |
| L 园林 | 20.15% | 63.75% | 82.56% | 16.83% | 14.57% | 16.94% | 22.44% |

通过分析行业内前 5 大上市公司 2008—2014 年扣除非经常性损益的净利润增长率可以看出,园林工程行业在 2008—2011 年总体增长较为迅速。有多家公司扣除非经常性损益的净利润增长率超过 50%,L 园林公司扣除非经常性损益的净利润增长率也在 2009 年和 2010 年分别达到 63.75% 和 82.56%。但 2013—2014 年总体增长放慢,除公司 5 以外少有公司扣除非经常性损益的净利润增长率能够超过 40%。综上所述,L 园林公司股权激励要到达既定的绩效目标,将面临不小的困难。2015 年度扣除非经常性损益后的净利润要求的增长率过高,容易造成管理层的短期行为,不利于公司长期发展,同时可能引起虚增利润的风险。2016 年、2017 年要求的扣除非经常性损益后的净利润要求的增长率逐步降低,即如果管理层完成了 2015 年行权条件所要求的业绩考核目标,在 2016 年、2017 年只需保持该绩

效甚至略微降低绩效即可行权,结果将降低股权激励的作用,不利于公司长期发展。

### 9.3.5 L园林公司股权激励方案的评价

#### 1)L园林公司股权激励方案各要素评价

我国《上市公司股权激励管理办法》对上市公司股权激励的各要素进行了严格规定,包括激励对象、激励涉及的股票数量及比例、股权激励方案的时间要素、行权价格等。本书根据《上市公司股权激励管理办法》对L园林公司股权激励方案的各个要素进行测算与评价。

(1)激励对象评价

根据我国《上市公司股权激励管理办法》的规定,股权激励对象可以包括上市公司的董事、高级管理人员、核心技术人员或者核心业务人员,以及公司认为应当激励的对公司经营绩效和未来发展有直接影响的其他员工,但不应当包括独立董事和监事。在境内工作的外籍员工任职上市公司董事、高级管理人员、核心技术人员或者核心业务人员的,可以成为激励对象。单独或合计持有上市公司5%以上股份的股东或实际控制人及其配偶、父母、子女,不得成为激励对象。下列人员也不得成为激励对象:

①最近12个月内被证券交易所认定为不适当人选。

②最近12个月内被中国证监会及其派出机构认定为不适当人选。

③最近12个月内因重大违法违规行为被中国证监会及其派出机构行政处罚或者采取市场禁入措施。

④具有《中华人民共和国公司法》规定的不得担任公司董事、高级管理人员情形的。

⑤法律法规规定不得参与上市公司股权激励的。

⑥中国证监会认定的其他情形。

L园林公司股权激励符合《上市公司股权激励管理办法》的规定,股权激励对象中未出现不得成为激励对象的人员。

(2)用于激励的股票数量及比例评价

我国《上市公司股权激励管理办法》规定:上市公司全部在有效期内的股权激励计划所涉及的标的股票总数累计不得超过公司股本总额的10%。非经股东大会特别决议批准,任何一名激励对象通过全部在有效期内的股权激励计划获授的本公司股票,累计不得超过公司股本总额的1%。

上市公司在推出股权激励计划时,可以设置预留权益,预留比例不得超过本次股权激励计划拟授予权益数量的20%。

L园林公司实施股权激励方案时的总股数为3 573.6万股,股权激励涉及的股票总数为1 159万股,占总股数3.558 1%。获得期权数量最多的激励对象被授予30万份股票期权,占总股数的0.092 1%。预留股票期权115万份,占激励的总股票期权的比例为9.922 3%,见表9-14。

**表 9-14 股票期权授予对象及分配比例**

| 序号 | 姓名 | 职务 | 授予期权数量（万份） | 股票期权占授予股票期权总量的比例（%） | 占公司目前总股本比例（%） |
|---|---|---|---|---|---|
| 1 | | | 30 | 2.588 4 | 0.092 1 |
| 2 | | | 30 | 2.588 4 | 0.092 1 |
| 3 | | | 30 | 2.588 4 | 0.092 1 |
| 4 | | | 30 | 2.588 4 | 0.092 1 |
| 5 | | | 24 | 2.070 8 | 0.073 7 |
| 6 | | | 20 | 1.725 6 | 0.061 4 |
| 7 | | 中高层管理人员及核心骨干人员和公司董事会认为需要进行激励的相关员工（包括子公司管理层和骨干员工）共108 人 | 880 | 75.927 5 | 2.701 6 |
| 8 | | 预留部分 | 115 | 9.922 3 | 0.353 0 |
| 合计 | | | 1 159 | 100 | 3.558 1 |

综上所述，L 园林公司用于股权激励所涉及的股票数量及比例符合《上市公司股权激励管理办法》的要求。

（3）时间要素评价

我国《上市公司股权激励管理办法》规定：股票期权授权日与获授股票期权首次可行权日之间的间隔不得少于 12 个月。在股票期权有效期内，上市公司应当规定激励对象分期行权，每期时限不得少于 12 个月，后一行权期的起算日不得早于前一行权期的届满日。每期可行权的股票期权比例不得超过激励对象获授股票期权总额的 50%。

L 园林公司股票期权的行权安排符合《上市公司股权激励管理办法》的规定。L 园林公司的股权激励计划有效期为自股票期权授权之日起，最长不超过 48 个月。首次授予的股票期权自授权日起满 12 个月后，激励对象应在未来 36 个月内分三期行权。首次授予的股票期权行权期及各期行权时间安排见表 9-15。

**表 9-15 L 园林公司首次授予期权行权安排**

| 行权期 | 行权安排 | 可行权数量占获授期权数量比例（%） |
|---|---|---|
| 第一个行权期 | 自首次授权日起 12 个月后的首个交易日起至授权日起 24 个月内的最后一个交易日当日止 | 30 |
| 第二个行权期 | 自首次授权日起 24 个月后的首个交易日起至授权日起 36 个月内的最后一个交易日当日止 | 30 |

续表

| 行权期 | 行权安排 | 可行权数量占获授期权数量比例(%) |
|---|---|---|
| 第三个行权期 | 自首次授权日起36个月后的首个交易日起至授权日起48个月内的最后一个交易日当日止 | 40 |

预留部分期权的有效期为自预留部分期权授权日起36个月。预留股票期权,自股票期权首次授权日次日起12个月内授予,自预留期权授权日起满12个月后,激励对象可在未来24个月内分两期行权。预留股票期权行权期及各期行权时间安排见表9-16。

表9-16 L园林公司预留期权行权安排

| 行权期 | 行权安排 | 可行权数量占获授期权数量比例(%) |
|---|---|---|
| 第一个行权期 | 自预留股票期权首次授权日起12个月后的首个交易日起至预留股票期权授权日起24个月内的最后一个交易日当日止 | 50 |
| 第二个行权期 | 自预留股票期权首次授权日起24个月后的首个交易日起至预留股票期权授权日起36个月内的最后一个交易日当日止 | 50 |

激励对象应当在期权有效期内行权完毕,各行权期届满后,当期可行权但尚未行权的股票期权失效,由公司注销。各期可行权的部分必须在对应行权时间内的最后一个交易日前完成行权,不可以与之后的可行权部分一并行权,逾期期权失效,不得行权,由公司注销。

(4)行权价格评价

我国上市公司股权激励管理办法规定:上市公司在授予激励对股票期权时,应当确定行权价格或者价格的确定方法。行权价格不得低于股票票面金额,且原则上不得低于下列价格较高者:

①股权激励计划草案公布前1个交易日的公司股票交易均价的50%。

②股权激励计划草案公布前20个交易日、60个交易日或者120个交易日的公司股票交易均价之一的50%。

上市公司采用其他方法确定限制性股票授予价格的,应当在股权激励计划中对定价依据及定价方式做出说明。

L园林公司股权激励方案中确定的行权价格为13.33元/股,高于股权激励计划公布前1个交易日的公司股票交易均价25.765 1元/股的50%,同时高于股权激励计划公布前20个交易日的公司股票交易均价26.411 8元/股的50%,见表9-17。

表9-17 股价

| 时间 | 股价 |
|---|---|
| 股权激励计划公布前1个交易日的公司股票交易均价 | 25.765 1元/股 |
| 股权激励计划公布前20个交易日的公司股票交易均价 | 26.411 8元/股 |

续表

| 时间 | 股价 |
|---|---|
| 股权激励计划公布前 60 个交易日的公司股票交易均价 | 27.257 0 元/股 |
| 股权激励计划公布前 120 个交易日的公司股票交易均价 | 34.432 3 元/股 |

### 2）股权激励成本的测算与评价

我国上市公司股权激励管理办法规定,上市公司采用股票期权激励模式应当计算股票期权的公允价值,并在合理的期限内进行摊销。本书采用布莱克-斯科尔斯估计模型对 L 园林公司股票期权的价值进行测算并将股票期权的总价值在激励期限内进行分摊,与 L 园林公司计入管理费用及资本公积的期权成本进行比较,以评价 L 园林公司期权费用分摊的准确性与合理性。

#### （1）期权价值估计模型

期权作为重要的金融衍生品,其定价在很早时就受到关注。美国学者费希尔·布莱克和梅隆·斯科尔斯于 1973 年在《期权定价与公司债务》一文中推出了期权估值模型(简称"B/S 模型"),为现代金融的期权定价奠定了理论和实践基础。B/S 定价模型现在仍然被期权交易者广泛使用,实际的期权价格与模型计算得到的价格非常接近。因此,本书采用 B/S 估价模型对 L 园林公司的股票期权价值进行测算。

B/S 模型的假设条件主要有:

①资本市场是完善的,没有交易手续费、税赋、保证金、筹资限制等。

②存在一个无风险利率,在期权有效期内不会变动。投资者可以利率无限地借款或者贷款。

③标的资产的价格变动是连续的。在一段极短的时间内,标的资产的价格只能有极微小的变化,亦即排除了跳空上涨或跳空下降的可能性。

④期权是欧式的。

⑤标的资产在期权有效期内不支付股利和利息。

⑥标的资产的价格变动符合几何布朗运动。其主要特点是,在每一个小区间内,标的资产的收益率服从正态分布,且不同的两个区间内的收益率相互独立。

⑦市场提供了连续交易的机会。

布莱克-斯科尔斯模型的公式如下:

$$C_0 = S_0[N(d_1)] - Xe^{-r_c t}[N(d_2)]$$

$$或 = S_0[N(d_1)] - PV(X)[N(d_2)]$$

其中:

$$d_1 = \frac{\ln(S_0 \div X) + [r_c + (\sigma^2 \div 2)]t}{\sigma\sqrt{t}}$$

或

$$= \frac{\ln[S_0/PV(X)]}{\sigma\sqrt{t}} + \frac{\sigma\sqrt{t}}{2}$$

$$d_2 = d_1 - \sigma\sqrt{t}$$

式中，$C_0$ 为看涨期权当前价值；$S_0$ 为标的股票的当前价格；$N(d)$ 为标准正态分布中离差小于 $d$ 的概率；$X$ 为期权的执行价格；$e$ 为自然数对数的底数；$r_c$ 为连续复利的年度无风险报酬率；$t$ 为期权到期日的时间（年）；$\ln(S_0 \div X)$ 为自然对数；$\sigma^2$ 为连续复利以年计的股票回报率的方差。

如果直观（不准确）地解释，它的第一项是最终股票价格的期望现值，第二项是期权执行价格的期望现值，两者之差是期权的价值。

公式的第一项是当前股价和概率 $N(d_1)$ 的乘积。股价越高，第一项的数值越大，期权价值 $C_0$ 越大。公式的第二项是执行价格的现值 $Xe^{-r_c t}$ 和概率 $N(d_2)$ 的乘积。$Xe^{-r_c t}$ 是按连续复利计算的执行价格 $X$ 的现值，也可以写成 $PV(X)$。执行价格越高，期权价值 $C_0$ 越小。

概率 $N(d_1)$ 和 $N(d_2)$ 可以大致看成看涨期权到期时处于实值状态的风险调整概率。当前估价和 $N(d_1)$ 的乘积是估价的期望现值，执行价格的现值与 $N(d_2)$ 的乘积是执行价格的期望现值。

在股价上升时，$d_1$ 和 $d_2$ 也会上升，股票越是高出执行价格，期权越有可能被执行。简而言之，$N(d_1)$ 和 $N(d_2)$ 都接近 1 时，期权肯定被执行，此时期权价值等于 $S_0 - Xe^{-r_c t}$。前一项是期权持有者拥有的对当前价格为 $S_0$ 的要求权，后一项是期权持有的义务的现值。反过来看，假定 $N(d_1)$ 和 $N(d_2)$ 接近零时，意味着期权肯定不被执行，看涨期权的价值 $C_0$ 接近零。如果 $N(d_1)$ 和 $N(d_2)$ 为 0 到 1 之间的数值，看涨期权的价值是其潜在收入的现值。

（2）模型参数的估计及期权价值测算

布莱克-斯科尔斯模型有 5 个参数：股价、股价的标准差、利率、执行价格和到期时间。其中，L 园林公司的现行股票价格为 24.50 元/股和期权的执行价格为 13.33 元。至到期日的剩余年限计算，一般按自然年（1 年 365 天或为简便实用 356 天）计算，也比较容易确定。

①无风险报酬率的估计。

无风险报酬率采用无违约风险的固定证券收益来估计。本书采用国债的到期收益率来确定无风险报酬率。2015 年 6 月，1 年期、2 年期、3 年期的国债到期收益率分别为 3.32%，3.60%，3.74%，由于布莱克-斯科尔斯模型中的无风险利率是指按连续复利计算的利率，需要将该利率进行转换。

如果用 $F$ 表示终值，$P$ 表示现值，$r_c$ 表示连续复利，$t$ 表示时间年，则：

$$F = P \times e^{r_c t}$$

$$r_c = \frac{\ln \dfrac{F}{P}}{t}$$

由此确定的 1 年期、2 年期、3 年期的无风险报酬率分别为 3.266%，3.537%，3.672%。

②报酬率标准差的估计。

资产价格波动率通常采用历史波动率或隐含波动率两种方法计算。本书选用前一种方法。历史波动率是指从标的资产价格的历史数据中计算出价格收益率的标准差。计算波动率是采用统计学中计算样本均值和标准差的简单方法。本书选取 L 园林公司期权授予日前最近一年内每个交易日的收盘价格，对每个时间间隔（即一个交易日），求出该时间段末的股价与该时间段初的股价之比的自然对数，求出这些对数的标准差，再乘以一年中包含的时间间隔数的平方根(一般每年按 252 个交易日计算,即乘以 $\sqrt{252}$ ),得到历史波动率。

$$收益率的自然对数 \ln r_t = \ln \frac{第\,t\,天的收盘价}{第\,t-1\,天收盘价}$$

$$收益率平均值(\bar{r}) = \frac{1}{n} \sum_{t=1}^{n} \ln r_t$$

$$收益率的标准差(\sigma_日) = \sqrt{\frac{1}{n-1} \sum_{t=1}^{n} (\ln r_t - \bar{r})^2}$$

$$\sigma_年 = \sigma_日 \times \sqrt{252}$$

由此计算出的标准差为 39.09%。

(3)期权价值的测算

由于 L 园林公司股票期权分三期行权,本书分别算出三期各自的期权价值,然后计算出期权的总价值。

第一步,计算 $d_1$ 和 $d_2$。

$$d_1 = \frac{\ln \dfrac{S}{X} + \left(r_c + \dfrac{\sigma^2}{2}\right) t}{\sigma \sqrt{t}}$$

$$= \frac{\ln(24.5 \div 13.33) + (3.266\% + 39.09\%^2 \div 2) \times 1}{39.09\% \times \sqrt{1}}$$

$$= 1.83$$

$$d_2 = d_1 - \sigma \sqrt{t} = 1.83 - 0.3909 = 1.44$$

第二步,计算 $N(d_1)$ 和 $N(d_2)$。

$N(d)$ 可根据标准正态分布的累计概率分布函数表,查表计算得出。表中给出的是正态分布对称轴一侧的面积。如果 $d > 0$,查表所得概率数应加上 0.5;如果 $d < 0$,查表所得的概率应从 0.5 中减去。本书中的 $N(d)$ 计算如下:

$N(d_1) = N(1.83) = 0.4664 + 0.5 = 0.9664$

$N(d_2) = N(1.44) = 0.4251 + 0.5 = 0.9251$

第三步,计算看涨权价值 $C_0$。

$$C_0 = S_0[N(d_1)] - Xe^{-r_c t}[N(d_2)]$$

$$= 24.5 \times 0.9664 - 13.33 \times e^{-0.033362 \times 1} \times 0.9251$$

$$= 11.73(元)$$

上述的计算结果是 L 园林公司第一个行权期每份股权的公允价值,即 11.73 元。根据同样的方法可以计算出第二个行权期、第三个行权期每份期权的公允价值分别为 12.57 元、16.29 元。

对于预留期权的公允价值估计,本书选取 2016 年 6 月的一年期、两年期的国债到期收益率确定无风险利率,并选取预留期权授予日前一年的股价计算收益率波动情况。最终计算的预留股票期权两个行权期每份期权均处于虚值状态。

(4)股权激励成本的分摊与评价

根据上述的计算结果,L 园林公司的首次授予激励对象的期权总成本为 14 333.74 万元。具体见表9-18和表9-19。

表9-18 L园林公司期权成本估计

| 行权期 | 行权比例 | 行权等待期（年） | 行权份数（万份） | 每份期权公允价值（元/股） | 期权成本（万元） |
|---|---|---|---|---|---|
| 第一个行权期 | 30% | 1 | 311.4 | 11.73 | 3 655.84 |
| 第二个行权期 | 30% | 2 | 311.4 | 12.57 | 3 914.30 |
| 第三个行权期 | 40% | 3 | 415.2 | 16.29 | 6 763.60 |
| 合计 | 100% | — | 1 038 | — | 14 333.74 |

表9-19 L园林公司预留期权成本估计

| 行权期 | 行权比例 | 行权等待期（年） | 行权份数（万份） | 每份期权公允价值（元/股） | 期权成本（万元） |
|---|---|---|---|---|---|
| 第一个行权期 | 50% | 1 | 57.5 | 0 | 0 |
| 第二个行权期 | 50% | 2 | 57.5 | 0 | 0 |
| 合计 | 100% | — | 115 | — | 0 |

根据《企业会计准则第11号——股份支付》的有关规定,L园林公司应当在等待期的每个资产负债表日,根据最新的可行权变动人数、绩效指标完成情况等后续信息,修正预期可行权的股票期权数量,并按照股票期权授予日的公允价值,将当期取得的服务计入相关成本和资本公积。2015—2018年首次授予的期权成本摊销情况见表9-20。

表9-20 L园林公司期权费用摊销估计

| 期权份额（万份） | 等待期期权总成本（万元） | 2015年（万元） | 2016年（万元） | 2017年（万元） | 2018年（万元） |
|---|---|---|---|---|---|
| 1 038 | 14 333.74 | 4 877.45 | 5 852.94 | 2 647.76 | 955.59 |

2015年12月31日,L园林公司计入分摊的期权激励费用为40 359 572.78元,对应增加其他资本公积40 359 572.78元,2016年度分摊股票期权激励费用43 618 993.95元,对应增加其他资本公积43 618 993.95元。

通过本书的计算结果对比L园林公司对期权费用的分摊情况来看,L园林公司可能存在低估期权价值,从而少计成本费用的风险。

# 第 10 章

# 股权激励成本的估算

本章以《企业会计准则第 11 号——股份支付》为基础,阐述了股权激励各环节的运行特征,建立了权益结算和现金结算条件下每一个等待期期末股权激励成本的测算方法,并运用实际案例进行了测算分析。

## 10.1 股份支付的环节及会计处理原则

按照《企业会计准则第 11 号——股份支付》的规定,股份支付是指企业为获取职工和其他方提供服务而授予权益工具或者承担以权益工具为基础确定的负债的交易,包括权益结算的股份支付和现金结算的股份支付。其中,权益工具仅指企业自身权益工具,包括企业本身、企业的母公司或同集团其他会计主体的权益工具。因此,股权激励成本也表现为权益结算和现金结算两种形式。

### 10.1.1 股份支付的四个环节

以薪酬性股票期权为例,典型的股份支付通常涉及四个主要环节:授予、可行权、行权和出售。四个环节如图 10-1 所示。

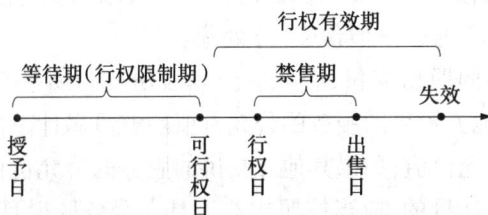

**图 10-1 典型的股份支付交易环节示意图**

①授予日,是指股份支付协议获得批准的日期。

"获得批准"是指企业与职工或其他方就股份支付的协议条款和条件已达成一致,该协议已获得股东大会或类似机构的批准。

②可行权日是指可行权条件得到满足,职工或其他方具有从企业取得权益工具或现金权利的日期。

从授予日至可行权日的时段,是可行权条件得到满足的期间,因此称为等待期,又称行权限制期。

③行权日是指职工和其他方行使权利、获取现金或权益工具的日期。

例如,持有股票期权的职工行使了以特定价格购买一定数量本公司股票的权利,该日期即为行权日。行权是指按期权的约定价格实际购买股票。股票期权持有人一般是在可行权日之后到期权到期日之前的可选择时段内行权。

④出售日是指股票的持有人将行使期权所取得的期权股票出售的日期。

按照我国法规规定,用于期权激励的股份支付协议应在行权日与出售日之间设立禁售期,其中国有控股上市公司的禁售期不得低于 2 年。

## 10.1.2 权益结算的股份支付会计

以权益结算的股份支付,是指企业为获取服务以股份或其他权益工具作为对价进行结算的交易。

### 1)换取职工服务的权益结算的股份支付

对于换取职工服务的股份支付,企业应当以股份支付所授予的权益工具的公允价值计量。企业应在等待期内的每个资产负债表日,以对可行权权益工具数量的最佳估计为基础,按照权益工具在授予日的公允价值,将当期取得的服务计入相关资产成本或当期费用,同时计入资本公积中的其他资本公积。

对于授予后立即可行权的换取职工提供服务的权益结算的股份支付(如授予限制性股票的股份支付),应在授予日按照权益工具的公允价值,将取得的服务计入相关资产成本或当期费用,同时计入资本公积。

### 2)换取其他方服务的权益结算的股份支付

换取其他方服务是指企业以自身权益工具换取职工以外其他有关方面为企业提供的服务。在某些情况下,这些服务可能难以辨认,但仍会有迹象表明企业是否取得了该服务,应当按照《企业会计准则第 11 号——股份支付》处理。

对于换取其他方服务的股份支付,企业应当以股份支付所换取服务的公允价值计量。一般而言,职工以外的其他方提供的服务的公允价值能够可靠计量的,应当优先采用其他方所提供服务在取得日的公允价值;如果其他方提供的服务的公允价值不能可靠计量,但权益工具的公允价值能够可靠计量的,应当按照权益工具在服务取得日的公允价值计量。企业应当根据所确定的公允价值计入相关资产成本或费用。

### 3)权益工具公允价值无法可靠确定时的处理

在极少数情况下,授予权益工具的公允价值无法可靠计量。在这种情况下,企业应当在获取对方提供服务的时点、后续的每个报告日以及结算日,以内在价值计量该权益工具,内在价值变动计入当期损益。同时,企业应当以最终可行权或实际行权的权益工具数量为基础,确认取得服务的金额。内在价值是指交易对方有权认购或取得的股份的公允价值与其按照股份支付协议应当支付的价格间的差额。

企业对上述以内在价值计量的已授予权益工具进行结算,应当遵循以下要求:

第一,结算发生在等待期内的,企业应当将结算作为加速可行权处理,即立即确认本应于剩余等待期内确认的服务金额。

第二,结算时支付的款项应当作为回购该权益工具处理,即减少所有者权益。结算支付的款项高于该权益工具在回购日内在价值的部分,计入当期损益。

此处的处理方式同股权激励的中途取消做法基本一致。

### 10.1.3 现金结算的股份支付会计

以现金结算的股份支付是指企业为获取服务承担以股份或其他权益工具为基础计算确定的支付现金或其他资产义务的交易。

企业应当在等待期内的每个资产负债表日,以对可行权情况的最佳估计为基础,按照企业承担负债的公允价值,将当期取得的服务计入相关资产成本或当期费用,同时计入负债,并在结算前的每个资产负债表日和结算日对负债的公允价值重新计量,将其变动计入损益。

对于授予后立即可行权的现金结算的股份支付(例如授予虚拟股票或业绩股票的股份支付),企业应当在授予日按照企业承担负债的公允价值计入相关资产成本或费用,同时计入负债,并在结算前的每个资产负债表日和结算日对负债的公允价值重新计量,将其变动计入损益。

# 10.2 权益结算的股权激励成本估算

## 10.2.1 权益结算股权激励的概念

以权益结算的股份支付是指企业为获取服务以股份或其他权益工具作为对价进行结算的交易。

## 10.2.2 权益结算股权激励的成本计算

### 1)等待期内每个资产负债表日

企业应在等待期内的每个资产负债表日,以对可行权权益工具数量的最佳估计为基础,按照权益工具在授予日的公允价值,将当期取得的服务计入相关资产成本或当期费用,同时计入资本公积中的其他资本公积,但不确认其后续公允价值变动的影响。

假设,$n$ 为等待期,年;$f_i$ 为第 $i$ 年末估计的等待期满后的累计离职率,%;$Q$ 为授予日激励对象人数,个;$m$ 为授予日授予每位激励对象权益工具的数量,股/位;$p$ 为授予日单位权益工具公允价值,元。

则等待期第一期期末应确定的股权激励成本为:

$C_1 = Qmp(1 - f_1)/n$

$C_2 = Qmp(1 - f_2)2/n - C_1$

$C_3 = Qmp(1 - f_3)3/n - C_1 - C_2$

...

$C_n = Qmp(1 - f_n) - (C_1 + C_2 + C_3 + \cdots + C_{n-1})$

【要点提示】

①可行权权益工具的数量在可行权日之前是不能准确确定的,是预计的,并且每个资产负债表日均需预计。可行权日最终预计可行权权益工具数量应与实际可行权权益工具数量一致。

②确认各期成本费用,均依据"权益工具授予日公允价值",不确认其后续公允价值变动的影响。根据金融工具确认与计量准则,权益工具是不进行重新计量的。这与现金结算的股份支付不同,由于在现金结算的股份支付中,负债是随着权益工具的变动而变动的(交易性金融负债),因此,在计量企业承担的负债时,需要使用"每个资产负债表日"的权益工具的公允价值。

### 2)期权公允价值确定

对于授予的存在活跃市场的期权等权益工具,应当按照活跃市场中的报价确定其公允价值。对于授予的不存在活跃市场的期权等权益工具,应当采用期权定价模型等确定其公允价值,选用的期权定价模型至少应当考虑以下因素:①期权的行权价格;②期权的有效期;③标的股份的现行价格;④股价预计波动率;⑤股份的预计股利;⑥期权有效期内的无风险利率。

【要点提示】 Black-Scholes(布莱克-舒尔兹)期权定价模型

$$C = S \cdot N(d_1) - Le - rTN(d_2)$$

其中:

$$d_1 = \frac{\ln \dfrac{S}{L} + (r + 0.5 \cdot \sigma^2)T}{\sigma \cdot \sqrt{T}}$$

$$d_2 = \frac{\ln \dfrac{S}{L} + (r - 0.5 \cdot \sigma^2)T}{\sigma \cdot \sqrt{T}} = d_1 - \sigma\sqrt{T}$$

式中,$C$ 为期权初始合理价格;$L$ 为期权交割价格;$S$ 为所交易金融资产现价;$T$ 为期权有效期;$r$ 为连续复利计无风险利率 $H$;$\sigma^2$ 为年度化方差。

公式中期权的价值为两部分之差。公式右边第一项为期望的股价,公式右边第二项为股票期望的成本,即价值为期望股价与期望成本之差。公式表明,今日股价 $S$ 越高,则叫买期权价 $C$ 越高。股价的波动越大(用标准偏差测量),则期权价值越高。期权到期的时间 $t$ 越长,敲定价 $L$ 越低,期权执行的可能性就更大(这种可能性由正态分布函数来估定)。

### 3)可行权日之后

对于权益结算的股份支付,在可行权日之后不再对已确认的成本费用和所有者权益总额进行调整。企业应在行权日根据行权情况,确认股本和股本溢价,同时结转等待期内确认的资本公积(其他资本公积)。

## 10.2.3 权益结算股权激励的成本计算案例

【例10-1】 权益结算的股份支付(附服务年限条件的股份支付)

A 公司为一家上市公司,20×2 年 1 月 1 日,公司向其 200 名管理人员每人授予 100 份股票期权,这些管理人员从 20×2 年 1 月 1 日起在该公司连续服务 3 年,即可以每股 4 元的价格购买 100 股 A 公司股票从而获益。公司估计该期权在授予日的公允价值为每股 15 元。

第 1 年有 20 名管理人员离开公司,公司估计 3 年中离开的管理人员的比例为 20%;第 2 年又有 10 名管理人员离开公司,公司将估计的管理人员离开比例修正为 15%;第 3 年又有 15 名管理人员离开。

【分析与提示】

隔年费用计算结果见表 10-1。

表 10-1 服务年限条件下的股权激励成本计算表

单位:元

| 年份 | 计算 | 当期费用 | 累计费用 |
| --- | --- | --- | --- |
| 20×2 | 200 × 100 × (1 − 20%) × 15 × 1/3 | 80 000 | 80 000 |
| 20×3 | 200 × 100 × (1 − 15%) × 15 × 2/3 − 80 000 | 90 000 | 170 000 |
| 20×4 | 155 × 100 × 15 − 170 000 | 62 500 | 232 500 |

【例10-2】 权益结算股份支付(附市场条件的股份支付)

2×10 年 1 月,为奖励并激励高管,A 上市公司与其管理层成员签署股份支付协议,规定如果管理层成员在其后 3 年中都在公司任职服务,并且公司股价每年均提高 10% 以上,管理层成员 100 人即可以低于市价的价格每股 4 元购买本公司股票 1 万股。

同时作为协议的补充,公司把全体管理层成员的年薪提高了 5 万元,但公司将这部分年薪按月存入公司专门建立的内部基金,3 年后,管理层成员可用属于其个人的部分抵减未来行权时支付的购买股票款项。如果管理层成员决定退出这项基金,可随时全额提取。

A 公司以期权定价模型估计授予的此项期权在授予日的公允价值为 600 万元(100×1× 6,授予日 A 公司的公允价值为每股 6 元)。

在授予日,A 公司估计 3 年内管理层离职的比例为 10%;在第 2 年年末,A 公司调整其估计离职率为 5%;到第 3 年年末,公司实际离职率为 6%。

第 1 年,公司股价提高了 10.5%,第 2 年提高了 11%,第 3 年提高了 6%。公司在第 1 年年末、第 2 年年末均预计下年能实现当年股价增长 10% 以上的目标。

要求:说明此例中涉及哪些条款和条件,以及 A 公司如何进行会计处理。

**【分析与提示】**

如果不同时满足服务满 3 年和公司股价年增长 10% 以上的要求,管理层成员就无权行使其股票期权,因此两者都属于可行权条件,其中服务满 3 年是一项服务期限条件,10% 的股价增长要求是一项市场绩效条件。虽然公司要求管理层成员将部分薪金存入统一账户保管,但不影响其可行权,因此统一账户条款不是可行权条件。

第 1 年年末确认的服务费用 = 600 × 90% × 1/3 = 180(万元)

第 2 年年末累计确认的服务费用 = 600 × 95% × 2/3 = 380(万元)

第 2 年年末应确认的服务费用 = 380 - 180 = 200(万元)

第 3 年年末累计确认的服务费用 = 600 × 94% = 564(万元)

第 3 年年末应确认的服务费用 = 564 - 380 = 184(万元)

最后,94% 的管理层成员满足了市场条件之外的全部可行权条件。尽管股价年增长 10% 以上的市场条件未得到满足,A 公司在 3 年的每年年末也均确认了收到的管理层提供的服务,并相应确认了费用。所以请大家注意,会计处理会不会受到市场条件的影响,完全取决于年限条件或非市场条件的情况来做账;但市场条件本身一方面影响了期权的公允价值,另一方面 A 公司最终没有满足条件,因此高管团队无法行权,这是市场条件发挥影响的主要方面。

**【例 10-3】** 权益结算股份支付(附非市场绩效条件的股份支付)

20×7 年 1 月 1 日,A 公司为其 100 名管理人员每人授予 100 份股票期权:第 1 年年末的可行权条件为企业净利润增长率达到 20%;第 2 年年末的可行权条件为企业净利润 2 年平均增长 15%;第 3 年年末的可行权条件为企业净利润 3 年平均增长 10%。每份期权在 20×7 年 1 月 1 日的公允价值为 24 元。

20×7 年 12 月 31 日,企业净利润增长了 18%,同时有 8 名管理人员离开,企业预计 20×8 年将以同样速度增长,因此预计将于 20×8 年 12 月 31 日可行权。另外,企业预计 20×8 年 12 月 31 日又将有 8 名管理人员离开企业。

20×8 年 12 月 31 日,企业净利润仅增长了 10%,因此无法达到可行权状态。另外,实际有 10 名管理人员离开,预计第 3 年将有 12 名管理人员离开企业。

20×9 年 12 月 31 日,企业净利润增长了 8%,3 年平均增长率为 12%,因此达到可行权状态。当年有 8 名管理人员离开。

要求:说明此例中涉及哪些条款和条件,以及 A 公司如何进行会计处理。

**【分析与提示】**

按照股份支付会计准则,本例中的可行权条件是一项非市场绩效条件。

第 1 年年末,虽然没能实现净利润增长 20% 的要求,但公司预计下年将以同样速度增长,因此能实现两年平均年增长 15% 的要求。所以公司将其预计等待期调整为 2 年。由于有 8 名管理人员离开,公司同时调整了期满(两年)后预计可行权期权的数量(100-8-8)。

第 2 年年末,虽然两年实现 15% 增长的目标再次落空,但公司仍然估计能够在第 3 年取得较理想的绩效,从而实现 3 年平均增长 10% 的目标。所以公司将其预计等待期调整为 3 年。由于第 2 年有 10 名管理人员离开,高于预计数字,因此公司相应调增了第 3 年预计离开的人数(100-8-10-12)。

第 3 年年末,目标实现,实际离开人数为 8 人。公司根据实际情况确定累计费用,并据此确认了第 3 年费用和调整。

股权激励成本计算过程见表 10-2。

表 10-2　市场绩效条件下的股权激励成本计算表

单位:元

| 年份 | 计算 | 当期费用 | 累计费用 |
|---|---|---|---|
| 20×7 | $(100 - 8 - 8) \times 100 \times 24 \times 1/2$ | 100 800 | 100 800 |
| 20×8 | $(100 - 8 - 10 - 12) \times 100 \times 24 \times 2/3 - 100\,800$ | 11 200 | 112 000 |
| 20×9 | $(100 - 8 - 10 - 8) \times 100 \times 24 - 112\,000$ | 65 600 | 177 600 |

# 10.3　现金结算的股权激励成本估算

## 10.3.1　现金结算的股权激励概念

以现金结算的股份支付,是指企业为获取服务承担以股份或其他权益工具为基础计算确定的支付现金或其他资产义务的交易。

## 10.3.2　现金结算的股权激励成本计算

企业应当在等待期内的每个资产负债表日,以对可行权情况的最佳估计为基础,按照企业承担负债的公允价值,将当期取得的服务计入相关资产成本或当期费用,同时计入负债,并在结算前的每个资产负债表日和结算日对负债的公允价值重新计量,将其变动计入损益。

对于授予后立即可行权的现金结算的股份支付(例如授予虚拟股票或业绩股票的股份支付),企业应当在授予日按照企业承担负债的公允价值计入相关资产成本或费用,同时计入负债,并在结算前的每个资产负债表日和结算日对负债的公允价值重新计量,将其变动计入损益。

## 10.3.3　现金结算的股权激励成本计算案例

【例 10-4】　现金结算的股份支付

20×2 年年初,A 公司为其 200 名中层以上职员每人授予 100 份现金股票增值权,这些职员从20×2年1月1日起在该公司连续服务3年,即可按照当时股价的增长幅度获得现金,该增值权应在20×6年12月31日之前行使。A公司估计,该增值权在负债结算之前的每一资产负债表日以及结算日的公允价值和可行权后的每份增值权现金支出额见表10-3。

**表10-3  现金支付的股权激励成本计算表**

单位:元

| 年份 | 公允价值 | 支付现金 |
|------|---------|---------|
| 20×2 | 14 | — |
| 20×3 | 15 | — |
| 20×4 | 18 | 16 |
| 20×5 | 21 | 20 |
| 20×6 | — | 25 |

第1年有20名职员离开A公司,A公司估计3年中还将有15名职员离开;第2年又有10名职员离开公司,公司估计还将有10名职员离开;第3年又有15名职员离开。第3年年末,有70人行使股份增值权取得了现金。第4年年末,有50人行使了股份增值权。第5年年末,剩余35人也行使了股份增值权。

**【分析与提示】**

费用和应付职工薪酬计算过程见表10-4。

**表10-4  费用和应付职工薪酬的计算过程**

单位:元

| 年份 | 负债计算(1) | 支付现金计算(2) | 负债(3) | 支付现金(4) | 当期费用(5) |
|------|-----------|---------------|--------|-----------|-----------|
| 20×2 | $(200-35)\times100\times14\times1/3$ | — | 77 000 | — | 77 000 |
| 20×3 | $(200-40)\times100\times15\times2/3$ | — | 160 000 | — | 83 000 |
| 20×4 | $(200-45-70)\times100\times18$ | $70\times100\times16$ | 153 000 | 112 000 | 105 000 |
| 20×5 | $(200-45-70-50)\times100\times21$ | $50\times100\times20$ | 73 500 | 100 000 | 20 500 |
| 20×6 | 0 | $35\times100\times25$ | 0 | 87 500 | 14 000 |
| 总额 | | — | — | 299 500 | 299 500 |

**【要点提示】**

①第(1)列计算的是第(3)列内容;第(2)列计算的是第(4)列内容。此外,第(3)列代表公司每个年度资产负债表日的总负债,是时点指标;第(4)列、(5)列属于流量指标。

当期费用(5) = 本期负债(3) + 本期支付现金(4) = 上期负债(3)

②支付现金总额应等于各期费用总和。

# 附 录

## 附录一  企业绩效评价标准值（2020）

### 工业一

范围：全行业

| 项目 | 优秀值 | 良好值 | 平均值 | 较低值 | 较差值 |
|---|---|---|---|---|---|
| **一、盈利能力状况** | | | | | |
| 净资产收益率（%） | 11.4 | 8.0 | 5.3 | -1.0 | -9.6 |
| 总资产报酬率（%） | 7.8 | 5.5 | 3.9 | -1.0 | -5 |
| 销售（营业）利润率（%） | 17.4 | 11.0 | 6.0 | -1.8 | -8 |
| 盈余现金保障倍数 | 10.9 | 5.5 | 1.5 | 0.8 | -2.2 |
| 成本费用利润率（%） | 13.4 | 9.8 | 6.3 | -0.8 | -7.9 |
| 资本收益率（%） | 13.3 | 9.9 | 6.5 | 2.0 | -7.3 |
| **二、资产质量状况** | | | | | |
| 总资产周转率（次） | 1.5 | 1.0 | 0.5 | 0.3 | 0.2 |
| 应收账款周转率（次） | 18.3 | 11.4 | 7.4 | 4.6 | 3.3 |
| 不良资产比率（%） | 0.1 | 0.8 | 2.4 | 6.4 | 12.2 |
| 流动资产周转率（次） | 3.5 | 2.2 | 1.2 | 0.6 | 0.3 |
| 资产现金回收率（%） | 13.6 | 9.5 | 3.9 | -0.5 | -8.2 |
| **三、债务风险状况** | | | | | |
| 资产负债率（%） | 48.6 | 53.6 | 58.6 | 68.6 | 83.6 |

续表

| 项目 | 优秀值 | 良好值 | 平均值 | 较低值 | 较差值 |
|---|---|---|---|---|---|
| 已获利息倍数 | 5.6 | 4.1 | 2.9 | 0.9 | -1.5 |
| 速动比率(%) | 133.5 | 107.9 | 73.2 | 50.2 | 27.4 |
| 现金流动负债比率(%) | 27.8 | 19.4 | 10.3 | -1.3 | -12.0 |
| 带息负债比率(%) | 33.2 | 43.0 | 56.0 | 68.7 | 81.8 |
| 或有负债比率(%) | 0.2 | 1.0 | 5.0 | 12.2 | 21.0 |
| **四、经营增长状况** | | | | | |
| 销售(营业)增长率(%) | 19.7 | 13.6 | 6.3 | -10.0 | -20.2 |
| 资本保值增值率(%) | 111.5 | 106.8 | 104.2 | 98.3 | 90.6 |
| 销售(营业)利润增长率(%) | 21.5 | 18.1 | 9.6 | -6.0 | -14.7 |
| 总资产增长率(%) | 13.5 | 9.0 | 4.8 | -7.8 | -16.2 |
| 技术投入比率(%) | 3.7 | 2.6 | 2.1 | 1.7 | 0.7 |
| **五、补充资料** | | | | | |
| 存货周转率(次) | 17.0 | 9.6 | 4.8 | 2.5 | 1.1 |
| 两金占流动资产比重(%) | 15.3 | 26.4 | 36.8 | 48.8 | 58.7 |
| 成本费用占营业总收入比重(%) | 81.4 | 90.6 | 96.5 | 101.9 | 108.7 |
| 经济增加值率(%) | 8.0 | 3.9 | 1.0 | -3.9 | -8.9 |
| EBITDA率(%) | 26.7 | 16.5 | 8.5 | 1.5 | -4.3 |
| 资本积累率(%) | 33.0 | 17.4 | 7.8 | -4.9 | -18.0 |

# 工业二

范围:大型企业

| 项目 | 优秀值 | 良好值 | 平均值 | 较低值 | 较差值 |
|---|---|---|---|---|---|
| **一、盈利能力状况** | | | | | |
| 净资产收益率(%) | 11.5 | 8.4 | 5.6 | 0.7 | -6.1 |
| 总资产报酬率(%) | 9.7 | 6.3 | 4.0 | -0.6 | -5.4 |
| 销售(营业)利润率(%) | 17.7 | 11.3 | 6.3 | -1.6 | -6.4 |
| 盈余现金保障倍数 | 13.1 | 7.1 | 2.2 | 1.7 | -1.1 |
| 成本费用利润率(%) | 13.4 | 10.5 | 6.6 | 1.6 | -7.2 |
| 资本收益率(%) | 15.9 | 12.0 | 7.8 | 2.2 | -5.7 |
| **二、资产质量状况** | | | | | |
| 总资产周转率(次) | 1.6 | 1.2 | 0.6 | 0.5 | 0.3 |

| 项目 | 优秀值 | 良好值 | 平均值 | 较低值 | 较差值 |
|---|---|---|---|---|---|
| 应收账款周转率(次) | 23.3 | 15.8 | 8.3 | 3.2 | 0.5 |
| 不良资产比率(%) | 0.1 | 0.8 | 2.3 | 5.9 | 9.7 |
| 流动资产周转率(次) | 4.0 | 2.8 | 1.6 | 1.0 | 0.5 |
| 资产现金回收率(%) | 15.1 | 10.0 | 4.3 | 1.0 | −1.9 |
| **三、债务风险状况** | | | | | |
| 资产负债率(%) | 48.6 | 53.6 | 58.6 | 68.6 | 83.6 |
| 已获利息倍数 | 5.6 | 3.9 | 3.0 | 1.8 | −0.4 |
| 速动比率(%) | 133.5 | 107.4 | 74.3 | 52.4 | 28.9 |
| 现金流动负债比率(%) | 25.6 | 19.9 | 10.7 | 2.0 | −12.1 |
| 带息负债比率(%) | 31.9 | 42.3 | 53.5 | 63.3 | 75.9 |
| 或有负债比率(%) | 0.2 | 1.0 | 4.9 | 11.2 | 19.0 |
| **四、经营增长状况** | | | | | |
| 销售(营业)增长率(%) | 19.6 | 14.9 | 7.1 | −8.9 | −19.7 |
| 资本保值增值率(%) | 110.0 | 106.1 | 104.0 | 97.9 | 92.5 |
| 销售(营业)利润增长率(%) | 22.9 | 18.0 | 10.5 | −5.8 | −13.1 |
| 总资产增长率(%) | 15.3 | 9.8 | 5.8 | −4.5 | −13.2 |
| 技术投入比率(%) | 3.8 | 3.2 | 2.6 | 2.1 | 1.2 |
| **五、补充资料** | | | | | |
| 存货周转率(次) | 17.2 | 10.0 | 4.8 | 2.4 | 1.1 |
| 两金占流动资产比重(%) | 12.4 | 23.4 | 33.1 | 42.4 | 49.8 |
| 成本费用占营业总收入比重(%) | 77.9 | 87.9 | 94.0 | 99.2 | 104.0 |
| 经济增加值率(%) | 7.9 | 4.2 | 1.1 | −3.7 | −7.1 |
| EBITDA率(%) | 26.8 | 17.3 | 8.5 | 1.8 | −3.4 |
| 资本积累率(%) | 35.0 | 21.8 | 8.2 | −0.8 | −9.6 |

# 工业三

范围:中型企业

| 项目 | 优秀值 | 良好值 | 平均值 | 较低值 | 较差值 |
|---|---|---|---|---|---|
| **一、盈利能力状况** | | | | | |
| 净资产收益率(%) | 11.9 | 8.1 | 4.4 | −2.1 | −10.7 |
| 总资产报酬率(%) | 8.8 | 6.2 | 3.4 | 2.0 | −3.7 |

续表

| 项目 | 优秀值 | 良好值 | 平均值 | 较低值 | 较差值 |
|---|---|---|---|---|---|
| 销售（营业）利润率(%) | 18.0 | 12.8 | 6.3 | 1.7 | -7.6 |
| 盈余现金保障倍数 | 10.9 | 5.3 | 1.0 | -0.9 | -3.4 |
| 成本费用利润率(%) | 14.5 | 11.0 | 6.9 | 3.1 | -7.8 |
| 资本收益率(%) | 15.7 | 10.9 | 5.8 | -2.5 | -10.9 |
| 二、资产质量状况 | | | | | |
| 总资产周转率（次） | 1.8 | 1.3 | 0.8 | 0.6 | 0.3 |
| 应收账款周转率（次） | 23.3 | 14.2 | 6.5 | 3.3 | 0.6 |
| 不良资产比率(%) | 0.5 | 2.2 | 3.6 | 8.2 | 18.1 |
| 流动资产周转率（次） | 3.5 | 2.1 | 1.1 | 0.7 | 0.4 |
| 资产现金回收率(%) | 13.4 | 8.2 | 1.6 | -1.5 | -7.4 |
| 三、债务风险状况 | | | | | |
| 资产负债率(%) | 48.6 | 53.6 | 58.6 | 68.6 | 83.6 |
| 已获利息倍数 | 5.5 | 4.2 | 2.7 | 1.0 | -1.0 |
| 速动比率(%) | 139.7 | 115.8 | 77.5 | 52.6 | 32.9 |
| 现金流动负债比率(%) | 27.4 | 18.6 | 7.8 | -4.6 | -9.9 |
| 带息负债比率(%) | 22.5 | 33.7 | 45.2 | 66.1 | 79.6 |
| 或有负债比率(%) | 0.3 | 1.8 | 4.5 | 11.2 | 18.0 |
| 四、经营增长状况 | | | | | |
| 销售（营业）增长率(%) | 18.5 | 12.6 | 5.8 | -15.1 | -23.4 |
| 资本保值增值率(%) | 112.2 | 108.1 | 104.3 | 98.0 | 90.0 |
| 销售（营业）利润增长率(%) | 26.2 | 19.8 | 12.6 | -2.6 | -14.2 |
| 总资产增长率(%) | 14.2 | 11.3 | 5.5 | -1.0 | -9.9 |
| 技术投入比率(%) | 3.2 | 2.2 | 1.9 | 1.6 | 0.7 |
| 五、补充资料 | | | | | |
| 存货周转率（次） | 18.3 | 11.4 | 5.5 | 3.9 | 3.5 |
| 两金占流动资产比重(%) | 14.2 | 27.7 | 40.3 | 49.3 | 56.1 |
| 成本费用占营业总收入比重(%) | 78.9 | 88.5 | 95.1 | 101.8 | 112.0 |
| 经济增加值率(%) | 9.0 | 5.1 | 1.0 | -3.5 | -8.0 |
| EBITDA 率(%) | 27.2 | 16.8 | 8.6 | 0.7 | -4.1 |
| 资本积累率(%) | 32.6 | 19.6 | 7.1 | -1.9 | -17.9 |

# 工业四

范围:小型企业

| 项目 | 优秀值 | 良好值 | 平均值 | 较低值 | 较差值 |
|---|---|---|---|---|---|
| **一、盈利能力状况** | | | | | |
| 净资产收益率(%) | 9.6 | 6.8 | 4.4 | -2.5 | -12.4 |
| 总资产报酬率(%) | 6.6 | 4.4 | 3.1 | -1.6 | -7.0 |
| 销售(营业)利润率(%) | 17.0 | 12.1 | 5.4 | -0.7 | -8.3 |
| 盈余现金保障倍数 | 10.2 | 5.4 | 1.1 | -0.3 | -2.7 |
| 成本费用利润率(%) | 13.9 | 9.6 | 6.3 | -0.5 | -11.2 |
| 资本收益率(%) | 12.5 | 10.4 | 5.8 | -1.6 | -9.3 |
| **二、资产质量状况** | | | | | |
| 总资产周转率(次) | 1.6 | 0.8 | 0.4 | 0.2 | 0.1 |
| 应收账款周转率(次) | 15.3 | 7.9 | 4.4 | 1.7 | 0.4 |
| 不良资产比率(%) | 0.3 | 1.6 | 3.1 | 12.7 | 24.3 |
| 流动资产周转率(次) | 3.1 | 2.2 | 1.0 | 0.6 | 0.3 |
| 资产现金回收率(%) | 16.0 | 7.5 | 1.2 | -0.4 | -7.6 |
| **三、债务风险状况** | | | | | |
| 资产负债率(%) | 48.6 | 53.6 | 58.6 | 68.6 | 83.6 |
| 已获利息倍数 | 5.6 | 3.9 | 2.7 | 0.7 | -3.0 |
| 速动比率(%) | 134.9 | 106.1 | 67.2 | 43.3 | 24.8 |
| 现金流动负债比率(%) | 21.0 | 14.6 | 5.5 | -6.1 | -13.3 |
| 带息负债比率(%) | 36.3 | 48.7 | 59.6 | 74.0 | 86.0 |
| 或有负债比率(%) | 0.3 | 1.8 | 5.0 | 13.2 | 21.0 |
| **四、经营增长状况** | | | | | |
| 销售(营业)增长率(%) | 23.3 | 17.3 | 7.7 | -7.7 | -16.7 |
| 资本保值增值率(%) | 109.3 | 105.9 | 103.4 | 97.0 | 87.5 |
| 销售(营业)利润增长率(%) | 22.3 | 16.3 | 8.9 | -5.1 | -16.0 |
| 总资产增长率(%) | 13.9 | 10.7 | 4.5 | -7.6 | -17.6 |
| 技术投入比率(%) | 2.1 | 1.8 | 1.5 | 1.1 | 0.3 |
| **五、补充资料** | | | | | |
| 存货周转率(次) | 18.7 | 11.4 | 5.9 | 4.2 | 3.7 |
| 两金占流动资产比重(%) | 4.5 | 18.2 | 28.4 | 49.7 | 58.0 |

续表

| 项目 | 优秀值 | 良好值 | 平均值 | 较低值 | 较差值 |
|---|---|---|---|---|---|
| 成本费用占营业总收入比重(%) | 80.7 | 89.8 | 97.1 | 103.8 | 116.8 |
| 经济增加值率(%) | 6.5 | 3.6 | 0.5 | −4.1 | −9.3 |
| EBITDA 率(%) | 27.2 | 17.5 | 7.6 | 0.0 | −3.6 |
| 资本积累率(%) | 30.4 | 15.8 | 7.1 | −5.2 | −19.4 |

# 天然原油和天然气开采业一

范围:全行业

| 项目 | 优秀值 | 良好值 | 平均值 | 较低值 | 较差值 |
|---|---|---|---|---|---|
| **一、盈利能力状况** | | | | | |
| 净资产收益率(%) | 9.4 | 6.4 | 2.4 | −4.4 | −11.9 |
| 总资产报酬率(%) | 6.8 | 4.1 | 1.9 | −3.0 | −7.9 |
| 销售(营业)利润率(%) | 17.4 | 11.5 | 4.9 | −4.3 | −9.7 |
| 盈余现金保障倍数 | 6.4 | 4.1 | 2.0 | 1.3 | 0.1 |
| 成本费用利润率(%) | 12.6 | 9.0 | 3.4 | −3.1 | −11.1 |
| 资本收益率(%) | 12.9 | 9.6 | 5.1 | −2.5 | −7.2 |
| **二、资产质量状况** | | | | | |
| 总资产周转率(次) | 1.2 | 0.8 | 0.5 | 0.4 | 0.1 |
| 应收账款周转率(次) | 26.8 | 20.8 | 15.1 | 12.1 | 9.5 |
| 不良资产比率(%) | 0.1 | 0.9 | 1.8 | 6.1 | 12.1 |
| 流动资产周转率(次) | 2.9 | 1.6 | 1.1 | 0.6 | 0.5 |
| 资产现金回收率(%) | 16.3 | 10.2 | 3.5 | −5.0 | −16.7 |
| **三、债务风险状况** | | | | | |
| 资产负债率(%) | 48.6 | 53.6 | 58.6 | 68.6 | 83.6 |
| 已获利息倍数 | 7.6 | 6.4 | 4.0 | 1.6 | −2.7 |
| 速动比率(%) | 140.7 | 110.5 | 48.0 | 30.7 | 22.0 |
| 现金流动负债比率(%) | 29.7 | 21.8 | 14.1 | 1.8 | −25.6 |
| 带息负债比率(%) | 23.8 | 33.8 | 43.2 | 55.9 | 67.5 |
| 或有负债比率(%) | 3.1 | 4.0 | 4.6 | 10.0 | 17.6 |
| **四、经营增长状况** | | | | | |
| 销售(营业)增长率(%) | 16.3 | 10.7 | 6.1 | 1.6 | −4.6 |

| 项目 | 优秀值 | 良好值 | 平均值 | 较低值 | 较差值 |
|---|---|---|---|---|---|
| 资本保值增值率(%) | 110.1 | 106.5 | 102.9 | 97.8 | 89.7 |
| 销售(营业)利润增长率(%) | 30.8 | 25.6 | 13.9 | 1.7 | -5.0 |
| 总资产增长率(%) | 10.2 | 7.5 | 3.0 | -3.0 | -10.7 |
| 技术投入比率(%) | 1.9 | 1.5 | 1.2 | 0.9 | 0.2 |
| **五、补充资料** | | | | | |
| 存货周转率(次) | 33.3 | 21.4 | 9.9 | 7.1 | 4.6 |
| 两金占流动资产比重(%) | 4.2 | 19.6 | 24.0 | 32.8 | 64.0 |
| 成本费用占营业总收入比重(%) | 58.4 | 63.1 | 91.4 | 97.0 | 102.9 |
| 经济增加值率(%) | 8.2 | 4.1 | 1.0 | -6.6 | -9.8 |
| EBITDA率(%) | 41.5 | 25.4 | 11.1 | 4.4 | -2.2 |
| 资本积累率(%) | 22.1 | 12.8 | 5.1 | -3.2 | -22.7 |

# 天然原油和天然气开采业二

范围:大型企业

| 项目 | 优秀值 | 良好值 | 平均值 | 较低值 | 较差值 |
|---|---|---|---|---|---|
| **一、盈利能力状况** | | | | | |
| 净资产收益率(%) | 10.4 | 7.6 | 3.0 | -1.2 | -10.8 |
| 总资产报酬率(%) | 7.3 | 4.2 | 2.0 | 0.8 | -8.3 |
| 销售(营业)利润率(%) | 17.3 | 11.6 | 5.1 | -3.5 | -8.8 |
| 盈余现金保障倍数 | 5.9 | 3.7 | 2.8 | 1.6 | 0.3 |
| 成本费用利润率(%) | 13.9 | 9.3 | 2.2 | -1.3 | -7.6 |
| 资本收益率(%) | 10.6 | 6.7 | 2.4 | -6.6 | -11.6 |
| **二、资产质量状况** | | | | | |
| 总资产周转率(次) | 0.9 | 0.7 | 0.5 | 0.2 | 0.1 |
| 应收账款周转率(次) | 28.8 | 23.7 | 18.3 | 13.6 | 9.5 |
| 不良资产比率(%) | 0.1 | 1.2 | 2.4 | 8.2 | 17.0 |
| 流动资产周转率(次) | 2.9 | 1.8 | 1.3 | 0.8 | 0.3 |
| 资产现金回收率(%) | 18.0 | 12.2 | 5.5 | -3.8 | -10.3 |
| **三、债务风险状况** | | | | | |
| 资产负债率(%) | 48.6 | 53.6 | 58.6 | 68.6 | 83.6 |

续表

| 项目 | 优秀值 | 良好值 | 平均值 | 较低值 | 较差值 |
|---|---|---|---|---|---|
| 已获利息倍数 | 7.9 | 5.8 | 4.2 | 1.3 | −3.1 |
| 速动比率(%) | 137.9 | 102.0 | 44.9 | 33.2 | 16.6 |
| 现金流动负债比率(%) | 39.1 | 32.4 | 25.6 | 12.2 | −11.3 |
| 带息负债比率(%) | 21.1 | 31.0 | 39.9 | 56.4 | 67.3 |
| 或有负债比率(%) | 3.1 | 4.0 | 4.6 | 10.4 | 17.8 |
| **四、经营增长状况** | | | | | |
| 销售(营业)增长率(%) | 14.5 | 8.7 | 3.8 | 0.2 | −5.9 |
| 资本保值增值率(%) | 110.0 | 106.0 | 102.9 | 96.8 | 90.5 |
| 销售(营业)利润增长率(%) | 26.5 | 24.0 | 10.1 | −1.2 | −8.5 |
| 总资产增长率(%) | 10.7 | 8.1 | 3.9 | −2.9 | −8.2 |
| 技术投入比率(%) | 2.7 | 2.3 | 1.7 | 1.3 | 0.5 |
| **五、补充资料** | | | | | |
| 存货周转率(次) | 26.3 | 20.8 | 12.9 | 9.7 | 7.1 |
| 两金占流动资产比重(%) | 11.5 | 14.8 | 23.5 | 44.6 | 59.0 |
| 成本费用占营业总收入比重(%) | 59.1 | 63.8 | 92.0 | 97.6 | 103.6 |
| 经济增加值率(%) | 8.0 | 4.3 | 0.8 | −6.4 | −10.9 |
| EBITDA率(%) | 42.9 | 26.4 | 12.1 | 5.4 | −1.3 |
| 资本积累率(%) | 19.9 | 11.0 | 2.9 | −3.7 | −11.0 |

# 天然原油和天然气开采业三

范围:中型企业

| 项目 | 优秀值 | 良好值 | 平均值 | 较低值 | 较差值 |
|---|---|---|---|---|---|
| **一、盈利能力状况** | | | | | |
| 净资产收益率(%) | 15.3 | 10.9 | 5.8 | −0.2 | −7.3 |
| 总资产报酬率(%) | 11.6 | 7.4 | 4.8 | 0.9 | −4.1 |
| 销售(营业)利润率(%) | 15.3 | 9.0 | 2.0 | −5.0 | −11.3 |
| 盈余现金保障倍数 | 4.3 | 2.8 | 1.0 | 0.5 | −1.4 |
| 成本费用利润率(%) | 14.9 | 9.4 | 3.4 | −3.4 | −13.4 |
| 资本收益率(%) | 18.6 | 14.1 | 8.4 | 0.7 | −3.3 |
| **二、资产质量状况** | | | | | |
| 总资产周转率(次) | 1.4 | 0.9 | 0.5 | 0.3 | 0.1 |

| 项目 | 优秀值 | 良好值 | 平均值 | 较低值 | 较差值 |
|---|---|---|---|---|---|
| 应收账款周转率(次) | 21.0 | 10.0 | 5.5 | 3.3 | 2.0 |
| 不良资产比率(%) | 0.1 | 0.6 | 1.1 | 7.0 | 10.5 |
| 流动资产周转率(次) | 3.3 | 2.1 | 0.8 | 0.4 | 0.2 |
| 资产现金回收率(%) | 14.6 | 8.8 | 3.4 | −3.8 | −15.7 |
| **三、债务风险状况** | | | | | |
| 资产负债率(%) | 48.6 | 53.6 | 58.6 | 68.6 | 83.6 |
| 已获利息倍数 | 8.8 | 7.4 | 5.3 | 2.5 | −1.9 |
| 速动比率(%) | 108.5 | 80.9 | 45.7 | 34.6 | 27.1 |
| 现金流动负债比率(%) | 27.2 | 20.2 | 9.7 | 0.9 | −30.9 |
| 带息负债比率(%) | 26.5 | 36.6 | 45.4 | 54.8 | 62.6 |
| 或有负债比率(%) | 4.1 | 4.3 | 4.6 | 10.8 | 20.6 |
| **四、经营增长状况** | | | | | |
| 销售(营业)增长率(%) | 11.7 | 6.8 | 2.2 | −3.5 | −8.1 |
| 资本保值增值率(%) | 112.4 | 108.2 | 103.6 | 96.4 | 90.0 |
| 销售(营业)利润增长率(%) | 18.7 | 16.4 | 3.8 | −8.7 | −16.0 |
| 总资产增长率(%) | 10.6 | 6.2 | 2.3 | −4.9 | −10.0 |
| 技术投入比率(%) | 0.8 | 0.7 | 0.5 | 0.4 | 0.1 |
| **五、补充资料** | | | | | |
| 存货周转率(次) | 30.7 | 19.1 | 8.8 | 5.7 | 2.8 |
| 两金占流动资产比重(%) | 9.8 | 19.9 | 32.2 | 47.1 | 60.3 |
| 成本费用占营业总收入比重(%) | 71.9 | 80.1 | 90.0 | 92.4 | 101.0 |
| 经济增加值率(%) | 11.6 | 6.1 | 2.0 | −2.2 | −5.7 |
| EBITDA率(%) | 43.0 | 27.2 | 12.5 | 4.6 | −1.4 |
| 资本积累率(%) | 43.2 | 26.2 | 8.0 | 3.8 | −25.6 |

# 天然原油和天然气开采业四

范围:小型企业

| 项目 | 优秀值 | 良好值 | 平均值 | 较低值 | 较差值 |
|---|---|---|---|---|---|
| **一、盈利能力状况** | | | | | |
| 净资产收益率(%) | 8.4 | 5.9 | 2.2 | −7.1 | −12.6 |

续表

| 项目 | 优秀值 | 良好值 | 平均值 | 较低值 | 较差值 |
|---|---|---|---|---|---|
| 总资产报酬率(%) | 5.8 | 2.9 | 1.5 | −5.5 | −11.1 |
| 销售(营业)利润率(%) | 15.7 | 7.6 | 2.0 | −4.7 | −13.0 |
| 盈余现金保障倍数 | 9.9 | 4.6 | 1.8 | −0.7 | −2.4 |
| 成本费用利润率(%) | 14.8 | 8.2 | 3.0 | −2.4 | −12.9 |
| 资本收益率(%) | 10.5 | 7.3 | 3.2 | −5.8 | −12.1 |
| **二、资产质量状况** | | | | | |
| 总资产周转率(次) | 2.0 | 1.1 | 0.4 | 0.2 | 0.1 |
| 应收账款周转率(次) | 26.1 | 16.6 | 9.0 | 5.8 | 3.9 |
| 不良资产比率(%) | 0.6 | 1.0 | 1.6 | 4.6 | 11.0 |
| 流动资产周转率(次) | 4.0 | 2.4 | 1.1 | 0.7 | 0.4 |
| 资产现金回收率(%) | 14.4 | 9.9 | 2.4 | −10.2 | −17.8 |
| **三、债务风险状况** | | | | | |
| 资产负债率(%) | 48.6 | 53.6 | 58.6 | 68.6 | 83.6 |
| 已获利息倍数 | 6.3 | 5.0 | 2.5 | −2.0 | −4.4 |
| 速动比率(%) | 145.6 | 129.0 | 50.3 | 32.5 | 21.0 |
| 现金流动负债比率(%) | 28.5 | 18.3 | 5.7 | −21.3 | −28.6 |
| 带息负债比率(%) | 33.7 | 43.2 | 54.2 | 75.4 | 82.7 |
| 或有负债比率(%) | 3.0 | 3.9 | 4.6 | 10.3 | 16.0 |
| **四、经营增长状况** | | | | | |
| 销售(营业)增长率(%) | 19.0 | 14.4 | 10.3 | 7.8 | 5.4 |
| 资本保值增值率(%) | 108.5 | 105.5 | 102.6 | 94.5 | 87.8 |
| 销售(营业)利润增长率(%) | 29.8 | 27.9 | 16.1 | 2.8 | −4.7 |
| 总资产增长率(%) | 9.6 | 6.0 | 2.9 | −5.7 | −13.0 |
| 技术投入比率(%) | 0.8 | 0.7 | 0.5 | 0.4 | 0.1 |
| **五、补充资料** | | | | | |
| 存货周转率(次) | 29.7 | 14.0 | 6.0 | 3.6 | 1.8 |
| 两金占流动资产比重(%) | 1.4 | 17.7 | 24.9 | 34.4 | 67.4 |
| 成本费用占营业总收入比重(%) | 52.1 | 73.1 | 94.3 | 101.9 | 109.3 |
| 经济增加值率(%) | 6.4 | 2.5 | 0.1 | −4.6 | −11.1 |
| EBITDA率(%) | 33.6 | 19.8 | 4.0 | −5.2 | −9.1 |
| 资本积累率(%) | 52.5 | 34.8 | −2.0 | −6.2 | −17.2 |

# 电力生产业一

范围:全行业

| 项目 | 优秀值 | 良好值 | 平均值 | 较低值 | 较差值 |
|---|---|---|---|---|---|
| **一、盈利能力状况** | | | | | |
| 净资产收益率(%) | 12.1 | 9.1 | 6.3 | 1.4 | -6.9 |
| 总资产报酬率(%) | 9.4 | 6.9 | 4.6 | 0.7 | -1.1 |
| 销售(营业)利润率(%) | 13.3 | 9.3 | 6.4 | 1.3 | -7.4 |
| 盈余现金保障倍数 | 6.6 | 4.1 | 1.8 | 0.4 | -0.8 |
| 成本费用利润率(%) | 14.7 | 9.2 | 6.9 | 0.6 | -8.1 |
| 资本收益率(%) | 11.1 | 9.0 | 6.4 | -0.2 | -6.7 |
| **二、资产质量状况** | | | | | |
| 总资产周转率(次) | 0.5 | 0.4 | 0.3 | 0.2 | 0.1 |
| 应收账款周转率(次) | 11.9 | 8.6 | 6.5 | 4.0 | 1.8 |
| 不良资产比率(%) | 0.2 | 1.1 | 2.0 | 4.7 | 10.7 |
| 流动资产周转率(次) | 3.2 | 2.0 | 1.3 | 0.5 | 0.4 |
| 资产现金回收率(%) | 11.9 | 9.0 | 5.6 | 2.1 | -2.5 |
| **三、债务风险状况** | | | | | |
| 资产负债率(%) | 48.8 | 53.8 | 58.6 | 68.8 | 83.8 |
| 已获利息倍数 | 5.6 | 4.0 | 2.4 | 0.7 | -1.5 |
| 速动比率(%) | 99.1 | 73.4 | 51.2 | 33.6 | 21.0 |
| 现金流动负债比率(%) | 37.5 | 23.9 | 13.3 | 3.6 | -10.2 |
| 带息负债比率(%) | 48.3 | 60.6 | 73.2 | 84.7 | 89.9 |
| 或有负债比率(%) | 0.1 | 1.0 | 6.0 | 13.2 | 24.3 |
| **四、经营增长状况** | | | | | |
| 销售(营业)增长率(%) | 17.8 | 11.3 | 3.3 | -6.1 | -20.0 |
| 资本保值增值率(%) | 109.6 | 105.8 | 103.2 | 99.9 | 92.7 |
| 销售(营业)利润增长率(%) | 14.0 | 6.2 | -1.7 | -8.8 | -18.6 |
| 总资产增长率(%) | 10.5 | 7.8 | 3.4 | -7.4 | -13.0 |
| 技术投入比率(%) | 1.7 | 1.0 | 0.7 | 0.3 | 0.1 |
| **五、补充资料** | | | | | |
| 存货周转率(次) | 23.2 | 18.3 | 13.2 | 6.4 | 3.9 |
| 两金占流动资产比重(%) | 15.0 | 30.3 | 38.1 | 44.5 | 57.8 |

续表

| 项目 | 优秀值 | 良好值 | 平均值 | 较低值 | 较差值 |
|---|---|---|---|---|---|
| 成本费用占营业总收入比重(%) | 67.8 | 80.0 | 90.4 | 100.5 | 110.7 |
| 经济增加值率(%) | 6.6 | 3.9 | 1.5 | -2.9 | -7.6 |
| EBITDA 率(%) | 34.8 | 25.7 | 15.6 | 3.1 | -12.0 |
| 资本积累率(%) | 21.8 | 14.0 | 9.2 | -1.6 | -9.4 |

# 电力生产业二

范围:大型企业

| 项目 | 优秀值 | 良好值 | 平均值 | 较低值 | 较差值 |
|---|---|---|---|---|---|
| **一、盈利能力状况** | | | | | |
| 净资产收益率(%) | 11.6 | 9.1 | 6.8 | 1.5 | -6.5 |
| 总资产报酬率(%) | 9.2 | 7.2 | 4.7 | 1.6 | 0.6 |
| 销售(营业)利润率(%) | 15.0 | 11.6 | 8.6 | 3.4 | -5.5 |
| 盈余现金保障倍数 | 7.1 | 4.9 | 2.2 | 0.9 | 0.0 |
| 成本费用利润率(%) | 13.9 | 8.5 | 6.2 | 0.5 | -8.8 |
| 资本收益率(%) | 9.7 | 7.8 | 5.4 | -0.1 | -4.7 |
| **二、资产质量状况** | | | | | |
| 总资产周转率(次) | 0.5 | 0.4 | 0.3 | 0.2 | 0.1 |
| 应收账款周转率(次) | 12.6 | 9.5 | 6.9 | 4.2 | 2.0 |
| 不良资产比率(%) | 0.3 | 1.2 | 2.1 | 4.4 | 8.7 |
| 流动资产周转率(次) | 3.4 | 2.1 | 1.4 | 0.7 | 0.6 |
| 资产现金回收率(%) | 12.3 | 9.6 | 6.9 | 4.6 | 0.5 |
| **三、债务风险状况** | | | | | |
| 资产负债率(%) | 48.6 | 53.6 | 58.6 | 68.6 | 83.6 |
| 已获利息倍数 | 5.8 | 4.4 | 2.6 | 0.9 | -0.9 |
| 速动比率(%) | 97.8 | 71.7 | 49.4 | 30.1 | 20.6 |
| 现金流动负债比率(%) | 45.9 | 32.9 | 19.9 | 12.4 | -0.3 |
| 带息负债比率(%) | 44.5 | 57.3 | 71.0 | 85.0 | 90.4 |
| 或有负债比率(%) | 0.1 | 0.8 | 5.4 | 12.1 | 22.9 |
| **四、经营增长状况** | | | | | |
| 销售(营业)增长率(%) | 20.9 | 12.7 | 3.8 | -5.8 | -18.0 |

续表

| 项目 | 优秀值 | 良好值 | 平均值 | 较低值 | 较差值 |
|---|---|---|---|---|---|
| 资本保值增值率(%) | 108.4 | 104.8 | 102.1 | 99.1 | 92.0 |
| 销售(营业)利润增长率(%) | 10.4 | 3.2 | −4.2 | −11.8 | −21.6 |
| 总资产增长率(%) | 11.4 | 7.8 | 3.4 | −1.9 | −9.5 |
| 技术投入比率(%) | 1.9 | 1.2 | 0.9 | 0.3 | 0.1 |
| **五、补充资料** | | | | | |
| 存货周转率(次) | 20.5 | 16.5 | 11.7 | 6.4 | 2.9 |
| 两金占流动资产比重(%) | 24.4 | 33.5 | 38.8 | 47.2 | 62.3 |
| 成本费用占营业总收入比重(%) | 65.2 | 82.1 | 92.6 | 104.2 | 112.8 |
| 经济增加值率(%) | 6.2 | 3.8 | 1.6 | −2.5 | −6.9 |
| EBITDA率(%) | 32.8 | 23.6 | 13.9 | −0.7 | −14.2 |
| 资本积累率(%) | 22.6 | 15.2 | 10.7 | 0.7 | −6.7 |

# 电力生产业三

范围:中型企业

| 项目 | 优秀值 | 良好值 | 平均值 | 较低值 | 较差值 |
|---|---|---|---|---|---|
| **一、盈利能力状况** | | | | | |
| 净资产收益率(%) | 10.2 | 7.9 | 6.0 | 1.4 | −6.1 |
| 总资产报酬率(%) | 8.5 | 6.9 | 4.3 | 1.5 | −2.2 |
| 销售(营业)利润率(%) | 13.7 | 9.2 | 6.1 | 0.8 | −7.1 |
| 盈余现金保障倍数 | 7.5 | 5.6 | 2.0 | 0.6 | −0.2 |
| 成本费用利润率(%) | 13.1 | 9.2 | 6.4 | 0.5 | −10.0 |
| 资本收益率(%) | 9.8 | 7.9 | 5.7 | −0.2 | −7.0 |
| **二、资产质量状况** | | | | | |
| 总资产周转率(次) | 0.5 | 0.4 | 0.3 | 0.2 | 0.1 |
| 应收账款周转率(次) | 11.5 | 8.3 | 5.9 | 3.4 | 1.1 |
| 不良资产比率(%) | 0.2 | 0.6 | 3.1 | 5.8 | 11.1 |
| 流动资产周转率(次) | 3.4 | 2.2 | 1.1 | 0.2 | 0.1 |
| 资产现金回收率(%) | 12.9 | 9.2 | 6.4 | 1.3 | −4.1 |
| **三、债务风险状况** | | | | | |
| 资产负债率(%) | 48.6 | 53.6 | 58.6 | 68.6 | 83.6 |

续表

| 项目 | 优秀值 | 良好值 | 平均值 | 较低值 | 较差值 |
|---|---|---|---|---|---|
| 已获利息倍数 | 5.2 | 3.6 | 2.3 | 1.4 | 0.3 |
| 速动比率(%) | 105.7 | 80.6 | 59.6 | 40.1 | 27.1 |
| 现金流动负债比率(%) | 32.5 | 21.9 | 9.8 | 4.7 | -7.7 |
| 带息负债比率(%) | 47.7 | 60.0 | 75.4 | 81.8 | 91.8 |
| 或有负债比率(%) | 0.1 | 0.9 | 5.9 | 13.0 | 23.7 |
| **四、经营增长状况** | | | | | |
| 销售(营业)增长率(%) | 18.4 | 10.2 | 2.5 | -5.8 | -16.5 |
| 资本保值增值率(%) | 108.0 | 105.6 | 102.9 | 99.2 | 92.0 |
| 销售(营业)利润增长率(%) | 13.5 | 6.2 | -0.4 | -10.9 | -20.0 |
| 总资产增长率(%) | 9.7 | 7.4 | 2.0 | -10.6 | -14.7 |
| 技术投入比率(%) | 1.1 | 0.7 | 0.6 | 0.3 | 0.1 |
| **五、补充资料** | | | | | |
| 存货周转率(次) | 23.6 | 18.1 | 12.3 | 5.2 | 2.6 |
| 两金占流动资产比重(%) | 13.3 | 26.8 | 39.2 | 49.4 | 58.1 |
| 成本费用占营业总收入比重(%) | 71.5 | 82.5 | 93.1 | 103.5 | 112.4 |
| 经济增加值率(%) | 5.7 | 2.9 | 0.5 | -4.6 | -9.6 |
| EBITDA率(%) | 32.1 | 20.4 | 12.4 | 2.4 | -9.9 |
| 资本积累率(%) | 18.5 | 10.6 | 5.3 | -6.4 | -14.5 |

# 电力生产业四

范围:小型企业

| 项目 | 优秀值 | 良好值 | 平均值 | 较低值 | 较差值 |
|---|---|---|---|---|---|
| **一、盈利能力状况** | | | | | |
| 净资产收益率(%) | 8.9 | 7.4 | 5.5 | 1.2 | -7.3 |
| 总资产报酬率(%) | 7.5 | 6.1 | 4.4 | 1.4 | -2.1 |
| 销售(营业)利润率(%) | 14.7 | 11.6 | 8.2 | 3.0 | -5.8 |
| 盈余现金保障倍数 | 6.6 | 4.3 | 1.8 | 0.2 | -1.1 |
| 成本费用利润率(%) | 19.5 | 11.5 | 8.7 | 2.8 | -9.2 |
| 资本收益率(%) | 11.0 | 9.3 | 7.0 | 2.6 | -6.8 |
| **二、资产质量状况** | | | | | |
| 总资产周转率(次) | 0.5 | 0.4 | 0.3 | 0.2 | 0.1 |

| 项目 | 优秀值 | 良好值 | 平均值 | 较低值 | 较差值 |
|---|---|---|---|---|---|
| 应收账款周转率(次) | 9.6 | 6.3 | 4.0 | 1.2 | 0.4 |
| 不良资产比率(%) | 0.2 | 0.6 | 1.7 | 4.4 | 8.4 |
| 流动资产周转率(次) | 2.9 | 2.0 | 0.8 | 0.3 | 0.1 |
| 资产现金回收率(%) | 12.5 | 9.1 | 4.5 | 2.0 | -3.0 |
| **三、债务风险状况** | | | | | |
| 资产负债率(%) | 48.6 | 53.6 | 58.6 | 68.6 | 83.6 |
| 已获利息倍数 | 5.2 | 3.5 | 2.5 | 1.5 | -1.4 |
| 速动比率(%) | 99.1 | 74.1 | 56.3 | 36.8 | 21.6 |
| 现金流动负债比率(%) | 29.3 | 19.6 | 9.6 | -10.5 | -16.2 |
| 带息负债比率(%) | 50.7 | 63.8 | 76.5 | 86.6 | 91.8 |
| 或有负债比率(%) | 0.1 | 1.2 | 6.8 | 13.6 | 24.4 |
| **四、经营增长状况** | | | | | |
| 销售(营业)增长率(%) | 12.4 | 5.7 | 1.7 | -6.3 | -20.5 |
| 资本保值增值率(%) | 108.2 | 105.7 | 103.7 | 99.8 | 91.1 |
| 销售(营业)利润增长率(%) | 13.7 | 6.8 | 0.7 | -9.4 | -24.2 |
| 总资产增长率(%) | 11.8 | 8.0 | 3.0 | -9.8 | -14.6 |
| 技术投入比率(%) | 0.8 | 0.5 | 0.4 | 0.2 | 0.1 |
| **五、补充资料** | | | | | |
| 存货周转率(次) | 24.1 | 20.4 | 15.9 | 10.8 | 7.9 |
| 两金占流动资产比重(%) | 7.6 | 20.4 | 36.7 | 41.8 | 56.0 |
| 成本费用占营业总收入比重(%) | 62.2 | 72.2 | 80.6 | 92.4 | 99.9 |
| 经济增加值率(%) | 4.9 | 3.2 | 1.1 | -6.0 | -10.6 |
| EBITDA率(%) | 34.1 | 24.5 | 15.9 | 1.5 | -15.9 |
| 资本积累率(%) | 20.1 | 12.3 | 6.8 | -4.1 | -12.2 |

# 附录二 我国核电上市企业

| 公司名称 | 股票代码 | 公司名称 | 股票代码 |
|---|---|---|---|
| 群兴玩具 | 002575 | 南风股份 | 300004 |
| 威尔泰 | 002058 | 大西洋 | 600558 |
| 华银电力 | 600744 | 奥特迅 | 002227 |
| 远达环保 | 600292 | 安泰科技 | 000969 |
| 科新机电 | 300092 | 久立特材 | 002318 |
| 金钼股份 | 601958 | 中国西电 | 601179 |
| 海得控制 | 002184 | 江西铜业 | 600362 |
| 东方锆业 | 002167 | 中核科技 | 000777 |
| 吉电股份 | 000875 | 宝钛股份 | 600456 |
| 保变电气 | 600550 | 振华科技 | 000733 |
| 西部材料 | 002149 | 湘电股份 | 600416 |
| 中飞股份 | 300489 | 应流股份 | 603308 |
| 太原重工 | 600169 | 天沃科技 | 002564 |
| 宝胜股份 | 600973 | 盾安环境 | 002011 |
| 兰石重装 | 603169 | 中钢天源 | 002057 |
| 盈峰环境 | 000967 | 江苏神通 | 002438 |
| 东方电气 | 600875 | 沃尔核材 | 002130 |
| 深圳能源 | 000027 | 永兴特钢 | 002756 |
| 陕鼓动力 | 601369 | 大唐发电 | 601991 |
| 纽威股份 | 603699 | 浙富控股 | 002266 |
| 方大炭素 | 600516 | 海陆重工 | 002255 |
| 中广核技 | 000881 | 上海电气 | 601727 |
| 韶能股份 | 000601 | 特变电工 | 600089 |
| 中核钛白 | 002145 | 中国核建 | 601611 |
| 冰轮环境 | 000811 | 诺德股份 | 600110 |
| 台海核电 | 002366 | 长江电力 | 600900 |
| 上海电力 | 600021 | 兰太实业 | 600328 |
| 上海机电 | 600835 | 中国核电 | 601985 |

# 附录三　基于 HSE 视角的我国核电上市企业
# 综合绩效评价影响因素权重调查

尊敬的先生/女士：

您好！十分感激你能在百忙之中抽出时间填写我的问卷。

我是××大学的本科生，此次调查问卷是准备做毕业论文，论文中基于 HSE 视角的我国核电上市企业综合绩效评价影响因素的权重希望您能帮助确定，问卷中需要确定两两因素之间的相对重要程度。调查结果仅做统计分析，不做任何其他用途，您的回答也绝对保密。感谢您的热心帮助！

需要说明的是，本项调查引入了国际化视角——HSE 指标，用于衡量核电企业在员工健康、核电安全和环境保护方面的完成情况，请根据您的经验对下列几个项目进行评分。

1. 判断影响核电上市企业的综合绩效评价的一级指标，三个指标分别是财务绩效、创新绩效、HSE 绩效。请对两个指标间的相对重要程度进行评价。

| 项目 | A＝财务绩效<br>B＝创新绩效 | A＝财务绩效<br>B＝HSE 绩效 | A＝创新绩效<br>B＝HSE 绩效 |
|---|---|---|---|
| A 极端重要 | | | |
| A 强烈重要 | | | |
| A 比较重要 | | | |
| A 稍微重要 | | | |
| A/B 同样重要 | | | |
| B 稍微重要 | | | |
| B 比较重要 | | | |
| B 强烈重要 | | | |
| B 极端重要 | | | |

2. 判断销售净利率、资产周转率和权益乘数三个财务绩效方面的二层指标的相对重要程度。

| 项目 | A＝销售净利率<br>B＝资产周转率 | A＝销售净利率<br>B＝权益乘数 | A＝资产周转率<br>B＝权益乘数 |
|---|---|---|---|
| A 极端重要 | | | |
| A 强烈重要 | | | |
| A 比较重要 | | | |
| A 稍微重要 | | | |
| A/B 同样重要 | | | |
| B 稍微重要 | | | |
| B 比较重要 | | | |

续表

| 项目 | A=销售净利率<br>B=资产周转率 | A=销售净利率<br>B=权益乘数 | A=资产周转率<br>B=权益乘数 |
|---|---|---|---|
| B 强烈重要<br>B 极端重要 | | | |

3. 判断无形资产净额增长率、研发环保技术投入占比和研发人员占比三个创新绩效方面的二层指标的相对重要程度。

| 项目 | A=无形资产净额增长率<br>B=研发环保技术投入占比 | A=无形资产净额增长率<br>B=研发人员占比 | A=研发环保技术投入占比<br>B=研发人员占比 |
|---|---|---|---|
| A 极端重要 | | | |
| A 强烈重要 | | | |
| A 比较重要 | | | |
| A 稍微重要 | | | |
| A/B 同样重要 | | | |
| B 稍微重要 | | | |
| B 比较重要 | | | |
| B 强烈重要 | | | |
| B 极端重要 | | | |

4. 判断员工体检程度、安全生产费用投入程度和节能减排程度三个 HSE 绩效的二层指标的相对重要程度。

| 项目 | A=员工体检程度<br>B=安全生产费用投入程度 | A=员工体检程度<br>B=节能减排程度 | A=安全生产费用投入程度<br>B=节能减排程度 |
|---|---|---|---|
| A 极端重要 | | | |
| A 强烈重要 | | | |
| A 比较重要 | | | |
| A 稍微重要 | | | |
| A/B 同样重要 | | | |
| B 稍微重要 | | | |
| B 比较重要 | | | |
| B 强烈重要 | | | |
| B 极端重要 | | | |

# 附录四 单层次绩效得分

## 财务绩效得分

| 公司名称 | 销售净利率（%） | 基础分 | 调整分 | 合计 | 资产周转率（次） | 基础分 | 调整分 | 合计 | 权益乘数 | 基础分 | 调整分 | 合计 | 总计 | 单项排名 |
|---|---|---|---|---|---|---|---|---|---|---|---|---|---|---|
| 群兴玩具 | -39.7 | 0.00 | -20.68 | -20.68 | 0.06 | 0 | -0.56 | -0.56 | 1.01 | 3.4 | -15.3 | -11.9 | -33.14 | 56 |
| 南风股份 | 2.66 | 16.80 | 1.34 | 18.14 | 0.23 | 2.8 | 0.42 | 3.22 | 1.23 | 3.4 | -11.9 | -8.5 | 12.86 | 55 |
| 威尔泰 | 2.52 | 16.80 | 1.34 | 18.14 | 0.51 | 7 | 0 | 7 | 1.19 | 3.4 | -12.518 | -9.12 | 16.02 | 54 |
| 大西洋 | 2.76 | 16.80 | 1.34 | 18.14 | 0.76 | 7 | 0 | 7 | 1.38 | 3.4 | -9.5818 | -6.18 | 18.96 | 50 |
| 华银电力 | -16.27 | 0.00 | -2.8 | -2.8 | 0.38 | 4.2 | 1.12 | 5.32 | 6.56 | 13.6 | 3.288 02 | 16.89 | 19.41 | 49 |
| 奥特迅 | 4.08 | 16.80 | 1.36 | 18.16 | 0.35 | 4.2 | 0.7 | 4.9 | 1.33 | 3.4 | -10.355 | -6.955 | 16.11 | 53 |
| 远达环保 | 3.52 | 16.80 | 1.35 | 18.15 | 0.37 | 4.2 | 0.98 | 5.18 | 1.73 | 3.4 | -4.172 7 | -0.77 | 22.56 | 47 |
| 安泰科技 | 1.03 | 16.80 | 1.32 | 18.12 | 0.47 | 5.6 | 0.98 | 6.58 | 1.72 | 3.4 | -4.327 3 | -0.927 3 | 23.77 | 45 |
| 科新机电 | 1.79 | 16.80 | 1.33 | 18.13 | 0.48 | 5.6 | 1.12 | 6.72 | 1.28 | 3.4 | -11.127 | -7.727 | 17.12 | 51 |
| 久立特材 | 4.54 | 16.80 | 1.36 | 18.16 | 0.64 | 7 | 0 | 7 | 1.66 | 3.4 | -5.254 5 | -1.85 | 23.31 | 46 |
| 金钼股份 | 1.19 | 16.80 | 1.32 | 18.12 | 0.64 | 7 | 0 | 7 | 1.22 | 3.4 | -12.055 | -8.655 | 16.47 | 52 |
| 中国西电 | 6.16 | 25.20 | 2.09 | 27.29 | 0.42 | 5.6 | 0.28 | 5.88 | 1.65 | 3.4 | -5.409 1 | -2.009 1 | 31.16 | 37 |
| 海得控制 | 1.66 | 16.80 | 1.33 | 18.13 | 0.95 | 7 | 0 | 7 | 1.7 | 3.4 | -4.636 4 | -1.236 4 | 23.89 | 44 |
| 江西铜业 | 0.83 | 16.80 | 1.32 | 18.12 | 2.22 | 7 | 0 | 7 | 1.95 | 3.4 | -0.772 7 | 2.627 3 | 27.75 | 42 |
| 东方锆业 | -4.5 | 8.40 | 6.18 | 14.58 | 0.3 | 2.8 | 1.4 | 4.2 | 2.98 | 10.2 | 1.966 27 | 12.166 27 | 30.95 | 38 |

| 公司名称 | 销售净利率(%) | 基础分 | 调整分 | 合计 | 资产周转率(次) | 基础分 | 调整分 | 合计 | 权益乘数 | 基础分 | 调整分 | 合计 | 总计 | 单项排名 |
|---|---|---|---|---|---|---|---|---|---|---|---|---|---|---|
| 中核科技 | 4.58 | 16.80 | 1.36 | 18.16 | 0.44 | 5.6 | 0.56 | 6.16 | 1.61 | 3.4 | -6.0273 | -2.6273 | 21.69 | 48 |
| 吉电股份 | -5.77 | 8.40 | 5.21 | 13.61 | 0.16 | 1.4 | 0.84 | 2.24 | 4.15 | 13.6 | 0.83473 | 14.43473 | 30.28 | 39 |
| 宝钛股份 | 1.21 | 16.80 | 1.32 | 18.12 | 0.42 | 5.6 | 0.28 | 5.88 | 1.85 | 3.4 | -2.3182 | 1.0818 | 25.08 | 43 |
| 保变电气 | 1.64 | 16.80 | 1.33 | 18.13 | 0.47 | 5.6 | 0.98 | 6.58 | 2.46 | 6.8 | 2.91429 | 9.71429 | 34.42 | 34 |
| 振华科技 | 2.59 | 16.80 | 1.34 | 18.14 | 0.93 | 7 | 0 | 7 | 2.09 | 3.4 | 1.39091 | 4.79091 | 29.93 | 40 |
| 西部材料 | 5.87 | 25.20 | 0.77 | 25.97 | 0.45 | 5.6 | 0.7 | 6.3 | 1.75 | 3.4 | -3.8636 | -0.4636 | 31.81 | 36 |
| 湘电股份 | 0.86 | 16.80 | 1.32 | 18.12 | 0.46 | 5.6 | 0.84 | 6.44 | 3.11 | 10.2 | 2.4988 | 12.6988 | 37.26 | 30 |
| 中飞股份 | 8.71 | 33.60 | 6.29 | 39.89 | 0.22 | 2.8 | 0.28 | 3.08 | 1.42 | 3.4 | -8.9636 | -5.5636 | 37.41 | 29 |
| 应流股份 | 4.11 | 16.80 | 1.36 | 18.16 | 0.21 | 2.8 | 0.14 | 2.94 | 2.35 | 6.8 | 1.57857 | 8.37857 | 29.48 | 41 |
| 太原重工 | 0.72 | 16.80 | 1.32 | 18.12 | 0.24 | 2.8 | 0.56 | 3.36 | 7.3 | 17 | 0 | 17 | 38.48 | 26 |
| 天沃科技 | 3.08 | 16.80 | 1.34 | 18.14 | 0.53 | 7 | 0 | 7 | 7.15 | 17 | 0 | 17 | 42.14 | 17 |
| 宝胜股份 | 0.42 | 16.80 | 1.31 | 18.11 | 1.6 | 7 | 0 | 7 | 3.36 | 13.6 | 0.03054 | 13.63 | 38.74 | 25 |
| 盾安环境 | 0.99 | 16.80 | 1.32 | 18.12 | 0.65 | 7 | 0 | 7 | 3.12 | 10.2 | 2.53976 | 12.74 | 37.86 | 27 |
| 兰石重装 | 0.3 | 16.80 | 1.68 | 18.48 | 0.32 | 4.2 | 0.28 | 4.48 | 3.18 | 10.2 | 2.78554 | 12.99 | 35.95 | 33 |
| 中钢天源 | 11.73 | 42.00 | 0 | 42 | 0.81 | 7 | 0 | 7 | 1.32 | 3.4 | -10.509 | -7.11 | 41.89 | 20 |
| 盈峰环境 | 7.21 | 25.20 | 6.86 | 32.06 | 0.69 | 7 | 0 | 7 | 1.83 | 3.4 | -2.6273 | 0.77 | 39.83 | 24 |
| 江苏神通 | 8.26 | 33.60 | 3.85 | 37.45 | 0.31 | 4.2 | 0.14 | 4.34 | 1.69 | 3.4 | -4.7909 | -1.39 | 40.40 | 23 |
| 东方电气 | 2.22 | 16.80 | 1.33 | 18.13 | 0.38 | 4.2 | 1.12 | 5.32 | 3.47 | 13.6 | 0.14251 | 13.74 | 37.19 | 31 |
| 沃尔核材 | 6.48 | 25.20 | 3.54 | 28.74 | 0.45 | 5.6 | 0.7 | 6.3 | 2.24 | 6.8 | 0.24286 | 7.043 | 42.08 | 19 |
| 深圳能源 | 5.44 | 16.80 | 1.37 | 18.17 | 0.23 | 2.8 | 0.42 | 3.22 | 3.12 | 10.2 | 2.53976 | 12.74 | 34.13 | 35 |
| 永兴特钢 | 8.72 | 33.60 | 6.34 | 39.94 | 1.09 | 7 | 0 | 7 | 1.17 | 3.4 | -12.827 | -9.43 | 37.51 | 28 |

| | | | | | | | | | | | | | |
|---|---|---|---|---|---|---|---|---|---|---|---|---|---|
| 陕鼓动力 | 6.25 | 25.20 | 2.5 | 27.7 | 0.26 | 2.8 | 0.84 | 3.64 | 2.51 | 10.2 | 0.040 96 | 10.24 | 41.58 | 21 |
| 大唐发电 | 3.79 | 16.80 | 1.35 | 18.15 | 0.28 | 2.8 | 1.12 | 3.92 | 3.93 | 13.6 | 0.610 78 | 14.21 | 36.28 | 32 |
| 纽威股份 | 8.46 | 33.60 | 4.93 | 38.53 | 0.58 | 7 | 0 | 7 | 1.62 | 3.4 | -5.872 7 | -2.47 | 43.06 | 15 |
| 浙富股份 | 11.44 | 42.00 | 0 | 42 | 0.15 | 1.4 | 0.7 | 2.1 | 1.93 | 3.4 | -1.081 8 | 2.32 | 46.42 | 12 |
| 方大炭素 | 47.57 | 42.00 | 0 | 42 | 0.76 | 7 | 0 | 7 | 1.37 | 3.4 | -9.736 4 | -6.34 | 42.66 | 16 |
| 海陆重工 | 8.72 | 33.60 | 6.34 | 39.94 | 0.23 | 2.8 | 0.42 | 3.22 | 1.95 | 3.4 | -0.772 7 | 2.63 | 45.79 | 13 |
| 中广核技 | 6.67 | 25.20 | 4.4 | 29.6 | 0.56 | 7 | 0 | 7 | 2.07 | 3.4 | 1.081 82 | 4.48 | 41.08 | 22 |
| 上海电气 | 6.29 | 25.20 | 2.68 | 27.88 | 0.41 | 5.6 | 0.14 | 5.74 | 2.82 | 10.2 | 1.310 84 | 11.51 | 45.13 | 14 |
| 韶能股份 | 12.76 | 42.00 | 0 | 42 | 0.4 | 4.2 | 1.4 | 5.6 | 1.93 | 3.4 | -1.081 8 | 2.32 | 49.92 | 10 |
| 特变电工 | 6.9 | 25.20 | 5.45 | 30.65 | 0.48 | 5.6 | 1.12 | 6.72 | 2.46 | 6.8 | 2.914 29 | 9.71 | 47.08 | 11 |
| 中核钛白 | 11.93 | 42.00 | 0 | 42 | 0.6 | 7 | 0 | 7 | 1.9 | 3.4 | -1.545 5 | 1.85 | 50.85 | 9 |
| 中国核建 | 2.21 | 16.80 | 1.33 | 18.13 | 0.63 | 7 | 0 | 7 | 6.99 | 17 | | 17.00 | 42.13 | 18 |
| 冰轮环境 | 9.59 | 42.00 | 2.66 | 44.66 | 0.63 | 7 | 0 | 7 | 1.95 | 3.4 | -0.772 7 | 2.63 | 54.29 | 6 |
| 诺德股份 | 8.5 | 33.60 | 5.15 | 38.75 | 0.43 | 5.6 | 0.42 | 6.02 | 2.63 | 10.2 | 0.532 53 | 10.73 | 55.50 | 5 |
| 台海核电 | 41.91 | 42.00 | 0 | 42 | 0.4 | 4.2 | 1.4 | 5.6 | 2.4 | 6.8 | 2.185 71 | 8.99 | 56.59 | 4 |
| 长江电力 | 44.42 | 42.00 | 0 | 42 | 0.17 | 1.4 | 0.98 | 2.38 | 2.21 | 3.4 | 3.245 45 | 6.65 | 51.03 | 8 |
| 上海电力 | 7.58 | 33.60 | 0.16 | 33.76 | 0.25 | 2.8 | 0.7 | 3.5 | 4.21 | 13.6 | 0.895 81 | 14.50 | 51.76 | 7 |
| 兰太实业 | 12.32 | 42.00 | 0 | 42 | 0.5 | 5.6 | 1.4 | 7 | 2.64 | 10.2 | 0.573 49 | 10.77 | 59.77 | 2 |
| 上海机电 | 12.13 | 42.00 | 0 | 42 | 0.6 | 7 | 0 | 7 | 2.7 | 10.2 | 0.819 28 | 11.02 | 60.02 | 1 |
| 中国核电 | 23.92 | 42.00 | 0 | 42 | 0.11 | 1.4 | 0.14 | 1.54 | 3.91 | 13.6 | 0.590 42 | 14.19 | 57.73 | 3 |

# 创新绩效得分

| 公司名称 | 无形资产净额增长率(%) | 基础分 | 调整分 | 合计 | 研发环保技术投入占比(%) | 基础分 | 调整分 | 合计 | 研发人员占比(%) | 基础分 | 调整分 | 合计 | 总计 | 单项排名 |
|---|---|---|---|---|---|---|---|---|---|---|---|---|---|---|
| 群兴玩具 | −40.43 | 0.600 | 0.143 | 0.743 | 0 | 2.200 | −0.003 | 2.197 | 0 | 0.2 | −0.019 028 063 | 0.181 | 3.121 | 51 |
| 南风股份 | −1.23 | 0.600 | 0.336 | 0.936 | 3.94 | 2.200 | 0.010 | 2.210 | 12.62 | 0.2 | 0.153 730 322 | 0.354 | 3.5 | 25 |
| 威尔泰 | −24.08 | 0.600 | 0.224 | 0.824 | 5.84 | 2.200 | 0.016 | 2.216 | 8.33 | 0.2 | 0.095 003 422 | 0.295 | 3.335 | 46 |
| 大西洋 | 6.85 | 0.600 | 0.376 | 0.976 | 5.57 | 2.200 | 0.015 | 2.215 | 14.66 | 0.2 | 0.181 656 4 | 0.382 | 3.573 | 18 |
| 华银电力 | −32.22 | 0.600 | 0.184 | 0.784 | 0.32 | 2.200 | −0.002 | 2.198 | 3.41 | 0.2 | 0.027 652 293 | 0.228 | 3.210 | 49 |
| 奥特迅 | 19.49 | 0.600 | 0.438 | 1.038 | 11.69 | 4.400 | −1.414 | 2.986 | 40.06 | 1 | 0 | 1.000 | 5.024 | 4 |
| 远达环保 | 2.8 | 0.600 | 0.356 | 0.956 | 1.46 | 2.200 | 0.002 | 2.202 | 12.08 | 0.2 | 0.146 338 125 | 0.346 | 3.504 | 23 |
| 安泰科技 | −2.4 | 0.600 | 0.33 | 0.93 | 3.81 | 2.200 | 0.010 | 2.210 | 13.78 | 0.2 | 0.169 609 856 | 0.370 | 3.510 | 22 |
| 科新机电 | 3.28 | 0.600 | 0.358 | 0.958 | 2.84 | 2.200 | 0.006 | 2.206 | 28.81 | 0.6 | 0.060 125 | 0.660 | 3.824 | 7 |
| 久立特材 | −2.16 | 0.600 | 0.331 | 0.931 | 4.22 | 2.200 | 0.011 | 2.211 | 11.06 | 0.2 | 0.132 375 086 | 0.332 | 3.474 | 27 |
| 金钼股份 | 0.5 | 0.600 | 0.345 | 0.945 | 46 | 8.800 | 0.000 | 8.800 | 6.8 | 0.2 | 0.074 058 864 | 0.274 | 10.019 | 1 |
| 中国西电 | 9.49 | 0.600 | 0.389 | 0.989 | 5.56 | 2.200 | 0.015 | 2.215 | 5.05 | 0.2 | 0.050 102 669 | 0.250 | 3.454 | 30 |
| 海得控制 | 9.03 | 0.600 | 0.387 | 0.987 | 4.49 | 2.200 | 0.012 | 2.212 | 26 | 0.6 | 0.025 | 0.625 | 3.824 | 8 |
| 江西铜业 | −1.13 | 0.600 | 0.337 | 0.937 | 1.2 | 2.200 | 0.001 | 2.201 | 13.41 | 0.2 | 0.164 544 832 | 0.365 | 3.503 | 24 |
| 东方锆业 | 1.41 | 0.600 | 0.349 | 0.949 | 2.55 | 2.200 | 0.005 | 2.205 | 17.64 | 0.4 | 0.041 | 0.441 | 3.595 | 16 |
| 中核科技 | 0.08 | 0.600 | 0.343 | 0.943 | 4.52 | 2.200 | 0.012 | 2.212 | 12.2 | 0.2 | 0.147 980 835 | 0.348 | 3.503 | 24 |
| 吉电股份 | 1.22 | 0.600 | 0.348 | 0.948 | 0.1 | 2.200 | −0.003 | 2.197 | 2.73 | 0.2 | 0.018 343 6 | 0.218 | 3.363 | 43 |
| 宝钛股份 | 4.07 | 0.600 | 0.362 | 0.962 | 3.02 | 2.200 | 0.007 | 2.207 | 4.24 | 0.2 | 0.039 014 374 | 0.239 | 3.408 | 38 |

| | | | | | | | | | | | | | |
|---|---|---|---|---|---|---|---|---|---|---|---|---|---|
| 保变电气 | -3.16 | 0.600 | 0.327 | 0.927 | 4.35 | 2.200 | 0.011 | 2.211 | 10 | 0.2 | 0.117 864 476 | 0.318 | 3.456 | 29 |
| 振华科技 | 64.62 | 1.200 | 0.28 | 1.48 | 2.95 | 2.200 | 0.007 | 2.207 | 7.3 | 0.2 | 0.080 903 491 | 0.281 | 3.968 | 6 |
| 西部材料 | 4.18 | 0.600 | 0.363 | 0.963 | 5.11 | 2.200 | 0.014 | 2.214 | 11.24 | 0.2 | 0.134 839 151 | 0.335 | 3.512 | 21 |
| 湘电股份 | -8.16 | 0.600 | 0.302 | 0.902 | 7.75 | 4.400 | -1.423 | 2.977 | 38.4 | 0.8 | 0.053 333 333 | 0.853 | 4.732 | 5 |
| 中飞股份 | 1.23 | 0.600 | 0.348 | 0.948 | 4.81 | 2.200 | 0.013 | 2.213 | 11.2 | 0.2 | 0.134 291 581 | 0.334 | 3.495 | 26 |
| 应流股份 | -4.56 | 0.600 | 0.32 | 0.92 | 19.62 | 6.600 | -1.762 | 4.838 | 16.62 | 0.4 | 0.015 5 | 0.416 | 6.174 | 2 |
| 太原重工 | 24.64 | 0.600 | 0.463 | 1.063 | 4.99 | 2.200 | 0.014 | 2.214 | 11.45 | 0.2 | 0.137 713 895 | 0.338 | 3.615 | 12 |
| 天沃科技 | -26.46 | 0.600 | 0.212 | 0.812 | 4.23 | 2.200 | 0.011 | 2.211 | 25.9 | 0.6 | 0.023 75 | 0.624 | 3.647 | 11 |
| 宝胜股份 | -69.52 | 0.600 | 0 | 0.6 | 1.68 | 2.200 | 0.002 | 2.202 | 11.26 | 0.2 | 0.135 112 936 | 0.335 | 3.137 | 50 |
| 盾安环境 | 4.15 | 0.600 | 0.322 | 0.922 | 3.21 | 2.200 | 0.007 | 2.207 | 5.27 | 0.2 | 0.053 114 305 | 0.253 | 3.382 | 42 |
| 兰石重装 | 11.66 | 0.600 | 0.4 | 1 | 0.42 | 2.200 | -0.002 | 2.198 | 2.77 | 0.2 | 0.018 891 17 | 0.219 | 3.417 | 33 |
| 中钢天源 | 5.52 | 0.600 | 0.369 | 0.969 | 4.25 | 2.200 | 0.011 | 2.211 | 20.56 | 0.4 | 0.114 | 0.514 | 3.694 | 10 |
| 盈峰环境 | 130.91 | 2.400 | 0.598 | 2.998 | 3.34 | 2.200 | 0.008 | 2.208 | 6.5 | 0.2 | 0.069 952 088 | 0.270 | 5.476 | 3 |
| 江苏神通 | 6.37 | 0.600 | 0.373 | 0.973 | 5.84 | 2.200 | 0.016 | 2.216 | 16.43 | 0.4 | 0.010 75 | 0.411 | 3.600 | 15 |
| 东方电气 | 8.02 | 0.600 | 0.303 | 0.903 | 3.88 | 2.200 | 0.010 | 2.210 | 10.12 | 0.2 | 0.119 507 187 | 0.320 | 3.433 | 31 |
| 沃尔核材 | -0.26 | 0.600 | 0.341 | 0.941 | 4.13 | 2.200 | 0.011 | 2.211 | 5.74 | 0.2 | 0.059 548 255 | 0.260 | 3.412 | 36 |
| 深圳能源 | 4.28 | 0.600 | 0.363 | 0.963 | 0.11 | 2.200 | -0.003 | 2.197 | 3.51 | 0.2 | 0.029 021 218 | 0.229 | 3.389 | 41 |
| 永兴特钢 | -8.73 | 0.600 | 0.299 | 0.899 | 3.27 | 2.200 | 0.008 | 2.208 | 21.32 | 0.4 | 0.133 | 0.533 | 3.640 | 12 |
| 陕鼓动力 | 4.49 | 0.600 | 0.364 | 0.964 | 5.47 | 2.200 | 0.015 | 2.215 | 24.72 | 0.6 | 0.009 | 0.609 | 3.788 | 9 |
| 大唐发电 | -2.41 | 0.600 | 0.33 | 0.93 | 0.02 | 2.200 | -0.003 | 2.197 | 3.45 | 0.2 | 0.028 199 863 | 0.228 | 3.355 | 44 |
| 纽威股份 | -3.79 | 0.600 | 0.323 | 0.923 | 1.57 | 2.200 | 0.002 | 2.202 | 7.7 | 0.2 | 0.086 379 192 | 0.286 | 3.411 | 35 |
| 浙富股份 | 8.06 | 0.600 | 0.302 | 0.902 | 2.86 | 2.200 | 0.006 | 2.206 | 17.27 | 0.4 | 0.031 75 | 0.432 | 3.540 | 19 |

续表

| 公司名称 | 无形资产净额增长率(%) | 基础分 | 调整分 | 合计 | 研发环保技术投入占比(%) | 基础分 | 调整分 | 合计 | 研发人员占比(%) | 基础分 | 调整分 | 合计 | 总计 | 单项排名 |
|---|---|---|---|---|---|---|---|---|---|---|---|---|---|---|
| 方大炭素 | -8.23 | 0.600 | 0.302 | 0.902 | 0.18 | 2.200 | -0.003 | 2.197 | 3.68 | 0.2 | 0.031 348 392 | 0.231 | 3.330 | 47 |
| 海陆重工 | -1.07 | 0.600 | 0.337 | 0.937 | 6.14 | 2.200 | 0.017 | 2.217 | 14.32 | 0.2 | 0.177 002 053 | 0.377 | 3.531 | 20 |
| 中广核技 | 4.56 | 0.600 | 0.365 | 0.965 | 2.98 | 2.200 | 0.007 | 2.207 | 10.45 | 0.2 | 0.124 024 641 | 0.324 | 3.496 | 26 |
| 上海电气 | 25.3 | 0.600 | 0.467 | 1.067 | 3.78 | 2.200 | 0.009 | 2.209 | 9.47 | 0.2 | 0.110 609 172 | 0.311 | 3.587 | 17 |
| 韶能股份 | 15.48 | 0.600 | 0.418 | 1.018 | 0.86 | 2.200 | 0.000 | 2.200 | 4.76 | 0.2 | 0.046 132 786 | 0.246 | 3.464 | 28 |
| 特变电工 | -12.43 | 0.600 | 0.281 | 0.881 | 4.77 | 2.200 | 0.013 | 2.213 | 1.6 | 0.2 | 0.002 874 743 | 0.203 | 3.297 | 48 |
| 中核钛白 | -2.53 | 0.600 | 0.33 | 0.93 | 2.85 | 2.200 | 0.006 | 2.206 | 6.44 | 0.2 | 0.069 130 732 | 0.269 | 3.405 | 39 |
| 中国核建 | -1.13 | 0.600 | 0.337 | 0.937 | 1.58 | 2.200 | 0.002 | 2.202 | 6.94 | 0.2 | 0.075 975 359 | 0.276 | 3.415 | 34 |
| 冰轮环境 | -8.9 | 0.600 | 0.298 | 0.898 | 3.2 | 2.200 | 0.007 | 2.207 | 20.09 | 0.4 | 0.102 25 | 0.502 | 3.607 | 14 |
| 诺德股份 | -6.21 | 0.600 | 0.312 | 0.912 | 2.93 | 2.200 | 0.007 | 2.207 | 7.32 | 0.2 | 0.081 177 276 | 0.281 | 3.400 | 40 |
| 台海核电 | 7.8 | 0.600 | 0.381 | 0.981 | 4.18 | 2.200 | 0.011 | 2.211 | 4.18 | 0.2 | 0.038 193 018 | 0.238 | 3.430 | 32 |
| 长江电力 | 1.13 | 0.600 | 0.348 | 0.948 | 0.06 | 2.200 | -0.003 | 2.197 | 6.1 | 0.2 | 0.064 476 386 | 0.264 | 3.409 | 37 |
| 上海电力 | 3.03 | 0.600 | 0.357 | 0.957 | 0.06 | 2.200 | -0.003 | 2.197 | 1.39 | 0.2 | 0 | 0.200 | 3.354 | 45 |
| 兰太实业 | 38.61 | 0.600 | 0.532 | 1.132 | 0.31 | 2.200 | -0.002 | 2.198 | 7.46 | 0.2 | 0.083 093 771 | 0.283 | 3.613 | 13 |
| 上海机电 | -1.91 | 0.600 | 0.333 | 0.933 | 3.37 | 2.200 | 0.008 | 2.208 | 9.78 | 0.2 | 0.114 852 841 | 0.315 | 3.456 | 29 |
| 中国核电 | -1.13 | 0.600 | 0.337 | 0.937 | 1.69 | 2.200 | 0.002 | 2.202 | 6.76 | 0.2 | 0.073 511 294 | 0.274 | 3.413 | 35 |

# HSE 绩效得分

| 公司名称 | 员工定期体检程度 | 得分 | 安全生产费用投入程度 | 得分 | 节能减排程度 | 得分 | 总计 | 单项排名 |
|---|---|---|---|---|---|---|---|---|
| 群兴玩具 | 0.2 | 0.381 | 0.3 | 0.681 | 0.5 | 1.181 | 2.243 | 55 |
| 南风股份 | 0.2 | 0.554 | 0.2 | 0.754 | 0.3 | 1.054 | 2.362 | 54 |
| 威尔泰 | 0.5 | 0.795 | 0.5 | 1.295 | 0.5 | 1.795 | 3.885 | 35 |
| 大西洋 | 0.2 | 0.582 | 0.2 | 0.782 | 0.7 | 1.482 | 2.846 | 49 |
| 华银电力 | 0.2 | 0.428 | 0.2 | 0.628 | 0.7 | 1.328 | 2.383 | 53 |
| 奥特迅 | 0.8 | 1.8 | 0.2 | 2 | 0.6 | 2.6 | 6.4 | 10 |
| 远达环保 | 0.2 | 0.546 | 0.2 | 0.746 | 0.7 | 1.446 | 2.739 | 51 |
| 安泰科技 | 0.2 | 0.57 | 0.6 | 1.17 | 0.4 | 1.57 | 3.309 | 45 |
| 科新机电 | 0.8 | 1.46 | 0.7 | 2.16 | 0.8 | 2.96 | 6.58 | 9 |
| 久立特材 | 0.5 | 0.832 | 0.4 | 1.232 | 0.7 | 1.932 | 3.996 | 32 |
| 金钼股份 | 1 | 1.274 | 0.4 | 1.674 | 0.3 | 1.974 | 4.922 | 25 |
| 中国西电 | 0.2 | 0.45 | 0.2 | 0.65 | 0.2 | 0.85 | 1.95 | 56 |
| 海得控制 | 1 | 1.625 | 0.2 | 1.825 | 0.5 | 2.325 | 5.775 | 16 |
| 江西铜业 | 0.4 | 0.765 | 0.3 | 1.065 | 0.5 | 1.565 | 3.395 | 43 |
| 东方锆业 | 0.3 | 0.741 | 0.2 | 0.941 | 0.2 | 1.141 | 2.823 | 50 |
| 中电科技 | 0.9 | 1.248 | 0.8 | 2.048 | 0.7 | 2.748 | 6.044 | 11 |
| 吉电股份 | 0.4 | 0.618 | 0.2 | 0.818 | 0.6 | 1.418 | 2.854 | 48 |
| 宝钛股份 | 1 | 1.239 | 0.5 | 1.739 | 0.6 | 2.339 | 5.317 | 18 |
| 保变电气 | 0.4 | 0.718 | 0.3 | 1.018 | 0.3 | 1.318 | 3.054 | 47 |

续表

| 公司名称 | 员工定期体检程度 | 得分 | 安全生产费用投入程度 | 得分 | 节能减排程度 | 得分 | 总计 | 单项排名 |
|---|---|---|---|---|---|---|---|---|
| 振华科技 | 0.4 | 0.681 | 0.6 | 1.281 | 0.7 | 1.981 | 3.943 | 33 |
| 西部材料 | 0.6 | 0.935 | 0.3 | 1.235 | 0.7 | 1.935 | 4.105 | 30 |
| 湘电股份 | 0.2 | 1.053 | 0.2 | 1.252 | 0.2 | 1.453 | 3.758 | 37 |
| 中飞股份 | 0.2 | 0.534 | 0.2 | 0.734 | 0.5 | 1.234 | 2.502 | 52 |
| 应流股份 | 0.5 | 0.916 | 0.8 | 1.716 | 0.6 | 2.316 | 4.948 | 24 |
| 大原重工 | 0.4 | 0.738 | 0.4 | 1.138 | 0.4 | 1.538 | 3.414 | 41 |
| 天沃科技 | 0.2 | 0.824 | 0.2 | 1.024 | 0.3 | 1.324 | 3.172 | 46 |
| 宝胜股份 | 0.6 | 0.935 | 0.3 | 1.235 | 0.5 | 1.735 | 3.905 | 34 |
| 盾安环境 | 0.6 | 0.853 | 0.3 | 1.153 | 0.7 | 1.853 | 3.859 | 36 |
| 兰石重装 | 0.7 | 0.919 | 0.6 | 1.519 | 0.7 | 2.219 | 4.657 | 28 |
| 中钢天源 | 0.2 | 0.714 | 0.2 | 0.914 | 0.8 | 1.714 | 3.342 | 44 |
| 盈峰环境 | 0.5 | 0.77 | 0.2 | 0.97 | 0.7 | 1.67 | 3.41 | 42 |
| 江苏神通 | 0.5 | 0.911 | 0.6 | 1.511 | 0.7 | 2.211 | 4.633 | 29 |
| 东方电气 | 1 | 1.32 | 0.6 | 1.92 | 0.8 | 2.72 | 5.96 | 13 |
| 沃尔核材 | 0.6 | 0.86 | 0.4 | 1.26 | 0.7 | 1.96 | 4.08 | 31 |
| 深圳能源 | 1 | 1.229 | 1 | 2.229 | 1 | 3.229 | 6.687 | 6 |
| 永兴特钢 | 1 | 1.533 | 0.7 | 2.233 | 0.9 | 3.133 | 6.899 | 2 |
| 陕鼓动力 | 0.7 | 1.309 | 0.6 | 1.909 | 0.7 | 2.609 | 5.827 | 15 |
| 大唐发电 | 1 | 1.228 | 1 | 2.228 | 1 | 3.228 | 6.684 | 7 |
| 纽威股份 | 0.7 | 0.986 | 0.8 | 1.786 | 0.7 | 2.486 | 5.258 | 19 |
| 浙富股份 | 0.7 | 1.132 | 0.7 | 1.832 | 0.3 | 2.132 | 5.096 | 23 |

| | | | | | | | |
|---|---|---|---|---|---|---|---|
| 方大炭素 | 1 | 1.231 | 0.4 | 1.631 | 1 | 2.631 | 5.493 | 17 |
| 海陆重工 | 0.6 | 0.977 | 0.5 | 1.477 | 0.8 | 2.277 | 4.731 | 27 |
| 中广核技 | 1 | 1.324 | 1 | 2.324 | 1 | 3.324 | 6.972 | 1 |
| 上海电气 | 1 | 1.311 | 0.7 | 2.011 | 0.7 | 2.711 | 6.033 | 12 |
| 韶能股份 | 0.4 | 0.646 | 0.4 | 1.046 | 0.9 | 1.946 | 3.638 | 39 |
| 特变电工 | 0.8 | 1.003 | 0.7 | 1.703 | 0.7 | 2.403 | 5.109 | 22 |
| 中核钛白 | 0.3 | 0.569 | 0.5 | 1.069 | 0.8 | 1.869 | 3.507 | 40 |
| 中国核建 | 1 | 1.276 | 1 | 2.276 | 1 | 3.276 | 6.828 | 3 |
| 冰轮环境 | 0.2 | 0.702 | 0.6 | 1.302 | 0.4 | 1.702 | 3.706 | 38 |
| 诺德股份 | 0.6 | 0.881 | 0.7 | 1.581 | 0.8 | 2.381 | 4.843 | 26 |
| 台海核电 | 0.8 | 1.038 | 0.8 | 1.838 | 0.4 | 2.238 | 5.114 | 21 |
| 长江电力 | 1 | 1.264 | 1 | 2.264 | 1 | 3.264 | 6.792 | 5 |
| 上海电力 | 1 | 1.2 | 1 | 2.2 | 1 | 3.2 | 6.6 | 8 |
| 兰太实业 | 0.8 | 1.083 | 0.6 | 1.683 | 0.7 | 2.383 | 5.149 | 20 |
| 上海机电 | 1 | 1.315 | 0.7 | 2.015 | 0.6 | 2.615 | 5.945 | 14 |
| 中国核电 | 1 | 1.274 | 1 | 2.274 | 1 | 3.274 | 6.822 | 4 |

# 参考文献

[1] FRAVEL M T, MEDEIROS E S. China's search for assured retaliation: The evolution of Chinese nuclear strategy and force structure[J]. International Security, 2010, 35(2): 48-87.

[2] CHRISTENSEN T J. The meaning of the nuclear evolution: China's strategic modernization and US-China security relations[J]. Journal of Strategic Studies, 2012, 35(4): 447-487.

[3] STRECKER S, FRANK U, HEISE D, et al. Metric M: a modeling method in support of the reflective design and use of performance measurement systems[J]. Information Systems and Business Management, 2012(10): 241-276.

[4] 郑恒斌. 物流业上市公司综合竞争力评价与提升路径分析[J]. 商业时代, 2012(32): 34-35.

[5] 查道林, 漆俊美. 清洁能源上市公司财务绩效评价: 基于 BP 神经网络[J]. 财会通讯(上), 2016(3): 24-26.

[6] KALLUNKI J P, LAITINEN E K, SILVOLA H. Impact of enterprise resource planning systems on management control systems and firm performance[J]. International Journal of Accounting Information Systems, 2011, 12(1): 20-39.

[7] PERERA L C R, CHAMINDA J W D. Corporate social responsibility and product evaluation: The moderating role of brand familiarity[J]. Corporate Social Responsibility and Environmental Management, 2013, 20(4): 245-256.

[8] GOYAL P, RAHMANR Z, KAZMI A A. Corporate sustainability performance and firm performance research: Literature review and future research agenda[J]. Management Decision, 2013, 51(2): 361-379.

[9] 刘家瑛. 平衡记分卡在高校财务绩效评价中的应用研究[J]. 价值工程, 2012, 31(26): 245-246.

[10] 袁萍, 孙红梅. 创业板上市公司 IPO 前后财务绩效的比较研究[J]. 会计之友, 2013(29): 56-59.

[11] 王兰. 基于因子分析法的新能源行业上市公司经营绩效评价[J]. 财会月刊(下), 2012(3): 37-39.

[12] 黄禹, 韩超. 研发投入对企业绩效的实证研究: 基于我国新能源企业上市公司数据的经

验分析[J].会计之友,2013(11):37-41.

[13] 李凯风,宋鹏鹏,王敏敏.中国新能源行业上市公司经营绩效研究[J].会计之友,2014 (15):52-56.

[14] 马莉娜,张倩.基于支持向量机的新能源上市公司绩效评价[J].重庆理工大学学报(自然科学),2016,30(1):54-62.

[15] 闫明仁,李海涛,孙志友.AP 1 000 核电工程施工现场 HSE 可视化管理[J].安全,2017 (1):44-46.

[16] 王伟福.谈某核电建设现场 HSE 标准化实践效果及启示[J].城市建设理论研究(电子版),2016(26):35-37.

[17] 王刚,廖淋,吴海龙.江西彭泽核电项目前期 HSE 管理实践[J].项目管理技术,2012, 10(7):96-101.

[18] 朱恒政.在建核电项目施工承包商 HSE 体系建设探讨[J].科技传播,2016(11): 231-232.

[19] 王平春.CAP 1400 核电项目 HSE 预警管理系统建立的探讨[J].工业建筑,2014,44 (S1):1205-1207.

[20] 王化成,卢闯,李春玲.企业无形资产与未来业绩相关性研究:基于中国资本市场的经验证据[J].中国软科学,2005(10):120-124.

[21] 明曙光.低碳视角下新能源企业绩效评价指标体系研究[J].经济研究导刊,2015 (24):19-20.

[22] 龚巧莉.融入环境业绩指标的企业综合绩效评价体系构建[J].时代经贸,2017(36): 68-69.

[23] MAMLOOK R, AKASH B A, NIJMEH S. Fuzzy sets programming to perform evaluation of solar systems in Jordan[J]. Energy Conversion and Management,2001(42):1717-1726.

[24] CHATZIMOURATIDIS A I, PILAVACHI P A. Technological, economic and sustainability evaluation of power plants using the Analytic Hierarchy Process[J]. Energy Policy,2009, 37(3):778-787.

[25] AKASH B A, MAMLOOK R, MOHSEN M S. Multi-criteria selection of electric power plants using analytical hierarchy process[J]. Electric Power Systems Research,1999,52 (1):29-35.

[26] MOHSEN M S, AKASH B A. Evaluation of domestic solar water heating system in Jordan using analytic hierarchy process[J]. Energy Conversion and management,1997,38(18): 1815-1822.

[27] BARON R M, KENNY D A. The moderator-mediator variable distinction in social psychological research: conceptual, strategic, and statistical considerations[J]. Journal of Personality and Social Psychology,1986,51(6):1173-1182.

[28] BARRO R J. The stock market and investment[J]. Review of Financial Studies,1990,3 (1):115-131.

[29] BARTOV E, MOHANRAM P. Private information, earnings manipulations, and executive

stock-option exercises[J]. The Accounting Review, 2004,79(4):889-920.

[30] BATES T W. Asset sales, investment opportunities, and the use of proceeds[J]. The Journal of Finance, 2005,60(1):105-135.

[31] BATTESE G E, COELLI T J. A model for technical inefficiency effects in a stochastic frontier production function for panel data[J]. Empirical Economics, 1995(20):325-332.

[32] BAXTER N D. Leverage, risk of ruin and the cost of capital[J]. The Journal of Finance, 1967,22(3):395-403.

[33] BEBCHUK L A, FRIED J M. Executive compensation as an agency problem[J]. Journal of Economics Perspectives, 2003,17(3):71-92.

[34] MEHRAN H. Executive compensation structure, ownership, and firm performance[J]. Journal of Financial Economics, 1995,38(12):163-184.

[35] MURPHY K J, JENSEN M C. Performance pay and top-management incentives[J]. The Journal of Political Economy, 1990,98(2):225-264.

[36] CORE J E, GUAY W R. The use of equity grants to manage optimal equity incentive levels [J]. Journal of Accounting and Economics, 1999(28):151-184.

[37] KAPLAN S. The effects of management buyouts on operating performance and value [J]. Journal of Financial Economics, 1989,24(2):217-254.

[38] ERIEKSON M, HANLON M, MAYDEW E L. Is there a link between executive equity incentives and accounting fraud? [J]. Journal of Accounting Research, 2006, 44(1): 113-143.

[39] 边文龙,王向楠. 面板数据随机前沿分析的研究综述[J]. 统计研究, 2016(6):13-20.

[40] 北京大学中国经济研究中心宏观组. 产权约束、投资低效与通货紧缩[J]. 经济研究, 2004(9):26-35.

[41] 薄仙慧,吴联生. 国有控股与机构投资者的治理效应:盈余管理视角[J]. 经济研究, 2009(2):81-91,160.

[42] 蔡地,万迪昉. 民营企业家政治关联、政府干预与多元化经营[J]. 当代经济科学, 2009 (6):17-22.

[43] 张洪辉. 市场竞争下的非效率投资与公司绩效:来自中国上市公司的经验证据[J]. 系统工程, 2014,32(5):9-18.

[44] 蔡吉甫. 管理层持股、自由现金流量与过度投资[J]. 云南财经大学学报, 2009,25(5): 78-83.

[45] 陈勇,廖冠民,王霆. 我国上市公司股权激励效应的实证分析[J]. 管理世界, 2005(2): 158-159.

[46] 陈胜蓝,卢锐. 股权分置改革、盈余管理与高管薪酬业绩敏感性[J]. 金融研究, 2012 (10):180-190.

[47] 陈朝龙. 中国上市公司管理层激励的实证研究[J]. 重庆大学学报(社会科学版), 2002,8(5):24-26.

[48] 陈红,徐融. 国有企业人力资源管理的途径[J]. 财经科学, 2000(3):112-114.

［49］刘永春,陈亮.上市公司管理层股权激励与公司绩效研究［J］.重庆工学院学报(社会科学版),2007,21(8):23-27.

［50］刘华,郑军.高新技术上市公司股权激励与公司业绩:基于自主创新的视角［J］.会计之友,2010(34):67-70.

［51］潘颖.股权激励、股权结构与公司业绩关系的实证研究:基于公司治理视角［J］.经济问题,2009(8):107-109.

［52］岳香,洪敏.国有上市公司经营者报酬的影响因素分析［J］.安徽工业大学学报(社会科学版),2007,24(3):42-44.

［53］张海龙,李秉祥.经理管理防御对企业过度投资行为影响的实证研究:来自我国制造业上市公司的经验证据［J］.管理评论,2010(7):82-89.

［54］张宗益,郑志丹.融资约束与代理成本对上市公司非效率投资的影响:基于双边随机边界模型的实证度量［J］.管理工程学报,2012(2):119-126.

［55］赵峰,马光明.政治关联研究脉络述评与展望［J］.经济评论,2011(3):151-160.

［56］郑志刚.公司治理机制理论研究文献综述［J］.南开经济研究,2004(5):26-33.

［57］钟海燕,冉茂盛,文守逊.国有控股、治理特征与公司投资［J］.山西财经大学学报,2010(8):87-94.

［58］周晖,马瑞,朱久华.中国国有控股上市公司高管薪酬激励与盈余管理［J］.财经理论与实践,2010(4):48-52.

［59］周嘉南,雷霆.股权激励影响上市公司权益资本成本了吗?［J］.管理评论,2014(3):39-52,176.

［60］周建,袁德利.公司治理机制与公司绩效:代理成本的中介效应［J］.预测,2013(2):18-25.

［61］周建,余耀东,杨帅.终极股东超额控制下公司治理环境与股权结构的价值效应研究［J］.数理统计与管理,2016(1):162-178.

［62］周建波,孙菊生.经营者股权激励的治理效应研究:来自中国上市公司的经验证据［J］.经济研究,2003(5):74-82,93.

［63］周仁俊,高开娟.大股东控制权对股权激励效果的影响［J］.会计研究,2012(5):50-58.

［64］张光荣,曾勇,邓建平.大股东治理及股东之间的代理问题研究综述［J］.管理学报,2007,4(3):363-372,378.

［65］周伟贤.投资过度还是投资不足:基于A股上市公司的经验证据［J］.中国工业经济,2010(9):151-160.

［66］朱红军,汪辉."股权制衡"可以改善公司治理吗:宏智科技股份有限公司控制权之争的案例研究［J］.管理世界,2004(10):114-123,140.

［67］祝继高,陆正飞.融资需求、产权性质与股权融资歧视:基于企业上市问题的研究［J］.南开管理评论,2012(4):141-150.

［68］张翼,李辰.股权结构、现金流与资本投资［J］.经济学(季刊),2005(1):229-246.

［69］张功富,宋献中.我国上市公司投资:过度还是不足——基于沪深工业类上市公司非效率投资的实证度量［J］.会计研究,2009(5):69-77,97.